Abhandlungen zum schweizerischen Recht · Heft 552

Dominik Bachmann   Verfügungsbeschränkungen bei
gebuchten selbständigen und dauernden Rechten,
insbesondere Baurechten

Abhandlungen zum schweizerischen Recht

Neue Folge

Begründet von † Prof. Dr. Max Gmür
Fortgesetzt durch † Prof. Dr. Theo Guhl
und Prof. Dr. Hans Merz

Herausgegeben von

Dr. Heinz Hausheer

Professor an der Universität Bern

 VERLAG STÄMPFLI+CIE AG BERN · 1993

Dominik Bachmann
Dr. iur., Rechtsanwalt

Verfügungsbeschränkungen bei gebuchten selbständigen und dauernden Rechten, insbesondere Baurechten

VERLAG STÄMPFLI+CIE AG BERN · 1993

Zürcher Dissertation

Stand 3. Januar 1993

Prof. Dr. Dieter Zobl bin ich zu grossem Dank verpflichtet. D. B.

©
Verlag Stämpfli+Cie AG Bern · 1993
Druck und Buchbinderarbeit Stämpfli+Cie AG
Graphisches Unternehmen, Bern
Printed in Switzerland
ISBN 3-7272-0196-7

INHALT

LITERATURVERZEICHNIS		VIII
ABKÜRZUNGEN		XIX

1	EINLEITUNG	
	11 Fragestellung	1
	12 Zielsetzung	3
	13 Methode	4

2	ARTEN VON SELBSTÄNDIGEN UND DAUERNDEN RECHTEN IM SINNE VON 655 II 2. ZGB	6
	21 privatrechtliche selbständige und dauernde Rechte	8
	211 selbständige und dauernde beschränkte dingliche Rechte	8
	211.1 selbständige Dienstbarkeitsrechte	8
	211.2 selbständige Grundlasten	11
	211.3 dauernde Dienstbarkeiten und Grundlasten	12
	212 kantonalrechtliche Privatrechte	13
	212.1 im allgemeinen	13
	212.2 wohlerworbene ehehafte Rechte im besonderen	14
	213 Begriffsumschreibung	16
	22 Konzessionen	16
	221 Begriff der Konzession	18
	222 Rechtsnatur der Konzession	20
	223 Rechtsgrund für ein selbständiges und dauerndes Recht: eine Sondernutzungskonzession	23
	223.1 nicht eine Monopolkonzession	23
	223.2 nicht eine Landanlagekonzession (Exkurs)	24
	223.3 eine Sondernutzungskonzession	25
	224 Gegenstand einer Sondernutzungskonzession	26
	224.1 öffentliche Sachen	26
	224.2 öffentliche Sachen des Finanzvermögens	27
	224.3 öffentliche Sachen des Verwaltungsvermögens	28
	225 Die Konzession als selbständiges und dauerndes Recht	29
	225.1 im allgemeinen	29
	225.2 Wasserrechtskonzessionen	31
	225.3 andere Konzessionen	32
	225.4 offene Fragen	33
	23 insbesondere Baurechte	34
	231 Baurechtsarten	34
	232 Baurechte des Privatrechts	36
	232.1 als Dienstbarkeit nach 779 - 779l ZGB	36
	232.2 als Personaldienstbarkeit nach 781 ZGB	37
	232.3 als kantonales privates Recht	40
	233 Baurechte aufgrund einer Konzession	40

3	**VERFÜGUNGSBESCHRÄNKUNGEN**	43
	31 Begriff der Verfügungsbeschränkung	43
	311 Begriff und Gegenstand der Verfügung	43
	311.1 tatsächliche und rechtliche Verfügung	43
	311.2 Verfügung und Verpflichtung	45
	311.3 Gegenstand der Verfügung	46
	312 Verfügungsmacht	47
	313 Grundsatz der Verfügungsfreiheit	44
	314 Beschränkung der Verfügungsfreiheit	49
	315 Verfügungsbeschränkung als Beschränkung der rechtlichen Verfügungsmacht	52
	315.1 Beschränkung der tatsächlichen Verfügungsmacht: die Nutzungsbeschränkung	53
	315.2 Beschränkung der rechtlichen Verfügungsmacht: die Verfügungsbeschränkung	53
	32 Gegenstand und Erscheinungsformen der Verfügungsbeschränkungen	55
	321 Gegenstand der Verfügungsbeschränkungen	55
	322 Erscheinungsformen der Verfügungsbeschränkungen	55
	322.1 gesetzliche Beschränkungen	57
	322.11 mittelbare und unmittelbare gesetzliche Beschränkungen	57
	322.12 öffentlichrechtliche gesetzliche Beschränkungen	58
	322.13 privatrechtliche gesetzliche Beschränkungen	60
	322.2 Beschränkungen aufgrund privater Vereinbarung	61
	322.3 subjektive und objektive Beschränkungen	63
	33 Verfügung und Verfügungsbeschränkung bei öffentlichen Sachen	64
	331 im allgemeinen	64
	332 bei Konzessionen	67
	34 Verfügungsbeschränkungen als Gegenstand dieser Untersuchung	67
4	**ZUR QUALIFIKATION DER BUCHUNGSFÄHIGEN SELBSTÄNDIGEN UND DAUERNDEN RECHTE**	71
	41 Grundlagen	71
	411 dingliches Vollrecht und beschränkte dingliche Rechte	72
	412 selbständige und dauernde Dienstbarkeitsrechte und Grundlasten	73
	412.1 Behandlung im Grundbuch	74
	412.11 Eintragung im Grundbuch und deren Wirkung	74
	412.12 Aufnahme in das Grundbuch	75
	412.2 Stellung in der Zwangsvollstreckung	76
	412.21 Zwangsvollstreckung in das belastete Grundstück	76
	412.22 Zwangsvollstreckung gegen den Berechtigten	77
	412.221 Verpfändbarkeit	77
	412.222 Pfändbarkeit	77
	412.223 Zwangsvollstreckung	77
	412.3 selbständige und dauernde Dienstbarkeiten und Grundlasten im Verhältnis zum Eigentum am belasteten Grundstück	78
	413 kantonalrechtliche Privat- und wohlerworbene ehehafte Rechte	82
	414 Konzessionen	83
	414.1 Eigentum an öffentlichen Sachen	83
	414.11 Privateigentum	83
	414.12 Behandlung im Grundbuch	85
	414.13 öffentliche Sachen in der Zwangsvollstreckung	86
	414.2 Konzession und Eigentum	87
	414.3 Behandlung der öffentlichen Nutzungsrechte im Grundbuch	90

		415 insbesondere Baurechte	90
		415.1 Baurechtsdienstbarkeit	91
		415.2 Baurechtskonzession	93
		415.3 Eigentum an der (Baurechts-) Baute	94
		415.31 Baute eines Baurechts nach 779 ZGB	94
		415.32 Baute einer andern Dienstbarkeit	100
		415.33 Baute eines Konzessionsrechts	102
		415.4 Zwangsvollstreckung im Falle eines Baurechts	104
		415.41 bei der Baurechtsdienstbarkeit	104
		415.42 bei der Baurechtskonzession	105
		415.43 insbesondere hinsichtlich der Baurechtsbaute	105
	42	Rechtsnatur der gebuchten selbständigen und dauernden Rechte	107
		421 herrschende Lehre	107
		422 Eigentum und Konzession im Verhältnis zu den gebuchten selbständigen und dauernden Rechten	111
		422.1 Eigentum und gebuchtes selbständiges dauerndes Recht	111
		422.2 Konzession und gebuchtes selbständiges dauerndes Recht	123
		423 Die Wirkung der Aufnahme in das Grundbuch	123
	43	Selbständige Rechte	131
		431 Verselbständigung von Privatrechten	131
		431.1 Begriff und Arten der Verselbständigung	131
		431.2 Zweck der Verselbständigung	134
		431.3 Wirkung der Verselbständigung	135
		432 Verselbständigung von Konzessionsrechten	137
		433 Begriff der Selbständigkeit	138
	44	Ergebnis	141
5	WIRKUNGEN VON VERFÜGUNGSBESCHRÄNKUNGEN BEI SELBSTÄNDIGEN UND DAUERNDEN RECHTEN		144
	51	bei den Baurechtsdienstbarkeiten nach 779 ff ZGB	144
		511 Die Bedeutung von 779b ZGB	144
		512 Die Höchstdauer des selbständigen Baurechts (779*l* I ZGB)	153
		513 Das gesetzliche Vorkaufsrecht (682 II ZGB)	154
		514 Der vorzeitige Heimfall (779f - 779h ZGB)	155
		515 Ergebnis und Folgerungen für das selbständige und dauernde Baurecht, Hinweise auf Lösungsansätze	156
		515.1 Übertragungsbeschränkungen, insbesondere Genehmigungsvorbehalt und Beschränkung des Erwerberkreises	156
		515.2 Verpfändbarkeit	161
		515.3 Bestellung von Unterbaurechten	162
		515.4 Die Interessen der öffentlichen Hand als Baurechtgeberin	164
		515.5 nicht gebuchte selbständige und dauernde Baurechte	169
	52	bei den Dienstbarkeiten nach 781 ZGB und anderen privaten Rechten	170
	53	bei den öffentlichrechtlichen Nutzungsrechten	171
6	SCHLUSS		175

VII

LITERATURVERZEICHNIS

Die nachstehend aufgeführte Literatur wird, wo nicht anders vermerkt (i.d.R. mit kursiv gesetztem Kurztitel), nur nach den Verfassernamen zitiert.
Belegstellen werden unter Hinweis auf die Seitenzahlen - ohne vorangestelltes «S.» - nachgewiesen; werden sie nicht nach Seitenzahlen, sondern nach Rand- oder Fallnummern angegeben, ist der entsprechenden Zahlangabe ein «N» bzw. «Nr.» vorangestellt.

AEMISEGGER HEINZ/STÜDELI RUDOLF, Das Baurecht des Zivilgesetzbuches als Mittel einer aktiven Baulandpolitik der öffentlichen Hand, Schriftenfolge Nr. 35 der Schweizerischen Vereinigung für Landesplanung, Bern 1983
AMBERG R., Lässt die Regelung des Zivilgesetzbuches die Aufstellung eines besonderen Begriffes des öffentlichen Eigentums zu, in: ZSR 39/1920 421-454
ARNOLD GREGOR, *Korporation*, Die Korporation Ursern, Ein Beitrag zum urnerischen Staats- und Verwaltungsrecht, Altdorf 1990
ARNOLD MARTIN, *Allmendgen.*, Die privatrechtlichen Allmendgenossenschaften und ähnlichen Körperschaften (Art. 59 Abs. 3 ZGB) nach dem Recht des Bundes und des Kantons Wallis, Freiburger Dissertation, Freiburg 1987
AUBERT JEAN-FRANÇOIS, *garantie*, Quelques mots sur la garantie de la propriété foncière, in: ZBGR 43/1962 1-21
AUGUSTIN VINZENS, Das Ende der Wasserrechtskonzessionen, Freiburger Dissertation, Freiburg 1983
BADURA PETER, *Schlüsselstellung*, Die soziale Schlüsselstellung des Eigentums, in: BayVBl 1973 1-4
- *Möglichkeiten*, Möglichkeiten und Grenzen des Zivilrechts bei der Gewährleistung öffentlicher und sozialer Erfordernisse im Bodenrecht, in: AcP 176/1976 119-144
BAER F., Das Baurecht des ZGB, in: Die Wohn- und Siedlungspolitik der Kantone und Gemeinden (Veröffentlichungen der Schweizerischen Verwaltungskurse an der Hochschule St. Gallen, Band 4), Einsiedeln/Köln 1944, S. 126-137
BAUR FRITZ, *Möglichkeiten*, Möglichkeiten und Grenzen des Zivilrechts bei der Gewährleistung öffentlicher und sozialer Erfordernisse im Bodenrecht, in: AcP 176/1976 97-118
BEATI GIORDANO, I diritti acquisti, in: Verfassungsrechtsprechung und Verwaltungsrechtsprechung. Sammlung von Beiträgen veröffentlicht von der I. öffentlichrechtlichen Abteilung des schweizerischen Bundesgerichts, unter der Leitung von STEFANO BOLLA und CLAUDE ROUILLER (Festschrift für FULVIO ANTOGNINI), Zürich 1992, S. 33-44
BODENRECHTSREFORM, Bodenrechtsreform im sozialen Rechtsstaat, Vorschläge für gesetzgeberische Initiativen, Gutachten der Kommission zur Erarbeitung von Vorschlägen für die Bodenrechtsreform, Gesellschaft für Wohnungs- und Siedlungswesen e.V., Hamburg, GEWOS-Schriftenreihe Neue Folge 9, Hamburg 1973
BOLLA FERRUCIO, Loi fédérale du 19 mars 1965 sur le droit de superficie et le transfert des immeubles, in: ZBGR 46/1965 257-268
BOTSCHAFT *1904*, Botschaft des Bundesrates an die Bundesversammlung, zu einem Gesetzesentwurf enthaltend das Schweizerische Zivilgesetzbuch, vom 28. Mai 1904, in: BBl 1904 IV 1-99
BOTSCHAFT *1963*, Botschaft des Bundesrates an die Bundesversammlung zum Entwurf eines Bundesgesetzes über die Änderung der Vorschriften des Zivilgesetzbuches und des Obligationenrechtes betreffend das Baurecht und den Grundstückverkehr, vom 9. April 1963, in: BBl 1963 I 969-1012

BOTSCHAFT *1986*, Botschaft über die «Stadt-Land-Initiative gegen die Bodenspekulation» vom 16. Dezember 1985, BBl 1986 I 153 ff
BOTSCHAFT *1988*, Botschaft zum Bundesgesetz über das bäuerliche Bodenrecht (BGBB) sowie zum Bundesgesetz über die Teilrevisionen des Zivilgesetzbuches (Immobiliarsachenrecht) und des Obligationenrechts (Grundstückkauf) vom 19. Oktober 1988, in: BBl 1988 III 953-1146
BRANDENBURGER OTTO, Das Baurecht der Art. 675 und 779 des schweizerischen Zivilgesetzbuches. Insbesondere seine vertragliche Ausgestaltung in der kommunalen Boden- und Wohnungspolitik, Zürcher Dissertation, Aarau 1911
BRECHER FRITZ, (Besprechung von ROMANO KUNZ, s. dort) in: AcP 166/1966 362-367
BUCHER EUGEN, Das subjektive Recht als Normsetzungsbefugnis, Zürcher Habilitationsschrift, Tübingen 1965
BÜHLER RICHARD, *Fischereiberechtigung*, Die Fischereiberechtigung im Kanton Zürich, Zürcher Dissertation, Meilen 1969
BÜHLER THEODOR, *Neukonzeption*, Neukonzeption des Eigentumsbegriffs und der Eigentumsordnung auf Verfassungsstufe, in: ZBl 77/1976 369-377
BURCKHARDT WALTHER, *Organisation*, Die Organisation der Rechtsgemeinschaft, Untersuchungen über die Eigenart des Privatrechts, des Staatsrechts und des Völkerrechts, 2. neu durchgesehene und ergänzte Aufl., Zürich 1944
- *Vertrag*, Der Vertrag im Privatrecht und im öffentlichen Recht, in: Festgabe zur Feier des fünfzigjährigen Bestehens dem schweizerischen Bundesgerichte dargebracht von der juristischen Fakultät der Universität Bern, Bern 1924, S. 1-92
BUSER G., *Baupolizeirecht*, Baupolizeirecht, Sachenrecht und Grundbuch, in: ZBl 48/1947 57-69, 91-101
- *Eigentum*, Eigentum und öffentlich-rechtliche Eigentumsbeschränkungen, in: ZBl 57/1956 225-243, 257-265
CANARIS CLAUS-WILHELM, Die Verdinglichung obligatorischer Rechte, in: Festschrift für WERNER FLUME zum 70. Geburtstag, Band I, Köln 1978, S. 371-427
CHRISTEN ERWIN, Das Baurecht nach dem schweizerischen Zivilgesetzbuche vom 10. Dezember 1907, Leipziger Dissertation, Leipzig 1909
DEGIORGI DINO, Verfügungsbeschränkungen im bäuerlichen Bodenrecht, Basler Dissertation, Basel/Frankfurt 1988
DESCHENAUX HENRI, *restrictions*, Les restricitons légales de la propriété foncière et le registre foncier, in: ZBGR 38/1957 321-347
- *SPR V/3*, Das Grundbuch, in: Schweizerisches Privatrecht, Bd. V: Sachenrecht, 3. Teilband: Das Grundbuch, I. und II. Abteilung (2 Halbbände), hrsg. von ARTHUR MEIER-HAYOZ, Basel/Stuttgart 1988/1989
DULCKEIT GERHARD, Die Verdinglichung obligatorischer Rechte, Tübingen 1951
EGGEN GERHARD, *Baurecht*, Das Bundesgesetz vom 19. März 1965 über das Baurecht und den Grundstückverkehr, in: ZBGR 46/1965 269-298
- *Fragen*, Privatrechtliche Fragen des neuen Bauens und ihre Wirkungen auf das Grundbuch, in: ZBGR 53/1972 207-219, mit einem Nachwort von H. H. (HANS HUBER) auf S. 220
- *Heimfall*, Der vorzeitige Heimfall im revidierten Baurecht und sein Verhältnis zu früher vereinbarten Kaufsrechten, in: ZBGR 57/1976 193-206
- *Revision*, Die Revision der Baurechtsdienstbarkeit, in: SJZ 58/1962 241-248
EICHENBERGER KURT, Verwaltungsprivatrecht, in: Privatrecht, Öffentliches Recht, Strafrecht, Grenzen und Grenzüberschreitungen, Festgabe zum Schweizerischen Juristentag 1985, Basel/Frankfurt 1985, S. 75-92
ENGEL PIERRE, La cession des droits réels et des droits personnels annotés, in: ZBGR 54/1973 321-335
ENNECCERUS LUDWIG/NIPPERDEY HANS CARL, Allgemeiner Teil des bürgerlichen Rechts. Ein Lehrbuch, zwei Halbbände, 15., neubearbeitete Aufl., Tübingen 1959/1960
FLEINER FRITZ, Institutionen des Deutschen Verwaltungsrechts, 8., neubearbeitete Auflage, Neudruck, Zürich 1939

FREIMÜLLER HANS-ULRICH, Die Stellung der Baurechtsdienstbarkeit im System der dinglichen Rechte, Berner Dissertation, Bern 1967
FRIEDRICH HANS-PETER, *Baurecht*, Das Baurecht des Zivilgesetzbuches im Dienste öffentlicher Aufgaben, in: ZBl 68/1967 257-295
- *BTJP 1968*, Baurechts-, Unterbaurechts- und Überbaurechts-Dienstbarkeiten, in: Rechtliche Probleme des Bauens, Berner Tage für die juristische Praxis 1968, Bern 1969, S. 135-182
- *Grundbuch*, Grundbuch und öffentliches Recht, in: ZBGR 51/1970 193-225
- *Neuordnung*, Die Neuordnung des Baurechtes im Zivilgesetzbuch, in: BJM 1966 1-26
- *Nutzungsdienstbarkeiten*, Zum Inhalte der Nutzungsdienstbarkeiten, in: Festgabe zum Schweizerischen Juristentag, Basel 1963, S. 37-55
- *Rang*, Der Rang der Grundstücksrechte, in: ZBGR 58/1977 321-356
- *superficie*, Le développement de l'institution du droit de superficie en Suisse, in: ZBGR 47/1966 193-207
- *Wiedereinführung*, Die Wiedereinführung des Stockwerkeigentums in der Schweiz, in: ZSR 75/1956 II 1a-259a
GADIENT ULRICH, Der Heimfall im Wasserrecht des Bundes und der Kantone, Berner Dissertation, Zürich 1958
GEISSBÜHLER HERMANN, Raumplanungsrecht, Eigentumsordnung und Verfassungsrevision, Bern 1981
GEORGIADES APOSTOLOS, Eigentumsbegriff und Eigentumsverhältnis, in: Beiträge zur europäischen Rechtsgeschichte und zum geltenden Zivilrecht, Festgabe für JOHANNES M. SONTIS, München 1977, S. 149-166
GERMANN OSCAR ADOLF, Grundlagen der Rechtswissenschaft, 3. Aufl., Bern 1975
GIACOMETTI Z. (ZACCARIA), Über die Grenzziehung zwischen Zivilrechts- und Verwaltungsrechtsinstituten in der Judikatur des schweizerischen Bundesgerichts, Zürcher Habilitationsschrift, Tübingen 1924
GIRSBERGER ALBRECHT, Die bankgeschäftliche Belehnung von Baurechtsliegenschaften, Berner Dissertation, Winterthur 1963
GMÜR MAX, *Rechtsame*, Rechtsame und Gerechtigkeiten, in: Festgabe PHILIPP LOTMAR zum siebzigsten Geburtstage, dargebracht von der juristischen Fakultät der Universität Bern, Bern 1920, S. 11-34
- *Quellenrecht*, Bernisches Quellenrecht, in: ZBJV 43/1907 1-9, 57-69
GMÜR RUDOLF, *Abgrenzung*, Die Abgrenzung des Fischereiregals von den privaten Fischenzen im Kanton Bern, Berner Dissertation, Bern 1949
GRAF HANS, Die Erweiterung, Erneuerung und Übertragung von Wasserrechtsverleihungen, Berner Dissertation, Zürich 1954
GRISEL ANDRÉ, Traité de droit administratif suisse, 2 Vol., Neuchâtel 1984
- *succession*, À propos de la succession en droit public, in: Mélanges HENRI ZWAHLEN, Lausanne 1977, S. 297-321
GROSSEN JACQUES-MICHEL, *SPR II*, Das Recht der Einzelpersonen, in: Schweizerisches Privatrecht, Bd. II: Einleitung und Personenrecht, hrsg. von MAX GUTZWILLER, Basel/Stuttgart 1967
GROSSENBACHER MARIUS, Das selbständige und dauernde Baurecht im Unternehmungssteuerrecht, dargestellt anhand des Steuerrechts des Bundes und des Kantons Zürich, Zürcher Dissertation, Zürich 1992
GUHL THEO, *Verselbständigung*, Die Verselbständigung der dinglichen Rechte im schweiz. Zivilgesetzbuch, in: Festgabe EUGEN HUBER zum siebzigsten Geburtstage dargebracht von der juristischen Fakultät der Universität Bern, Bern 1919, S. 53-104
- *Schuldbrief*, Vom Schuldbrief, in: ZBJV 92/1956 1-23
GUTZWILLER MAX, *SPR II*, Verbandspersonen, Grundsätzliches, in: Schweizerisches Privatrecht, Bd. II: Einleitung und Personenrecht, hrsg. von MAX GUTZWILLER, Basel/Stuttgart 1967

GYGI FRITZ, *Rechtsfindung*, Vom Anfang und vom Ende der Rechtsfindung, Zur Tragweite des Wortlautes bei der Auslegung, in: FRITZ GYGI, Beiträge zum Verfassungs- und Verwaltungsrecht, Festgabe zum 65. Geburtstag des Verfassers, Bern 1986, S. 199-221
- *Privatrecht*, Verwaltungsrecht und Privatrecht. Über die Bedeutung des Privatrechts für die öffentliche Verwaltung und seine Beziehungen zum Verwaltungsrecht, Bern 1956
- *Verwaltungsrecht*, Verwaltungsrecht. Eine Einführung, Bern 1986

HAAB ROBERT, Kommentar zu den Art. 641 - 703/704 ZGB, in: ROBERT HAAB/ WERNER SCHERRER/AUGUST SIMONIUS/DIETER ZOBL, Kommentar zum Schweizerischen Zivilgesetzbuch, IV. Bd.: Das Sachenrecht, 1. Abt.: Das Eigentum, Art. 641 bis 729, 2. Auflage, Zürich 1977

HÄFELIN ULRICH, Bindung des Richters an den Wortlaut des Gesetzes, in: Festschrift für CYRIL HEGNAUER zum 65. Geburtstag, Bern 1986, S. 111-139

HÄFELIN ULRICH/HALLER WALTER, Schweizerisches Bundesstaatsrecht, Ein Grundriss, 2., neubearbeitete Aufl., Zürich 1988

HÄFELIN ULRICH/MÜLLER GEORG, Grundriss des Allgemeinen Verwaltungsrechts, Zürich 1990

HAGENBÜCHLE ANTON, Das Bergrecht mit besonderer Berücksichtigung der Erdölschürfung, in: ZSR 76/1957 II 1a-182a

HANGARTNER YVO, Öffentlich-rechtliche Bindungen privatrechtlicher Tätigkeit des Gemeinwesens, in: Festschrift zum 65. Geburtstag von MARIO M. PEDRAZZINI, Bern 1990, S. 129-158

HEPPERLE ERWIN, Bodenschutzrelevante Normen im Grundeigentumsrecht, Zürcher Dissertation, Zürich 1988

HITZIG H. F., Das Baurecht (droit de superficie) im Vorentwurf eines schweizerischen Civilgesetzbuchs, in: ZSR 44/1903 1-28

HOLZACH ROBERT, Oeffentlich-rechtliche Eigentumsbeschränkungen und expropriationsähnlicher Tatbestand. Ein Beitrag zur Frage der Grenzziehung zwischen den beiden Rechtsinstituten nach schweizerischem Recht, Zürcher Dissertation, Zürich 1951

HOMBERGER A., Kommentar zum Schweizerischen Zivilgesetzbuch, IV. Band: Das Sachenrecht, 3. Abt.: Besitz und Grundbuch, Art. 919-977, 2. umgearbeitete Auflage, Zürich 1938

HUBER EUGEN, *Dingl. Rechte*, Dingliche Rechte im schweizerischen Privatrecht, in: Zum schweizerischen Sachenrecht, Drei Vorträge mit Anmerkungen, Bern 1914, S. 33-78
- *Erl. II*, Schweizerisches Zivilgesetzbuch, Erläuterungen zum Vorentwurf des eidgenössischen Justiz- und Polizeidepartements, 2., durch Verweisungen auf das Zivilgesetzbuch und etliche Beilagen ergänzte Ausgabe, 2. Band: Sachenrecht und Text des Vorentwurfes vom 15. November 1900
- *PR IV*, System und Geschichte des Schweizerischen Privatrechts, IV. Band (2. Teil: Geschichte des schweizerischen Privatrechts), Basel 1893
- *Teilung*, Teilung des Eigentums nach schweizerischem Privatrecht, in: Zum schweizerischen Sachenrecht, Drei Vorträge mit Anmerkungen, Bern 1914, S. 1-32

HUBER HANS, Berner Kommentar, Kommentar zum schweizerischen Privatrecht, Band I: Einleitung und Personenrecht, 1. Abt.: Einleitung, Bern 1966 (Kommentar zu Art. 6 ZGB)
- *Gewährleistung*, Öffentlichrechtliche Gewährleistung, Beschränkung und Inanspruchnahme privaten Eigentums in der Schweiz, in: Staat und Privateigentum, Beiträge zum ausländischen öffentlichen Recht und Völkerrecht 34, Max-Planck-Institut für ausländisches öffentliches Recht und Völkerrecht, Köln/Berlin 1980, S. 49-112 (auch abgedruckt in H. H., Rechtstheorie-Verfassungsrecht-Völkerrecht, Ausgewählte Aufsätze 1950-1970, Bern 1971, S. 197-270)

- *Schutz*, Der Schutz der wohlerworbenen Rechte in der Schweiz, in: Gedächtnisschrift für WALTER JELLINEK, Veröffentlichungen des Instituts für Staatslehre und Politik e.V. Mainz, Band 6, München 1955, S. 457-468
IMBODEN MAX, *Vertrag*, Der verwaltungsrechtliche Vertrag,
 in: ZSR 77/1958 II 1a-218a
IMBODEN MAX/RHINOW RENÉ A., Schweizerische Verwaltungsrechtsprechung, Die Rechtsgrundsätze der Verwaltungspraxis, erläutert an Entscheiden der Verwaltungsbehörden und Gerichte, 2 Bde., 5., neubearbeitete und erweiterte Aufl., Basel/Stuttgart 1976 (zitiert nach Fall-Nummern)
IMBODEN/RHINOW/KRÄHENMANN (Zitierweise für Gesamtwerk IMBODEN/RHINOW und RHINOW/KRÄHENMANN, s. dort)
ISLER PETER, Der Baurechtsvertrag und seine Ausgestaltung, Zürcher Dissertation, Bern 1973
ITEN FRIEDRICH, Die Wasserrechtsverleihung als selbständiges, dauerndes Recht, Freiburger Dissertation, Linz 1924
JAAG TOBIAS, Gemeingebrauch und Sondernutzung öffentlicher Sachen,
 in: ZBl 93/1992 145-168
JAEGER CARL, Das Bundesgesetz betreffend Schuldbetreibung und Konkurs, 2 Bde., 3. vollständig neu bearbeitete Aufl., Zürich 1911
JENNY FRANZ EUGEN, Das bäuerliche Vorkaufsrecht nach dem Bundesgesetz über die Erhaltung des bäuerlichen Grundbesitzes, Freiburger Dissertation, Beromünster 1955
JOST ARTHUR, Die Realobligation als Rechtsinstitut, mit besonderer Berücksichtigung des schweizerischen Sachenrechts, Berner Dissertation, Bern 1956
KÄMPFER WALTER, Zur Gesetzesbeständigkeit «wohlerworbener Rechte»,
 in: Mélanges HENRI ZWAHLEN, Lausanne 1977, S. 339-361
KALLENBERGER WERNER, Bodenreformkonzeptionen. Eine rechtspolitische Untersuchung unter besonderer Berücksichtigung der schweizerischen und zürcherischen Verhältnisse, Zürcher Dissertation, Zürich 1979
KELLENBERGER ALFRED, *Grenzen*, Grenzen der Grundbuchführung,
 in: BN 48/1987 81-90
- *Probleme*, Heutige Probleme der Grundbuchführung, in: ZGBR 58/1977 1-9
KELLER FRITZ, Das Eisenbahnpfandrecht, Berner Dissertation, Bern 1941
KLETT KATHRIN, Verfassungsrechtlicher Schutz «wohlerworbener Rechte» bei Rechtsänderungen anhand der bundesgerichtlichen Rechtsprechung, Berner Dissertation, Bern 1984
KLÖTI EMIL, Das Baurecht des ZGB im Dienste kommunaler Boden- und Wohnungspolitik, Bericht, erstattet dem Stadtrat von Zürich, Statistik der Stadt Zürich, Heft 52, Zürich 1943
KNAPP BLAISE, Précis de droit administratif, quatrième édition largement remaniée, Basel/Frankfurt 1991 (zitiert nach Randnummern)
- *concessions*, La fin des concessions hydrauliques, in: ZSR 101/1982 I 121-170
KÖLZ ALFRED, *Intertemporalrecht*, Intertemporales Verwaltungsrecht,
 in: ZSR 102/1983 II 101-249
- *wohlerw. Recht*, Das wohlerworbene Recht - immer noch aktuelles Grundrecht?, in: SJZ 74/1978 65-71, 89-94
KORRODI NIKOLA, Die Konzession im schweizerischen Verwaltungsrecht, Zürcher Dissertation, Aarau 1973
KUNZ ROMANO, Über die Rechtsnatur der Gemeinschaft zur gesamten Hand, Versuch einer dogmatischen Konstruktion, Zürcher Dissertation, Bern 1963
LACHAVANNE JOHN/WILD WALTER, Das Baurecht nach dem schweizerischen Zivilgesetzbuch/Le droit de superficie d'après le Code Civil Suisse, herausgegeben von der Schweizerischen Vereinigung für Landesplanung, Redaktoren: J. LACHAVANNE/W. WILD, Zürich 1950

LAIM HERMANN, Grundstrukturen der ausserordentlichen Ersitzung nach Schweizerischem Zivilgesetzbuch, Zürcher Dissertation, Zürich 1993 (konnte nicht mehr berücksichtigt werden)
LARENZ KARL, *AllgT*, Allgemeiner Teil des deutschen bürgerlichen Rechts, 7., neubearbeitete Aufl., München 1989
- *Methodenlehre*, Methodenlehre der Rechtswissenschaft, 6. neubearbeitete Auflage, Berlin/Heidelberg/New York 1991
LEEMANN HANS, Kommentar zum Schweizerischen Zivilgesetzbuch, Band IV: Sachenrecht, II. Abteilung: Art. 730-918, Bern 1925
LEEMANN SILVIA VERENA, *Vormerkung*, Die Vormerkung von Verfügungsbeschränkungen im Grundbuch nach dem schweizerischen Zivilgesetzbuch, Zürcher Dissertation, Zürich 1937
LENDI MARTIN, *Funktionswandel*, Der Funktionswandel des Eigentums - Rechtliche Aspekte, in: DISP Nr. 40, Zürich 1976, S. 10-15
- *Planungsrecht*, Planungsrecht und Eigentum, in: ZSR 95/1976 II 1-224
LITSCHER MARTIN, Die Alpkorporationen des Bezirkes Werdenberg, Berner Dissertation, Bern 1919
LIVER PETER, Kommentar zum Schweizerischen Zivilgesetzbuch, IV. Band: Das Sachenrecht, 3. Aufl., 2. Abt.: Die beschränkten dinglichen Rechte, a: Die Dienstbarkeiten und Grundlasten, 1. Band: Die Grunddienstbarkeiten, Neubearbeitung in zweiter, ergänzter und verbesserter Auflage, Zürich 1980
- *Anmerkung*, Die Anmerkung, in: ZBGR 50/1969 10-34
- *Aufhebung*, Die Aufhebung und Ablösung von Servituten im schweizerischen Recht (Art. 736 ZGB), in: ZBGR 42/1961 1-22, zitiert aus: LIVER *Privatrechtliche Abhandlungen*, S. 293-319
- *Baurechte*, Von den selbständigen und dauernden Baurechten, in: BN 20/1959 41-53
- *Baurechtsdienstbarkeit*, Über die Baurechtsdienstbarkeit (Besprechung von JOSEPH STOECKLIN, s. dort), in: ZBJV 94/1958 377-392
- *Bericht*, Bericht zur Revision der Bestimmungen des Zivilgesetzbuches über das Baurecht und Erläuterungen zum Vorentwurf (vervielfältigt), 1959
- *Eigentumsbegriff*, Eigentumsbegriff und Eigentumsordnung, in: Gedenkschrift für FRANZ GSCHNITZER, Veröffentlichungen der Universität Innsbruck, Bd. 16, Innsbruck 1969, zitiert aus: LIVER *Privatrechtliche Abhandlungen*, S. 149-173
- *Eigentumsbeschränkungen*, Gesetzliche Eigentumsbeschränkungen und Dienstbarkeiten in der Gesetzgebung und Lehre Frankreichs, Deutschlands, der Schweiz und Italiens, in: Ius et lex, Festgabe zum 70. Geburtstag von MAX GUTZWILLER, Basel 1959, S. 749-768
- *Entwicklung*, Die Entwicklung des Wasserrechts in der Schweiz seit hundert Jahren, in: ZSR Centenarium 1852-1952, Hundert Jahre Schweizerisches Recht, Jubiläumsausgabe, ZSR 71/1952 I 305-350
- *Erläuterungen*, Die Baurechtsdienstbarkeit. Erläuterungen zum Entwurf Juni 1961, umgestaltet auf Grund der Verarbeitung der im Vernehmlassungsverfahren empfangenen Eingaben, (vervielfältigt) 1961
- *Formen*, Über die Formen der Begründung und Übertragung von dinglichen Rechten an Grundstücken, in: ZBGR 26/1945 65-73, 121-130
- *Fragen*, Fragen aus dem Gebiet des Stockwerkeigentums und des Baurechts, in: BN 30/1969 321-337
- *Gem. Eigentum*, Gemeinschaftliches Eigentum (zugleich Besprechung von ROMANO KUNZ, s. dort), in: ZBJV 100/1964 261-269
- *Genossenschaften*, Genossenschaften mit Teilrechten nach schweizerischem Recht, in: Festschrift KARL HAFF, Innsbruck 1950, zitiert aus: LIVER *Privatrechtliche Abhandlungen*, S. 175-206
- *Geschichte*, Zur Geschichte und Dogmatik des Eigentums an Bäumen auf fremdem Boden in der Schweiz, in: Festschrift KARL SIEGFRIED BADER, zitiert aus: LIVER *Rechtsgeschichte*, S. 271-291

- *Gutachten 1978*, Rechtsgutachten über die Rechtsverhältnisse an privaten Gebäuden auf den Alpen des Kantons Uri, der Korporation Uri erstattet, 1978 (greifbar in der Kantonsbibliothek Uri in Altdorf)
- *Kellerrecht*, (Besprechung des Urteils des Tessiner Appellationsgerichtes vom 20. Oktober 1964 i. S. Flesch gegen Osswald) in: ZBGR 48/1967 87-92
- *Löschung*, Die Löschung infolge Untergangs des dinglichen Rechts, in: ZBGR 39/1958, zitiert aus: LIVER *Privatrechtliche Abhandlungen*, S. 349-375
- *Miteigentum*, Das Miteigentum als Grundlage des Stockwerkeigentums, in: Gedächtnisschrift für LUDWIG MARXER, Zürich 1963, zitiert aus: LIVER *Privatrechtliche Abhandlungen*, S. 239-292
- *Pavillonbauten*, Erstellung von Pavillonbauten im Baurecht auf der Perronplatte des Bahnhofes Bern, Rechtsgutachten, in: ZBGR 54/1973 204-227
- *Privatrechtliche Abhandlungen*, Privatrechtliche Abhandlungen, Festgabe zum 70. Geburtstag des Verfassers am 21. August 1972, Bern 1972
- *Realobligation*, Die Realobligation. Ihre klassifikatorische Bedeutung und praktische Verwendbarkeit, in: ZBGR 43/1962 257-281
- *Rechtsgeschichte*, Abhandlungen zur schweizerischen und bündnerischen Rechtsgeschichte, Chur 1970
- *Servitut*, Die Servitut in der Eigentumsordnung und Eigentumslehre der deutschen, französischen und italienischen Rechtsgeschichte, in: ZSR 85/1966 I 297-333
- *SPR V/1*, Das Eigentum, in: Schweizerisches Privatrecht, Bd. V: Sachenrecht, 1. Halbband: Das Eigentum, Der Besitz, Dienstbarkeiten und Grundlasten, hrsg. von ARTHUR MEIER-HAYOZ, Basel/Stuttgart 1977
- *Verzicht*, Der Verzicht auf beschränkte dingliche Rechte und auf den Miteigentumsanteil, in: Festschrift für WALTHER HUG zum 70. Geburtstag, Bern 1968, S. 353-375
- *Wasserrechte*, Die ehehaften Wasserrechte in der Schweiz, in: Festschrift für PAUL GIESECKE, Karlsruhe 1958, zitiert aus: LIVER *Privatrechtliche Abhandlungen*, S. 465-493
- *Zulässigkeit*, Zulässigkeit der Erstellung eines Gebäudes unter teilweiser Einbeziehung des Nachbargrundstückes aufgrund einer Dienstbarkeit, Rechtsgutachten, in: ZBGR 54/1973 193-203

LÖTSCHER MARKUS, Das Grundstück als Gegenstand von Grundpfandrechten, Freiburger Dissertation, Freiburg 1988

MAEGLI ROLF, Gesetzmässigkeit im kooperativen Verwaltungshandeln, in: URP 1990 265-291

VON MAY ALEX, Aus der Praxis des Baurechts, in: ZBGR 51/1970 65-74

MAYER OTTO, *II 2.A.*, Deutsches Verwaltungsrecht, 2. Band, 2. Aufl., München/ Leipzig 1917
- *II 3.A.*, Deutsches Verwaltungsrecht, 2. Band, 3. Aufl., München/Leipzig 1924

MEIER-HAYOZ ARTHUR, Berner Kommentar, Kommentar zum schweizerischen Privatrecht, Band IV: Das Sachenrecht, 1. Abteilung: Das Eigentum, 1. Teilband: Systematischer Teil und Allgemeine Bestimmungen, Art. 641-654 ZGB, 5. Aufl., Bern 1981; 2. Teilband: Grundeigentum I, Art. 655-679 ZGB, 3. Aufl., Bern 1964 (mit unverändertem Nachdruck 1974) 3. Teilband: Grundeigentum II, Art. 680-701 ZGB, 3. Aufl., Bern 1975
- *Vorkaufsfall*, Der Vorkaufsfall, in: ZBGR 45/1964 257-284
- *Wesen*, Vom Wesen des Eigentums, in: Revolution der Technik. Evolutionen des Rechts, Festgabe zum 60. Geburtstag von KARL OFTINGER, Zürich 1969, S. 171-186

MEIER-HAYOZ ARTHUR/REY HEINZ, Berner Kommentar, Kommentar zum schweizerischen Privatrecht, Band IV: Das Sachenrecht, 1. Abteilung: Das Eigentum, 5. Teilband: Grundeigentum IV, Das Stockwerkeigentum, Art. 712a-712t ZGB, Bern 1988

MEIER DIETER, *Nutzungspflichten*, Nutzungspflichten des Grundeigentümers, Berner Dissertation, Luzern 1984

MENGIARDI RETO, Die Errichtung von beschränkten dinglichen Rechten zugunsten und zu Lasten von Miteigentums- und Stockwerkeigentumseinheiten, Berner Dissertation, Bern 1972

MEYER RENÉ, Du droit de l'Etat sur le domaine public et des utilisations privatives de ce domaine par les particuliers, Lausanner Dissertation, Lausanne 1953

MOOR HANS, *Baurecht*, Die Bedeutung des Baurechts für die Baugenossenschaften, in: ZSR 48/1929 205-262

MOOR PIERRE, *II*, Droit administratif, Volume II: Les actes administratifs et leur contrôle, Bern 1991
- *III*, Droit administratif, Volume III: L'organisation des activités administratives. Les biens de l'État, Bern 1992

MÜLLER GEORG, Kommentar zu Art. 4 und Art. 22ter BV, in: Kommentar zur Bundesverfassung der Schweizerischen Eidgenossenschaft vom 29. Mai 1874, hrsg. von JEAN-FRANÇOIS AUBERT, KURT EICHENBERGER, JÖRG PAUL MÜLLER, RENÉ A. RHINOW, DIETRICH SCHINDLER, Basel/Zürich/Bern 1987 ff
- *Baupflicht*, Baupflicht und Eigentumsordnung, in: Festschrift für ULRICH HÄFELIN zum 65. Geburtstag, Zürich 1989, S. 167-181
- *Verhältnis*, Das Verhältnis zwischen einem privatrechtlichen Vertrag über die Abtretung von öffentlichem Grund zu einer verwaltungsrechtlichen Erschliessungsvereinbarung, in: recht 1988 25-28

MÜLLER PAUL R. (RICHARD), Das öffentliche Gemeinwesen als Subjekt des Privatrechts, St. Galler Dissertation, Zürich/St. Gallen 1970

MÜNCHENER KOMMENTAR, Münchener Kommentar zum bürgerlichen Gesetzbuch, Band 4: Sachenrecht (§§ 854 - 1296), Wohnungseigentumsgesetz, Erbbaurechtsverordnung; Redakteur: FRIEDRICH QUACK, 2. Auflage, München 1986; Bearbeiter der Erbbaurechtsverordnung: HELMUT FREIHERR VON OEFELE

MUTZNER PAUL, Der zeitliche Geltungsbereich des Bundesgesetzes über die Nutzbarmachung der Wasserkräfte, in: Festgabe FRITZ FLEINER zum siebzigsten Geburtstag am 24. Januar 1937, Zürich 1937, S. 115-130

NAPP C., Die öffentlichen Sachen nach baselstädtischem Verwaltungsrecht, in: ZSR 35/1916 145-233, 265-300

NEUENSCHWANDER URS, Die Leistungspflichten der Grundeigentümer im französischen Code Civil und im schweizerischen ZGB unter besonderer Berücksichtigung des Nachbarrechts. Eine rechtsvergleichende Arbeit, Berner Dissertation, Zürich 1966

NUSSBAUM H., Die Rechte an Quellen und Brunnen und die Darstellung am Grundbuch, in: ZBGR 1/1920 133-141, 167-169

OFTINGER KARL, *Eingriffe*, Gesetzgeberische Eingriffe in das Zivilrecht, in: ZSR 57/1938 481a-695a
- *Zusammenhang*, Über den Zusammenhang von Privatrecht und Staatsstruktur. Ein Hinweis, in: SJZ 37/1941 225-246

OSTERTAG FRITZ, Kommentar zum Schweizerischen Zivilgesetzbuch, Band IV: Sachenrecht, III. Abteilung: Art. 919-977, 2. Auflage, Bern 1917

PAWLOWSKI HANS-MARTIN, Substanz- oder Funktionseigentum? Zum Eigentumsbegriff des geltenden Rechts, in: AcP 165/1965 395-420

PFISTER HEINRICH, Der Inhalt der Dienstbarkeit, in: ZSR 52/1933 325-375

PILET MARCEL, Le Droit de superficie du Code civil suisse, Lausanner Dissertation, Lausanne 1912

PIOTET PAUL, *SPR V/1*, Dienstbarkeiten und Grundlasten, in: Schweizerisches Privatrecht, Bd. V: Sachenrecht, 1. Halbband: Das Eigentum, Der Besitz, Dienstbarkeiten und Grundlasten, hrsg. von ARTHUR MEIER-HAYOZ, Basel/Stuttgart 1977

PLATTNER J., Die Baurechtsdienstbarkeit, in: ZBGR 41/1960 257-268

PROTOKOLL, Sitzungsprotokoll der (Grossen) Expertenkommission zum Schweizerischen Zivilgesetzbuch, III. Session (Sachenrecht I), November 1902 (Maschinenschrift)

RAISER LUDWIG, Funktionsteilung des Eigentums, in: Beiträge zur europäischen Rechtsgeschichte und zum geltenden Zivilrecht, Festgabe für JOHANNES M. SONTIS, München 1977, S. 167-179
RENTSCH MAX, Öffentliche Sachen, in : ZBGR 61/1980 337-364
REY HEINZ, Berner Kommentar, Kommentar zum schweizerischen Privatrecht, Band IV: Das Sachenrecht, 2. Abt.: Die beschränkten dinglichen Rechte, Die Dienstbarkeiten und Grundlasten, 1. Teilband: Die Grunddienstbarkeiten, 1. Lieferung: Systematischer Teil und Kommentar zu Art. 730 und 731 ZGB, 2. A., Bern 1981
- *Eigentum*, Dynamisiertes Eigentum, in: ZSR 96/1977 I 65-80
- *Sachenrecht*, Die Grundlagen des Sachenrechts und das Eigentum. Grundriss des schweizerischen Sachenrechts, Band I, Bern 1991
RHINOW RENÉ A., *Rechte*, Wohlerworbene und vertragliche Rechte im öffentlichen Recht, in: ZBl 80/1979 1-23
- *Verfügung*, Verfügung, Verwaltungsvertrag und privatrechtlicher Vertrag, Zur Problematik der administrativen Handlungsformen, in: Privatrecht, Öffentliches Recht, Strafrecht, Grenzen und Grenzüberschreitungen, Festgabe zum Schweizerischen Juristentag 1985, Basel/Frankfurt 1985, S. 295-322
RHINOW RENÉ A./KRÄHENMANN BEAT, Schweizerische Verwaltungsrechtsprechung, Die Rechtsgrundsätze der Verwaltungspraxis, erläutert an Entscheiden der Verwaltungsbehörden und Gerichte, Ergänzungsband zur 5. (und unveränderten 6.) Aufl. der Schweizerischen Verwaltungsrechtsprechung von MAX IMBODEN und RENÉ A. RHINOW, Basel/Frankfurt 1990 (zitiert nach Fall-Nummern)
RIEGEL REINHARD, Verfügungs- und Nutzungseigentum? Einige Überlegungen zum Eigentumsbegriff, in: BayVBl 1975 412-419
RIEMER HANS-MICHAEL, Das Baurecht (Baurechtsdienstbarkeit) des Zivilgesetzbuches und seine Behandlung im Steuerrecht, Zürcher Dissertation, Zürich 1968
- *Sachenrecht*, Die beschränkten dinglichen Rechte, Grundriss des schweizerischen Sachenrechts, Band II, Bern 1986
RUCH ALEXANDER, Zur raumplanungsrechtlichen Natur von Verfügungsbeschränkungen. Fragen der verfassungsrechtlichen Abstützung einer Sperrfrist für die Veräusserung von Bauland, in: ZBl 91/1990 318-329
RUCK ERWIN, Das Eigentum im Schweizerischen Verwaltungsrecht, in: Festgabe der Juristischen Fakultät der Universität Basel zum achtzigsten Geburtstag von PAUL SPEISER, Basel 1926, S. 16-38
RUEDIN ROLAND, Le droit réel de superficie, Neuenburger Dissertation, Neuenburg 1969
SALADIN PETER, Verwaltungsprozessrecht und materielles Verwaltungsrecht. Einwirkungen des Verwaltungsprozess- und des Verwaltungsverfahrensrechts auf das materielle Verwaltungsrecht, in: Hundert Jahre Bundesgericht 1875-1975, Die bundesgerichtlichen Rechtsmittelverfahren, Referate zum Schweizerischen Juristentag 1975, ZSR 94/1975 II 307-351
SCHNEIDER BENNO, *Miteigentumsrecht*, Das schweizerische Miteigentumsrecht, Berner Dissertation, Bern 1973
- *Probleme*, Probleme des subjektiv-dinglichen Miteigentums, in: ZBGR 57/1976 1-16
SCHULTHEISS BEAT, Wohlerworbene Rechte in der schweizerischen Rechtsordnung, Basler Dissertation, Basel 1980
SIMONIUS PASCAL, Eigentum und Raumplanung, (Zeitfragen der schweizerischen Wirtschaft und Politik, hrsg. vom Redressement National, Nr. 106) Zürich 1976
SIMONIUS PASCAL/SUTTER THOMAS, Schweizerisches Immobiliarsachenrecht, Band II: Die beschränkten dinglichen Rechte, Basel/Frankfurt 1990
SINTZEL KURT, Die Sondernutzungsrechte an öffentlichen Sachen im Gemeingebrauch im Kanton Zürich, Zürcher Dissertation, Aarau 1962
SONTIS JOHANNES M., Strukturelle Betrachtungen zum Eigentumsbegriff, in: Festschrift für KARL LARENZ zum 70. Geburtstag, München 1973, S. 981-1002

SPRENGER URS DOMINIK, Die subjektiv-dingliche Verknüpfung als Verbindung zwischen rechtlicher Beziehung und Subjekt, Zürcher Dissertation, Zürich 1983
STAEHELIN DANIEL, Bedingte Verfügungen, Zürich 1993 (konnte nicht mehr berücksichtigt werden)
VON STAUDINGER J./RING WOLFGANG, J. von Staudingers Kommentar zum Bürgerlichen Gesetzbuch mit Einführungsgesetz und Nebengesetzen, 12., neubearbeitete Aufl., Drittes Buch: Sachenrecht, §§ 937-1011; ErbbVO. Erbbauverordnung, erläutert von WOLFGANG RING, Berlin 1989 (zitiert als STAUDINGER/RING)
VON STEIGER ED., Vom Baurecht, in: ZBGR 37/1956 81-103
STEINAUER PAUL-HENRI, Les droits réels, Tome II (Propriété foncière, Propriété mobilière, Généralités sur les droits réels limités, Servitudes foncières), Bern 1990
- *préemption*, La nouvelle réglementation du droit de préemption, in: ZBGR 73/1992 1-22
STOECKLIN JOSEPH, Die Begründung von Baurechten unter Bedingungen und Auflagen sowie Beschränkungen des Inhalts und der Übertragbarkeit, Bern 1956
SUTTER-SOMM KARIN, Das Monopol im schweizerischen Verwaltungs- und Verfassungsrecht, Basler Dissertation, Basel/Frankfurt 1989
TEMPERLI ALFRED, Die Problematik bei der Aufhebung und Ablösung von Grunddienstbarkeiten (ZGB 736), Zürcher Dissertation, Zürich 1975
TOBLER EMIL THOMAS, Die dinglichen Rechte des Zivilgesetzbuches dargestellt am Beispiel der Leitungen, Berner Dissertation, Aarau 1953
VON TUHR ANDREAS, *AllgT I*, Der allgemeine Teil des Deutschen Bürgerlichen Rechts, Erster Band: Allgemeine Lehren und Personenrecht, Leipzig 1910
- *AllgT II/1*, Der allgemeine Teil des Deutschen Bürgerlichen Rechts, Zweiter Band, erste Hälfte: Die rechtserheblichen Tatsachen, insbesondere das Rechtsgeschäft, München/Leipzig 1914
VON TUHR ANDREAS/ESCHER ARNOLD, Allgemeiner Teil des Schweizerischen Obligationenrechts, 2. Band, 3. Aufl., Zürich 1974
VON TUHR ANDREAS/PETER HANS, Allgemeiner Teil des Schweizerischen Obligationenrechts, 1. Band, 3. Aufl., Zürich 1979
VON TUHR ANDREAS/PETER HANS/ESCHER ARNOLD, Allgemeiner Teil des Schweizerischen Obligationenrechts, Supplement zur dritten Auflage, Zürich 1984
TUOR PETER/SCHNYDER BERNHARD, Das Schweizerische Zivilgesetzbuch, 10. Aufl., Zürich 1986
TRÜEB HANS RUDOLF, Rechtsschutz gegen Luftverunreinigung und Lärm. Das Beschwerdeverfahren bei Errichtung und Sanierung ortsfester Anlagen im Geltungsbereich des Umweltschutzgesetzes, Zürcher Dissertation, Zürich 1990
USTERI MARTIN, Theorie der Verwaltung in Formen des Privatrechts (Studie zur Lehre vom Freiheitsstaat ausgearbeitet am Beispiel des schweizerischen Rechts), Zürcher Habilitationsschrift, in: Annuario di Diritto Comparato e di Studi Legislativi, Vol. XXXVIII, Fasc. 3, Rom 1964, S. 167-243
VOGEL HANS-JOCHEN, Bodenrecht und Stadtentwicklung, in: NJW 1972 1544-1547
VOLLENWEIDER JACQUES, Étude sur les droits distincts et permanents en droit civil suisse, Lausanner Dissertation, Lausanne 1923
WEBER-DÜRLER BEATRICE, Vertrauensschutz im öffentlichen Recht, Zürcher Habilitationsschrift, Basel/Frankfurt 1983
WEBER ROLF H., Eigentum als Rechtsinstitut, in: ZSR 97/1978 I 161-191
VON WERRA RAPHAEL, Fragen zum Ablauf von Wasserrechtskonzessionen mit Heimfall unter besonderer Berücksichtigung der Verhältnisse im Kanton Wallis, in: ZBl 81/1980 1-20

WESTERMANN HARRY, *5.A.*, Sachenrecht. Ein Lehrbuch, 5., neu bearbeitete Aufl., Karlsruhe 1966
- *6.A. I / 6.A. II*, Westermann Sachenrecht. Ein Lehrbuch, 6., völlig neubearbeitete und erweiterte Auflage, Band I: Grundlagen und Recht der beweglichen Sachen, von HARM PETER WESTERMANN, KARL-HEINZ GURSKY, WINFRIED PINGER, Heidelberg 1990; Band II: Immobiliarsachenrecht, von DIETER ECKMANN und WINFRIED PINGER, Heidelberg 1988
- *Zulässigkeit*, Zulässigkeit und Folgen einer Aufspaltung des Bodeneigentums in Verfügungs- und Nutzungseigentum, Bonn 1974

WIEGAND WOLFGANG, Zur theoretischen Begründung der Bodenmobilisierung in der Rechtswissenschaft: Der abstrakte Eigentumsbegriff, in: Wissenschaft und Kodifikation des Privatrechts im 19. Jahrhundert, III: Die rechtliche und wirtschaftliche Entwicklung des Grundeigentums und Grundkredits, hrsg. v. HELMUT COING und WALTER WILHELM, Frankfurt 1976, S. 118-155

WIELAND CARL, Kommentar zum Schweizerischen Zivilgesetzbuch, 4. Teil: Das Sachenrecht des schweizerischen Zivilgesetzbuchs, Zürich 1909

WIELAND OTTO, *Wasserrecht*, Die Wasserrechtsverleihung im Kanton Graubünden, Zürcher Dissertation, Chur 1941

WILD W. (WALTER), Das Baurecht, in: ZBGR 33/1952 293-302

WIPFLI PETER, Die Genehmigungspflicht beim Grundstückerwerb im Lichte des Postulates einer persönlichkeitsbezogenen Grundeigentumsordnung, Zürcher Dissertation, Zürich 1966

WITT GÜNTHER, Das Baurecht. Eine rechtsvergleichende Betrachtung insbesondere des schweizerischen und deutschen Baurechts, Basler Dissertation, Basel/Stuttgart 1970

ZÄCH ROGER, Tendenzen der juristischen Auslegungslehre, in: ZSR 96/1977 I 313-343

ZOBL DIETER, Berner Kommentar, Kommentar zum schweizerischen Privatrecht, Band IV: Das Sachenrecht, 2. Abt.: Die beschränkten dinglichen Rechte, 5. Teilband: Das Fahrnispfand, 1. Unterteilband: Systematischer Teil und Art. 884-887 ZGB, 2. A., Bern 1982
- *Bauhandwerkerpfandrecht*, Das Bauhandwerkerpfandrecht de lege lata und de lege ferenda, in: ZSR 101/1982 II 1-187

ZOBL MANFRED, *Inhalt*, Der zulässige Inhalt von Dienstbarkeiten, Zürcher Dissertation, Adliswil 1976

ZULLIGER FELIX, Eingriffe Dritter in Forderungsrechte, zugleich ein Beitrag zur Lehre vom subjektiven Recht, Zürcher Dissertation, Zürich 1988

ZURBRIGGEN FELIX, Die irregulären Personaldienstbarkeiten (Art. 781 ZGB), Freiburger Dissertation, Bern/Frankfurt/Las Vegas 1981

ZWAHLEN HENRI, Le contrat de droit administratif, in: ZSR 77/1958 II 461a-663a

ABKÜRZUNGEN

Abkürzungen werden hier nur vermerkt, soweit sie nicht gemäss DUDEN verwendet werden oder darin nicht aufgeführt sind.

Artikel und Paragraphen der gesetzlichen Erlasse werden mit Nummern und Angabe der Erlassabkürzung, *Absätze* von Artikeln und Paragraphen mit römischen Zahlen, *Ziffern* von Artikeln und Paragraphen mit arabischen Zahlen und Punkt, *Literae* mit Kleinbuchstaben und Punkt zitiert. Beispiele: «655 II 2. ZGB» für «Art. 655 Abs. 2 Ziff. 2 ZGB» und «4 I a. BewG» für «Art. 4 Abs. 1 lit. a BewG».

A. / Aufl.	Auflage
AcP	Archiv für die civilistische Praxis, neue Folge (Tübingen 1923 ff)
a.M.	anderer Meinung
BayVBl	Bayerische Verwaltungsblätter, Zeitschrift für öffentliches Recht und öffentliche Verwaltung (München)
BBl	(Schweizerisches) Bundesblatt
BewG	Bundesgesetz über den Erwerb von Grundstücken durch Personen im Ausland vom 16. Dezember 1983 (SR 211.412.41)
BGB	Bürgerliches Gesetzbuch für das Deutsche Reich vom 18. August 1896
BGBB	Bundesgesetz über das bäuerliche Bodenrecht vom 4. Oktober 1991 (SR 211.412.11, in Kraft ab 1.1.1994)
BGE	Entscheidungen des Schweizerischen Bundesgerichtes, Amtliche Sammlung (Lausanne 1875 ff)
BGer	(Schweizerisches) Bundesgericht
BJM	Basler Juristische Mitteilungen (Basel 1954 ff)
BN	Der Bernische Notar, Zeitschrift des Verbandes bernischer Notare (Bern 1940 ff)
BR	Baurecht, Mitteilungen des Seminars für Schweizerisches Baurecht (Freiburg 1979 ff)
BV	Bundesverfassung der Schweizerischen Eidgenossenschaft vom 29. Mai 1874 (SR 101)
BVerfG	Bundesverfassungsgericht (der Bundesrepublik Deutschland)
BVR	Bernische Verwaltungsrechtsprechung. Entscheide und Abhandlungen zum bernischen Verwaltungsrecht (Bern)
DISP	Dokumente und Informationen zur Schweizerischen Orts-, Regional- und Landesplanung, hrsg. v. Institut für Orts- Regional- und Landesplanung, Eidgenössische Technische Hochschule (ETH), Zürich
E.	Erwägung
Einl.	Einleitung (eines Kommentarwerkes)
EJPD	Eidgenössisches Justiz- und Polizeidepartement
EBG	Eisenbahngesetz vom 20. Dezember 1957 (SR 742.101)
ErbbV	(deutsche) Verordnung über das Erbbaurecht vom 15. Januar 1919
f / ff	folgende
FN	Fussnote(n)
GBV	Verordnung des Bundesrates betreffend das Grundbuch vom 22. Februar 1910 (SR 211.432.1)
gl.M.	gleicher Meinung
GG	Grundgesetz für die Bundesrepublik Deutschland vom 23. Mai 1949
GVP	St. Gallische Gerichts- und Verwaltungspraxis (St. Gallen)

h.L.	herrschende Lehre / herrschenden Lehre
i.d.R.	in der Regel
i.c.	in casu / in concreto
i.e.S.	im engen Sinne / im engeren Sinne
insb.	insbesondere
i. S.	in Sachen
i.V.m.	in Verbindung mit
JZ	Juristen-Zeitung, Tübingen 1951 ff
LGVE	Luzerner Gerichts- und Verwaltungsentscheide (Luzern)
LS	Zürcher Loseblattsammlung (der in der Offiziellen Sammlung der Zürcher Gesetze, OS, enthaltenen kantonalen Gesetze, Beschlüsse und Verordnungen)
MÜNCHKOMM	Münchener Kommentar (s. im Literaturverzeichnis)
N	Note(n) / Nummer(n) / Randnote(n) / Randnummer(n) / Randziffer(n)
NJW	Neue Juristische Wochenschrift (München/Berlin 1948 ff)
NZZ	Neue Zürcher Zeitung
OG	Bundesgesetz über die Organisation der Bundesrechtspflege vom 16. Dezember 1943 (SR 173.110)
PTT	Schweizerische Post-, Telefon- und Telegraphenbetriebe
recht	recht, Zeitschrift für juristische Ausbildung und Praxis (Bern 1982 ff)
revZGB	revidiertes Zivilgesetzbuch (Änderungen vom 4. Oktober 1991, vgl. im Literaturverzeichnis BOTSCHAFT *1988*)
RPG	Bundesgesetz über die Raumplanung vom 22. Juni 1979 (SR 700)
RRB	Beschluss des Zürcher Regierungsrates
S.	Seite / Seiten
SchGG	Bundesgesetz über die Schuldbetreibung gegen Gemeinden und andere Körperschaften des kantonalen öffentlichen Rechts vom 4. Dezember 1947 (SR 282.11)
SchKG	Bundesgesetz über Schuldbetreibung und Konkurs vom 11. April 1989 (SR 281.1)
SchlTzZGB	Schlusstitel zum Schweizerischen Zivilgesetzbuch
SJZ	Schweizerische Juristen-Zeitung (Zürich 1904 ff)
SPR	Schweizerisches Privatrecht, hrsg. von C. VON GREYERZ, M. GUTZWILLER, H. HINDERLING, A. MEIER-HAYOZ, H. MERZ, P. PIOTET, R. SECRÉTAN, W. VON STEIGER, F. VISCHER, Basel/Stuttgart/Frankfurt
SR	Systematische Sammlung des Bundesrechts
StenBull	Amtliches stenographisches Bülletin der schweizerischen Bundesversammlung (National- und Ständerat)
StenBull NR	Amtliches stenographisches Bülletin der schweizerischen Bundesversammlung / Amtliches Bulletin der Bundesversammlung, Nationalrat
StenBull SR	Amtliches stenographisches Bülletin der schweizerischen Bundesversammlung / Amtliches Bulletin der Bundesversammlung, Ständerat
SysT	Systematischer Teil (eines Kommentarwerkes)
URP	Umweltrecht in der Praxis (Zürich 1989 ff)
VB	Beschwerdeentscheid des Verwaltungsgerichtes des Kantons Zürich
VEzZGB	Vorentwurf zum Schweizerischen Zivilgesetzbuch vom 15. November 1900, abgedruckt in: HUBER *Erl. II* S. 505 ff
Vorbem.	Vorbemerkungen
VZG	Verordnung des Bundesgerichts über die Zwangsverwertung von Grundstücken vom 23. April 1920 (SR 281.42)
WRG	Bundesgesetz über die Nutzbarmachung der Wasserkräfte vom 22. Dezember 1916 (SR 721.80)
ZBGR	Schweizerische Zeitschrift für Beurkundungs- und Grundbuchrecht (Wädenswil 1920 ff)
ZBJV	Zeitschrift des Bernischen Juristenvereins (Bern 1865 ff)

ZBl	Schweizerisches Zentralblatt für Staats- und Verwaltungsrecht (bis Band 89/1988 Schweizerisches Zentralblatt für Staats- und Gemeindeverwaltung) (Zürich 1900 ff)
ZGB	Schweizerisches Zivilgesetzbuch vom 10. Dezember 1907 (SR 210)
ZR	Blätter für Zürcherische Rechtsprechung (Zürich 1902 ff)
ZSR	Zeitschrift für Schweizerisches Recht, Neue Folge (Basel 1882 ff) (I = I. Halbband, II = II. Halbband eines Jahrgangs)

1 EINLEITUNG

11 Fragestellung

Nach 655 II 2. ZGB *sind* selbständige und dauernde Rechte, welche in das Grundbuch aufgenommen worden sind, gleich wie die Liegenschaften (655 II 1. ZGB), die Bergwerke (655 II 3. ZGB) und die Miteigentumsanteile an Grundstücken (655 II 4. ZGB) *Grundstücke* im Sinne des Zivilgesetzbuches und als solche, entsprechend dem Marginale zu 655 ZGB, Gegenstand des Grundeigentums. Wie im einzelnen zu zeigen sein wird, sind selbständige und dauernde Rechte verselbständigte, von einem Grundeigentümer einem Berechtigten auf eine bestimmte Mindestdauer eingeräumte beschränkte Rechte. Unter ihnen kommt den Baurechtsdienstbarkeiten vorrangige praktische und dogmatische Bedeutung zu. Auf dem Bodenmarkt spielen sie eine zunehmend wichtige Rolle. Baurechtgeber sind nicht mehr nur die öffentliche Hand - vorwiegend im Bereich des Wohnungsbaus -, sondern immer zahlreicher auch Private. Die Baurechtsdienstbarkeit räumt dem Berechtigten zu Lasten der Rechte des baurechtgebenden Grundeigentümers weitgehende Befugnisse ein. Das Interesse des Baurechtgebers, einen ihm genehmen Bauberechtigten[1] zum Vertragspartner zu haben, ist deshalb eminent, und es erhält die Frage entsprechendes Gewicht, inwiefern sich der Baurechtgeber bei der Wahl allfälliger Erwerber des grundsätzlich übertragbaren Rechtes Mitsprache vorbehalten könne. Häufig werden in den Bestellungsvertrag Bestimmungen aufgenommen, welche für den Fall der Veräusserung des Baurechts die Genehmigung des Baurechtgebers vorbehalten oder den Erwerberkreis einengen. Davon machen insbesondere die Gemeinwesen Gebrauch.

Aufgrund des Wortlautes von 655 II 2. ZGB wird man ein

---

[1] RIEMER 3 (auch in *Sachenrecht* 68) schlägt vor, der Klarheit wegen nicht wie im Gesetz vom Bauberechtigten, sondern vom Baurechtsberechtigten zu sprechen. Davon wird hier angesichts der im wesentlichen auf diese Thematik begrenzten Abhandlung abgesehen.

in das Grundbuch aufgenommenes - ein «gebuchtes»[2] - selbständiges und dauerndes Recht als Grundeigentum im eigentlichen Sinne betrachten. Die grundsätzlich freie Verfügbarkeit des Rechtes für den Träger eines solchen selbständigen und dauernden Rechtes ginge deshalb nach 641 I ZGB ohne weiteres den Interessen des belasteten Grundeigentümers vor. In Literatur und Praxis herrscht indessen eine geradezu demonstrative Einmütigkeit darüber vor, dass die Rechtsnatur eines selbständigen und dauernden Rechts mit der Aufnahme in das Grundbuch nicht verändert werde, dass damit insbesondere kein qualitativer Sprung von einem beschränkten dinglichen Recht zu einem dinglichen Vollrecht erfolge[3] und die Vorschriften über das Grundeigentum nicht generell, sondern nur hinsichtlich des Rechtsverkehrs zur Anwendung gelängen[4]. Entzündet hat sich die deutliche Absage an die gegenteilige Auffassung an der Abhandlung von STOECKLIN über «Die Begründung von Baurechten unter Bedingungen und Auflagen sowie Beschränkungen des Inhalts und der Übertragbarkeit», welche durch LIVER[5] einer vernichtenden Rezension unterworfen worden ist. Nach LIVER[6] baut STOECKLIN seine - in der jüngeren Literatur übrigens einzig noch von RUEDIN[7] vertretene - Auffassung auf einer grundlegend verfehlten Prämisse auf, wenn er grundsätzlich davon ausgeht, dass einem ins Grundbuch aufgenommenen selbständigen und dauernden Baurecht Eigentumsqualität im Rechtssinne, das heisst die Qualität eines dinglichen Vollrechtes bei-

---

[2] Der Begriff wird beispielsweise bei HAAB N 4, 6 zu 655 ZGB oder HOMBERGER N 19 zu 943 ZGB verwendet.

[3] BGE 118 II 118, 49 182 f; HAAB N 12 zu 655 ZGB; LEEMANN N 22 und 31 zu 779 ZGB; MEIER-HAYOZ N 5 zu 655 ZGB; BRANDENBURGER 88; DESCHENAUX *SPR V/3* 87; FREIMÜLLER 40 f, 51, 64 f mit weiteren Hinweisen, 99, 105; FRIEDRICH *BTJP 1968* 149, 168 und *Neuordnung* 15; ISLER 64, 155; ITEN 61 (für das Wasserrecht); LIVER *SPR V/1* 123 und *Baurechtsdienstbarkeit* 380; PILET 56, 177; PIOTET *SPR V/1* 547; REY *Sachenrecht* 227; RIEMER 30 und *Sachenrecht* 44 f; VOLLENWEIDER 29 f; WILD 297.

[4] BGer in ZBGR 19/1938 45; MEIER-HAYOZ N 5 zu 655 ZGB; WIELAND N 7 zu 655 ZGB; ARNOLD *Allmendgen*. 75; BRANDENBURGER 94; CHRISTEN 56; DESCHENAUX *SPR V/3* 87; FREIMÜLLER 65, 105; ITEN 60 (für das Wasserrecht); LIVER *SPR V/1* 123 und *Baurechtsdienstbarkeit* 380; LÖTSCHER 9; PIOTET *SPR V/1* 569; RIEMER 33; REY *Sachenrecht* 227; VOLLENWEIDER 42; WILD 297.

[5] LIVER *Baurechtsdienstbarkeit*.

[6] LIVER *Baurechtsdienstbarkeit* 380 und 385.

[7] RUEDIN 98 ff. Auch WITT 89 f begründet seine Auffassung, dass ein Genehmigungsvorbehalt mit dinglicher Wirkung ausgeschlossen sei, mit der grundeigentumsähnlichen Rechtsnatur; er betont indessen den Servitutscharakter des Baurechts (S. 13). Aus der älteren Literatur wäre VOLLENWEIDER 62 f zu nennen, dessen Argumentation ebenfalls auf völlige Eigentumsgleichheit hinausläuft.

zumesssen sei[8]. Auf dieser Grundlage kommt STOECKLIN folgerichtig zum Schluss, dass ein Baurecht nur diejenigen Beschränkungen der Übertragbarkeit leide, welche auch für das Eigentum zulässig seien. So könnten dinglich wirkende Verfügungsbeschränkungen nur im Rahmen des numerus clausus der dinglichen Rechte vereinbart werden.

Vorliegend soll untersucht werden, ob allfälligen Beschränkungen der freien Verfügbarkeit eines gebuchten selbständigen und dauernden Rechts dingliche Wirkung zuzurechnen sei. Die Antwort ist von praktischer Bedeutung für den wirtschaftlichen Wert eines solchen Rechtes und berührt damit, wie ebenfalls zu zeigen sein wird, Sinn und Zweck des Instituts in einem Kernpunkt. Dabei wird der Frage, ob einem gebuchten selbständigen und dauernden Recht Eigentumsqualität im Rechtssinn zuerkannt werden kann, besonderes Gewicht beizumessen sein. Indessen wird sich auch weisen müssen, ob eine Klärung bereits dieser Problematik auch die Grundlage für eine gültige Beantwortung der eingangs gestellten Frage abzugeben vermag.

12   Zielsetzung

Unter dem Titel des selbständigen und dauernden Rechts lassen sich die verschiedenartigsten Rechte subsumieren. Das praktisch bedeutsamste, die Baurechtsdienstbarkeit, hat im Gesetz in 779 - 779*l* ZGB eine ins einzelne gehende Regelung erfahren. Die Besonderheit dieses Instituts wie auch dessen detaillierte gesetzliche Normierung legen es nahe, eine Untersuchung über die selbständigen und dauernden Rechte an dieser Dienstbarkeit zu orientieren. Aber ebenso erscheint umgekehrt die Subsumtion der Baurechtsdienstbarkeit unter die selbständigen und dauernden Rechte wesentlich für die Auslegung der Baurechtsdienstbarkeit. Zu dieser Bezogenheit des je einzelnen, als selbständig und dauernd bestellbaren Dienstbarkeitsrechts zum selbständigen und dauernden Recht als Institut kommt eine weitere dazu: Nicht nur beschränkte dingliche Rechte, sondern auch Konzes-

---

[8] STOECKLIN 21, 51.

sionen, also gestützt auf öffentliches Recht verliehene Rechte sind der Aufnahme ins Grundbuch zugänglich. Neben der Beantwortung der Frage nach der Wirkung von Verfügungsbeschränkungen soll mit der vorliegenden Untersuchung deshalb auch Einblick in das Zusammenspiel dieser verschiedenartigen Rechte gewonnen werden.

13 Methode

Die Selbständigkeit eines Rechts ruft nach dem Begriff der Verfügung, wie es schon vom Wort her auch für die Verfügungsbeschränkung zutrifft. Indessen schliesst der Begriff der Verfügungsbeschränkung zumindest vordergründig die Selbständigkeit eines Rechtes aus. Methodisch besteht die Schwierigkeit zu entscheiden, ob zunächst der Begriff der Selbständigkeit und danach derjenige der Verfügungsbeschränkung zu klären seien, oder ob umgekehrt aufgrund der Begriffe der Verfügung und der Verfügungsbeschränkung Zugang zum Begriff des selbständigen und dauernden Rechts zu finden sei.

Die Lösung wird über einen gleichsam zweifachen Durchgang durch die Problematik gesucht: Ausgehend von einem Vorverständnis[9], wird der Kreis der zu untersuchenden, nämlich als möglicherweise selbständig und dauernd bestellbaren Rechte eingegrenzt (2: *Arten von selbständigen und dauernden Rechten im Sinne von 655 II 2. ZGB*). Daran anschliessend werden das für den Begriff der Selbständigkeit massgebende Institut der Verfügung und mit diesem zusammenhängende weitere Begriffe, insbesondere natürlich derjenige der Verfügungsbeschränkung, untersucht (3: *Verfügungsbeschränkungen*). Darauf aufbauend, ist auf die selbständigen und dauernden Rechte zurückzukommen und sind diese rechtlich genauer zu bestimmen (4: *Zur Qualifikation der buchungsfähigen selbständigen und dauernden Rechte*), wobei zunächst zwischen den nicht gebuchten und den gebuchten selbständigen und dauernden Rechten unterschieden wird. Anhand dieser Grundlagen soll dann auf die Frage nach

---

[9] Vgl. dazu und zum hermeneutischen Zirkel BUCHER 33 f; LARENZ *Methodenlehre* 206 ff mit Hinweisen; EDUARD PICKER in: JZ 43/1988 1 ff, mit umfassendem Literaturverzeichnis in FN 23; RENÉ A. RHINOW, Rechtsetzung und Methodik, Basel 1979, S. 135 ff; ZÄCH 320 ff, insb. 325.

den (5:) *Wirkungen von Verfügungsbeschränkungen bei selbständigen und dauernden Rechten* Antwort gegeben werden. Schliesslich werden die Ergebnisse der Untersuchung zusammengefasst (6: *Schluss*).

Es wird darauf verzichtet, die Baurechtsdienstbarkeit - um welche es zwar schwergewichtig, aber nicht ausschliesslich geht - als historisch entstandenes und gegenwärtiges Rechtsinstitut eingehend vorzustellen. Das ist von anderer Seite bereits geschehen[10]. Aus demselben Grund wird ebensowenig synchrone oder diachrone Rechtsvergleichung betrieben[11]. Einige Hinweise an geeigneter Stelle mögen genügen.

---

[10] Ausführlich insbesondere von BRANDENBURGER, CHRISTEN, FREIMÜLLER, ISLER, KLÖTI, PILET und RUEDIN.
[11] Vgl. neben anderen FREIMÜLLER 7 ff, RIEMER 85 ff, WITT passim.

2 ARTEN VON SELBSTÄNDIGEN UND DAUERNDEN RECHTEN IM SINNE VON 655 II 2. ZGB

Das durch Lehre und Praxis bestimmte Vorverständnis von den selbständigen und dauernden Rechten ist geeignet, den Untersuchungsgegenstand für einen ersten Zugang zu umreissen und gleichzeitig insofern einzugrenzen, als nicht Rechte in die Untersuchung einbezogen werden sollen, welche unstreitig nicht unter die Vorschrift von 655 II 2. ZGB fallen können. Es sei deshalb diesem Kapitel ein - insbesondere hinsichtlich seiner Wirkung - vorerst nicht hinterfragter[12] allgemeiner Begriff des selbständigen Rechtes unterlegt: Selbständig ist ein Recht, das frei übertragen[13] und vererbt werden kann[14]. Die Vererblichkeit ist allerdings nur dann begriffsnotwendig[15], wenn das Recht zugunsten einer natürlichen Person

---

[12] Zu Inhalt und Bedeutung des Begriffes der Selbständigkeit vgl. unten S. 131 ff.

[13] BOTSCHAFT *1963* 984. Bei LIVER *SPR V/1* 54 ist der Begriff der Selbständigkeit, wohl in Anlehnung an den Verfügungsbegriff (vgl. LIVER a.a.O. 16), gefasst als «frei veräusserbar und belastbar», vgl. auch PILET 170.

[14] RIEMER 23 und *Sachenrecht* 43 f. Nach RIEMER 30 ist unbestritten, «dass Vererblichkeit und Übertragbarkeit die Selbständigkeit ausmachen», ebenso WITT 87; das entspricht auch dem Wortlaut von 779 II ZGB. Nach LIVER *Genossenschaften* 175 und, ihm folgend, ARNOLD *Korporation* 70 ist selbständig ein Recht, das als solches und für sich Gegenstand des Rechtsverkehrs ist. - Häufig wird das selbständige Recht mit der Formulierung aus 7 II 1. GBV als dasjenige bezeichnet, welches «weder zugunsten eines herrschenden Grundstücks noch ausschliesslich zugunsten einer bestimmten Person errichtet ist», umschrieben. Diese Begriffsumschreibung ist indessen auslegungsbedürftig.

[15] Nach MEIER-HAYOZ N 20 zu 655 ZGB ist das «für sich frei übertragbare Recht» selbständig, die Vererblichkeit wird als Merkmal nicht explizit genannt. PILET 174 erachtet die Vererblichkeit als entbehrlich; auch HITZIG 22 nimmt die Möglichkeit der Wegbedingung der Vererbbarkeit (ohne weitere Begründung) für gegeben an. Die Übertragbarkeit jedenfalls ist für das selbständige Recht begriffsnotwendig, denn nur so macht die Hypothezierung Sinn, die ja Ziel und Zweck der möglichen Aufnahme ins Grundbuch ist, PILET 171 (dazu unten S. 133 ff). Unzutreffend deshalb BRANDENBURGER 74, der den Ausschluss der Übertragbarkeit als mit 7 II 1. GBV vereinbar erachtet, wenn nur Vererblichkeit gegeben sei: Es können auch unselbständige (Dienstbarkeits-) Rechte vererblich sein (vgl. ISLER 66; PILET 88, 171; RIEMER 25), die dann wohl irreguläre (RIEMER 24), aber eben nicht selbständige Dienstbarkeiten darstellen. Unzutreffend schliesslich BOTSCHAFT *1904* 62 und die Berichterstatter in National- und Ständerat (StenBull 1906 527, 1269), es sei (schon) dasjenige Recht selbständig, das jemandem unabhängig vom Eigentum an einem Grundstück zustehen könne: Dann nämlich wäre auch die unübertragbare Personaldienstbarkeit ein selbständiges Recht. Im Erbbaurecht werden Veräusserlichkeit ebenso wie Vererbbarkeit als unverzichtbares, aber

eingeräumt worden ist. Ist nämlich eine juristische Person - die von Gesetzes wegen nicht vererben kann - berechtigt, so muss die freie Übertragbarkeit zur Begründung der Selbständigkeit ausreichen[16].

Ist die Rede von selbständigen und dauernden Rechten, welche in das Grundbuch aufgenommen werden können, so ist in erster Linie an Dienstbarkeiten[17] und dabei vorrangig an die Baurechtsdienstbarkeit im Sinne von 779 ff ZGB zu denken: Neben dieser nennt das Zivilgesetzbuch selbst nur noch die Quellenrechte ausdrücklich[18]. Indessen können auch andere Nutzungsrechte als selbständige und dauernde Rechte ausgestaltet werden[19]. Umstritten ist, ob auch eine Grundlast ein selbständiges und dauerndes Recht im Sinne von 655 II 2. ZGB darstellen könne[20]. Darüber hinaus schliesslich, und das wird gerne übersehen oder bleibt zumindest häufig unerwähnt, können selbständige und dauernde Rechte im Sinne von 655 II 2. ZGB auf kantonalprivatrechtlicher[21] oder auf öffentlichrechtlicher Grundlage, beispielsweise auf einer Konzession, beruhen[22]. Dies gilt insbesondere auch für das „Baurecht"[23].

Unter die Vorschrift von 655 II 2. ZGB fallen demnach die

---

beschränkbares Merkmal angesehen, MÜNCHKOMM N 66-68 zu 1 ErbbV, STAUDINGER/RING N 2 und 28 zu 1 ErbbV.

[16] Rechte von juristischen Personen dürften generell leichter zu übertragen sein als diejenigen natürlicher Personen. Vgl. etwa, dass das Wohnrecht als zwingend unübertragbares Recht einer juristischen Person nicht eingeräumt werden kann (ZURBRIGGEN 157); vgl. auch 1092 II BGB, welche Vorschrift i.V.m. 1059a-1059d BGB für juristische Personen unter Voraussetzungen die Übertragung der (im deutschen Recht) grundsätzlich nicht übertragbaren (1092 I BGB, vgl. LIVER Einl. N 59) beschränkten persönlichen Dienstbarkeit ermöglicht.

[17] Vgl. 7 II 1. GBV, wonach die Aufnahme eines selbständigen und dauernden Rechts nur erfolgen darf, wenn es «als Dienstbarkeit» besteht. Zu beachten aber unten FN 23.

[18] 780 III ZGB. Ursprünglich nannte 56 SchlTzZGB überdies die Wasserrechte; diese Vorschrift ist in 59 WRG aufgegangen, vgl. historisch dazu HUBER Erl. II 9, 12. In der Praxis sind Bau- und Wasserrechte diejenigen Rechte, für die ein verbreitetes Interesse an der Eröffnung eines eigenen Blattes besteht, LÖTSCHER 18.

[19] DESCHENAUX SPR V/3 71; SIMONIUS/SUTTER 44; STEINAUER 19 f.

[20] Dazu sogleich unten S. 11 f.

[21] Vgl. ARNOLD Korporation 61 ff (Urner Gadenstattrecht), DESCHENAUX SPR V/3 71.

[22] Für die Wasserrechtskonzession: 59 WRG; vgl. weiter ZR 80/1981 Nr. 27; LIVER N 3 und 9 ff zu 731 ZGB und SPR V/1 125 f; OSTERTAG N 5 943 ZGB; REY N 95 ff zu 731 ZGB; LÖTSCHER 17, 56.

[23] RIEMER 36. Die Grundbuchverordnung ist diesbezüglich zu eng gefasst, wenn sie in 7 II GBV als Voraussetzung für die Aufnahme das Bestehen des Rechts «als Dienstbarkeit» verlangt und im übrigen nur die Wasserrechtsverleihungen gemäss WRG gesondert aufführt (8 GBV), vgl. ZR 80/1981 Nr. 27, MEIER-HAYOZ N 19 zu 655 ZGB, ARNOLD Allmendgen. 72, REY Sachenrecht 229.

verschiedenartigsten Rechte. Ihnen gemeinsam ist - neben der Voraussetzung der Dauerhaftigkeit - die Selbständigkeit.

Eine Verselbständigung kann für unterschiedliche Arten von Rechten erfolgen. In die weitere Untersuchung sollen indessen nur die Nutzungsrechte einbezogen bleiben, weil nur (verwertbare) Nutzungsrechte eine Aufnahme in das Grundbuch nach 655 II 2. ZGB erfahren können[24]. Es entfällt beispielsweise die Möglichkeit der Aufnahme in das Grundbuch für die an sich selbständigen Verwertungsrechte Schuldbrief und Gült[25]. Sie werden deshalb nicht mehr weiter verfolgt. Ebensowenig sind hier die obligatorischen Rechte, welche unter den Begriffen der Verfügung und der Verfügungsbeschränkung durchaus zu thematisieren wären, weiter zu untersuchen: In das Grundbuch werden, soweit es nicht um öffentlichrechtliche Berechtigungen geht, nur dingliche Rechte aufgenommen[26].

21 privatrechtliche selbständige und dauernde Rechte

211 selbständige und dauernde beschränkte dingliche Rechte

211.1 selbständige Dienstbarkeitsrechte

Als in jedem Fall unselbständiges Recht ist die *Grunddienstbarkeit* von der Möglichkeit der Aufnahme in das Grundbuch von vornherein ausgeschlossen: Die Grunddienstbarkeit belastet ein Grundstück zugunsten des jeweiligen Eigentümers eines berechtigten Grundstückes; die berechtigte Person wird bestimmt durch ihre subjektivdingliche Berechtigung am herrschenden Grundstück[27]. Das Dienst-

---

[24] HAAB N 5 zu 655 ZGB; MEIER-HAYOZ N 46 zu 655 ZGB; LÖTSCHER 16 mit Hinweisen; SIMONIUS/SUTTER 43; ZURBRIGGEN 180.
[25] Vgl. GUHL *Verselbständigung* 57, 61. VOLLENWEIDER 54 f führt dies darauf zurück, dass Grundpfänder wegen der Kündbarkeit nicht dauernd sind (anders als GUHL a.a.O. hält er sie auch nicht für selbständig).
[26] Vgl. unten S. 16 ff, insb. S. 25 f. Es ist im übrigen deswegen nicht ausgeschlossen, dass obligatorische Rechte im Grundbuch und damit bezüglich der darin aufgeführten dinglichen Rechte ihren rechtlich sehr wohl bedeutsamen Niederschlag finden können (vorgemerkte Rechte; nebensächliche, mit den Dienstbarkeiten verbundene Leistungspflichten usw.).
[27] LIVER Einl. N 60 und N 37 zu 730 ZGB; PILET 170 mit Hinweisen.

barkeitsrecht haftet demnach am Schicksal dieses Grundstückes und ist damit nur zusammen mit diesem, also nicht selbständig übertragbar oder vererblich[28].

Die *Personaldienstbarkeiten* sind von ihrem eng gefassten Begriff her zwar nicht übertragbar[29]: Sie werden zugunsten einer bestimmten Person[30] errichtet (781 I ZGB). Zu solchen als «reguläre»[31] oder «eigentliche»[32] bezeichneten Personaldienstbarkeiten gehören insbesondere die Nutzniessung[33] und das Wohnrecht, welche ausschliesslich zugunsten einer bestimmten Person bestellt[34], das heisst nicht als selbständige und dauernde Rechte ausgestaltet werden können[35]. Im übrigen lassen sich die Personaldienstbarkeiten jedoch als frei übertragbar und vererblich vereinbaren. In diesem Fall sind sie nicht mehr zugunsten einer bestimmten Person errichtet, womit sie selbständige Rechte darstellen[36] und, sofern sie auf Dauer bestellt sind, der Aufnahme ins Grundbuch zugänglich sind[37].

---

[28] HAAB N 7 zu 655 ZGB; MEIER-HAYOZ N 20 zu 655 ZGB; REY N 6 zu 730 ZGB; LIVER *Formen* 65 und (mit anschaulichem Negativbeispiel) N 34 zu 730 ZGB; PIOTET *SPR V/1* 568; RIEMER *Sachenrecht* 42 f. Folgerichtig verlangt deshalb die Grundbuchverordnung in 7 II 1. GBV, dass die aufzunehmenden Rechte nicht zugunsten eines herrschenden Grundstückes errichtet sind (de lege ferenda zweifelnd übrigens EGGEN *Fragen* 210). Wenn im übrigen auch in Zusammenhang mit Grunddienstbarkeiten von «selbständigem dinglichem Recht» gesprochen wird (vgl. den bei LIVER Einl. N 22 zitierten BGE 50 II 235), wird der Begriff anders verwendet (i.c. wird gesagt, dass das Grunddienstbarkeitsrecht nicht vom Bestand des belasteten Eigentumsrecht abhänge und nicht zwingend mit diesem untergehe). Die Grunddienstbarkeit ist übrigens (nämlich zusammen mit dem herrschenden Grundstück) immer übertragbar (FRIEDRICH *Nutzungsdienstbarkeiten* 39 f), aber nie selbständig.

[29] 781 II ZGB nimmt diesen Grundsatz auf, indem er eine entsprechende Vermutung statuiert.

[30] Auch zugunsten von mehreren Personen, Rechtsgemeinschaften, LIVER *SPR V/1* 48.

[31] RIEMER *Sachenrecht* 42 f; vgl. auch recht 1991 141 FN 4.

[32] LIVER Einl. N 60.

[33] 745 ff ZGB. Die einzelnen Nutzungen sind - als obligatorische Berechtigungen - zwar übertragbar (758 ZGB), aber die Substanz des Nutzniessungsrechts, das Recht als Rechtsverhältnis ist an die Person des Berechtigten gebunden (776 ZGB). Vgl. auch LIVER *Formen* 65.

[34] 776 II ZGB, vgl. LIVER Einl. N 64 und *SPR V/1* 61. Das Bundesgericht hält an der zwingenden Unübertragbar- und Unvererblichkeit fest, BGE 116 II 289, entgegen SCHÖBI in: recht 1988 58 ff. Die Unübertragbarkeit lässt sich im Effekt allerdings umgehen, wenn die Nutzniessung einer juristischen Person eingeräumt wird, vgl. FRIEDRICH *Nutzungsdienstbarkeiten* 45.

[35] VOLLENWEIDER 53 f.

[36] Vgl. 7 II 1. GBV, wonach ein selbständiges Recht nicht ausschliesslich zugunsten einer bestimmten Person errichtet sein darf.

[37] HAAB N 5 zu 655 ZGB; MEIER-HAYOZ N 46 zu 655 ZGB; PIOTET *SPR V/1* 569; TOBLER 55.

Diese Personaldienstbarkeiten sind unter dem Begriff der irregulären Personaldienstbarkeiten zusammengefasst. Die mögliche Übertragbarkeit macht denn auch das Unterscheidungsmerkmal zwischen regulären und irregulären Personaldienstbarkeiten aus[38].

Zu den irregulären Dienstbarkeiten gehören das Baurecht (779 ff ZGB), das Quellenrecht (780 ZGB) und die «andern Dienstbarkeiten» nach 781 ZGB[39]. Solche anderen Dienstbarkeiten können alles zum Inhalt haben, was auch Gegenstand einer Grunddienstbarkeit sein kann[40]. Es ist deshalb grundsätzlich jederzeit möglich, eine (immer unselbständige) Grunddienstbarkeit dadurch zu einem selbständigen Recht zu machen, dass man sie in eine irreguläre Personaldienstbarkeit umwandelt[41]. Aus dem Umstand, dass nur irreguläre Personaldienstbarkeiten selbständige Rechte darstellen können, ergibt sich, dass das selbständige Dienstbarkeitsrecht immer ein Grundstück belastet, kann doch nur die Nutzniessung, also nur eine reguläre Dienstbarkeit, neben Grundstücken auch Mobilien, Forderun-

---

[38] Vgl. dazu wiederum das Schema bei RIEMER 23; RIEMER *Sachenrecht* 43; ZURBRIGGEN 3 (mit Hinweis), nach dessen Auffassung dies den weiten Begriff der irregulären Dienstbarkeit darstellt, während der enge Begriff ausschliesslich die Dienstbarkeiten nach 781 ZGB meint.

[39] Vgl. zum Begriff der «andern Dienstbarkeiten» RIEMER *Sachenrecht* 41. - Paradoxerweise wird aber bei den Dienstbarkeiten nach 781 ZGB, die nicht nur «andere», sondern wenig exakt auch schlechthin «irreguläre» Dienstbarkeiten genannt werden, die freie Übertrag- und Vererbbarkeit gerade nicht vermutet; sie muss ausdrücklich vereinbart werden (781 I und II ZGB, 7 II GBV e contrario; MEIER-HAYOZ N 20 zu 655 ZGB, FREIMÜLLER 30, PILET 170). Umgekehrt kann man bei den vermutungsweise selbständigen Bau- und Quellenrechten (welche unter den irregulären Personaldienstbarkeiten eben Sonderfälle darstellen, LIVER Einl. N 60), Unübertrag- und Unvererbbarkeit vereinbaren, 779 II und 780 II ZGB.

[40] HAAB N 5 zu 655 ZGB; LIVER Einl. N 60; GUHL *Verselbständigung* 57; PIOTET *SPR V/1* 548. Vgl. aber Differenzierungen im Blick auf das Utilitätsprinzip bei REY SysT N 17 f. Als Beispiele seien genannt: Wasserbezugsrechte, Materialgewinnungs-, z.B. Kiesausbeutungsrechte (HAAB N 14 zu 655 ZGB; MEIER-HAYOZ N 16 zu 655 ZGB; GMÜR *Abgrenzung* 123; HUBER *Teilung* 25; REY *Sachenrecht* 229). Zur Aufnahme selbständiger und dauernder irregulärer Dienstbarkeiten nach 781 ZGB ins Grundbuch vgl. DESCHENAUX *SPR V/3* 71, TUOR/SCHNYDER 645, VOLLENWEIDER 45, ZURBRIGGEN 182 ff, welche die Aufnahmefähigkeit bejahen. Zur Frage, ob 781 ZGB auch Grundlage für ein selbständiges und dauerndes Baurecht sein könne, unten S. 37 ff.

[41] HAAB N 5 zu 655 ZGB; LIVER N 36 f zu 730 ZGB, *Baurechte* 49 und *Servitut* 297 f; REY N 8 zu 730 ZGB (mit dem Hinweis darauf, dass dies nach deutschem Recht nicht zulässig ist). Der Grundsatz gilt nicht für die Legalservituten, die allerdings keine dinglichen Rechte sind, sondern realobligatorische Berechtigungen, vgl. LIVER *Realobligationen* 264, 281 und *Servitut* 300. Ebensowenig können Überbaurechte für sich allein zu Baurechtspersonaldienstbarkeiten gewandelt werden, vgl. LIVER *Zulässigkeit* 201 und unten S. 37 f.

gen und andere Rechte beschlagen[42].

Das dienende Grundstück kann ein fremdes oder ein eigenes Grundstück des Berechtigten sein, denn auch Personaldienstbarkeiten können als Eigentümerdienstbarkeiten begründet werden[43]. Im übrigen ist unter dem belastbaren Grundstück ein Grundstück im rechtstechnischen Sinn zu verstehen. Darunter fallen auch in das Grundbuch aufgenommene selbständige und dauernde Rechte; sie können ihrerseits wieder mit selbständigen und dauernden Rechten belastet werden[44].

211.2   selbständige Grundlasten

Die Grundlast enthält sowohl Elemente des Grundpfandes als auch der Dienstbarkeit: Sie verschafft ein Recht zur Nutzung eines Grundstückes durch einen Nichteigentümer (Element der Dienstbarkeit), wobei für die Erbringung der - nur obligatorisch geschuldeten! - Leistung der Wert des Grundstückes haftet (Element des Grundpfandes)[45]. Das Zivilgesetzbuch hat die Grundlast gemeinsam mit den Dienstbarkeiten im 21. Titel geregelt, das Nutzungsrecht also in den Vordergrund gerückt. Als Berechtigte können der jeweilige Eigentümer eines Grundstückes (782 II ZGB), aber ebenso eine bestimmte oder unbestimmte Person auftreten. Die Grundlast kann demnach als Grundgerechtigkeit[46] oder als Personalgrundlast ausgestaltet sein[47]. Ist für eine Personalgrundlast Übertragbarkeit vereinbart, stellt sie

---

[42] PFISTER 325 f; REY SysT N 229; RIEMER *Sachenrecht* 38.
[43] Vgl. dazu FREIMÜLLER 46 mit Hinweisen.
[44] HAAB N 6 zu 655 ZGB; MEIER-HAYOZ N 16 zu 655 ZGB; REY SysT N 227 ff. Vgl. unten S. 107 f.
[45] TUOR/SCHNYDER 727 f, die allerdings auch betonen, dass das «Nutzungsrecht» nur eine obligatorische Leistungspflicht des jeweiligen Eigentümers des dienenden Grundstücks sei. Vgl. JOST 85, PIOTET *SPR V/1* 646 ff und SIMONIUS/SUTTER 32, 292, welche die Grundlast als Realobligation begreifen, während MEIER-HAYOZ SysT N 278 lediglich davon spricht, das Grundlastrecht kenne Realobligationen. Vgl. auch LIVER *Realobligation* 261.
[46] Es werden dafür verschiedene Begriffe verwendet: Realgrundlast, Realgerechtigkeit, Realrecht, prädiale Grundlast, LEEMANN N 13 zu 782 ZGB; WIELAND N 6 zu 782 ZGB; PIOTET *SPR V/1* 646; GMÜR *Rechtsame* 18 f. Vgl. zum Begriff der Gerechtigkeit unten FN 61.
[47] LEEMANN N 7 zu 782 ZGB; ENGEL 328. 782 II ZGB ist in wörtlichem Sinne eine Kann-Vorschrift, normiert also nicht Ausschliesslichkeit, vgl. LEEMANN N 7 ff zu 782 ZGB.

ein selbständiges Recht dar, das - sofern auf Dauer angelegt - Aufnahme in das Grundbuch finden kann[48]. Dies ist allerdings umstritten[49]. So ist etwa PIOTET[50] anderer Ansicht, was sich folgerichtig aus seiner Auffassung ergibt, dass bei den Grundlasten nicht das Nutzungsrecht, sondern das Wertrecht im Vordergrund stehe: Es sind die Nutzungsrechte, welche als selbständige und dauernde Rechte in das Grundbuch aufgenommen werden können[51]. Eine sozusagen unabhängige Ausgangslage ergibt sich allenfalls, wenn man der Grundlast als dritter Art beschränkter dinglicher Rechte neben den Dienstbarkeiten und Pfandrechten einen eigenständigen Charakter zuschreibt[52]. In jedem Fall hängt die Aufnahmefähigkeit der Grundlast auch davon ab, ob sie als dauernd gelten kann.

211.3 dauernde Dienstbarkeiten und Grundlasten

In das Grundbuch aufzunehmende selbständige Rechte müssen auf Dauer angelegt sein[53]. Als dauernd bezeichnet die Grundbuchverordnung in 7 II 2. GBV ein (Dienstbarkeits-) Recht, welches auf wenigstens dreissig Jahre oder auf unbestimmte Zeit begründet ist. Die untere Grenze von dreissig Jahren wird allgemein als gesetzlich festgelegt erachtet und nicht in Frage gestellt[54]. Kein dauerndes Recht liegt im übrigen dann vor, wenn es mit einer Resolutivbedingung behaftet ist[55]. Diese Voraussetzungen gelten auch für eine Personalgrundlast[56].

---

[48] Vgl. auch MEIER-HAYOZ N 47 zu 655 ZGB; LIVER *SPR V/1* 125; REY SysT N 231 und *Sachenrecht* 228; NEUENSCHWANDER 14 f; SIMONIUS/SUTTER 298 f; TOBLER 55; TUOR/SCHNYDER 645.

[49] Vgl. etwa HAAB N 5 f zu 655 ZGB, welcher selbst für die Aufnahmefähigkeit eintritt, im übrigen aber auf die a.M. anderer Autoren hinweist. a.M. auch HOMBERGER N 8 zu 943 ZGB. STEINAUER 19 bezeichnet die Aufnahmefähigkeit als von der herrschenden Lehre bejaht.

[50] PIOTET *SPR V/1* 660, vgl. dazu die Hinweise bei DESCHENAUX *SPR V/3* 71. Auch LEEMANN N 4 zu 782 ZGB, LIVER Einl. N 5 (mit Hinweisen) und 55 und NEUENSCHWANDER 2 zählen die Grundlast zu den Wertrechten.

[51] Vgl. oben FN 24.

[52] Vgl. SIMONIUS/SUTTER 31 f.

[53] Vgl. etwa für das Baurecht ISLER 65.

[54] Anders noch BRANDENBURGER 76, vgl. dazu aber schon PILET 172 ff und VOLLENWEIDER 21 f.

[55] MEIER-HAYOZ N 24 zu 655 ZGB.

[56] HAAB N 8 zu 655 ZGB bezeichnet die Grundlast als ohnehin dauernd im Sinne

212 kantonalrechtliche Privatrechte

212.1 im allgemeinen

Nach 59 III, 796 II und 949 ZGB steht es in einem beschränkten Rahmen in der Kompetenz der Kantone, durch ihre Gesetzgebung Rechte beizubehalten oder zu schaffen, welche als selbständige und dauernde Rechte ausgestaltet und als solche in das Grundbuch aufgenommen werden können[57]. In der Praxis von Bedeutung und für das Baurecht von Interesse sind insbesondere die Allmendgenossenschaften, Allmendkorporationen und Genossenschaften mit Teilrechten[58]. Voraussetzung für eine Grundbuchaufnahme ist - neben der Voraussetzung entsprechender kantonaler Regelung![59] - auch hier, dass die Rechte dauernd[60] und selbständig sind, das heisst, sie müssen für sich übertragbar, dürfen nicht an Grundeigentum des Berechtigten gebunden sein[61] und beispielsweise auch nicht an die Geburt des Berechtigten anknüpfen[62]. Es ist indessen nicht erforderlich und in der Regel auch nicht möglich, dass die Berechtigungen selbst als

---

von 7 II 2. GBV, weil sie erst nach 30 Jahren ablösbar sei (788 I 2. ZGB). Ebenso LEEMANN N 44 zu 783 ZGB. Dies trifft aber dann nicht zu, wenn Schuldner und Gläubiger mit entsprechender Vereinbarung auch schon früher die Ablösung verlangen können (787 Ingress und 788 I Ingress ZGB, vgl. auch MEIER-HAYOZ N 24 zu 655 ZGB). HUBER Erl. II 78 schliesst die Aufnahmefähigkeit gerade deswegen aus, weil eine Grundlast von Gesetzes wegen ablösbar und damit nicht dauernd sei; ebenso GMÜR Rechtsame 26. Allerdings dürfte nach diesem Massstab auch ein selbständiges und dauerndes Baurecht nicht mehr als dauernd gelten können, unterliegt doch dieses mit den Regeln über den vorzeitigen Heimfall (779f ZGB) ebenfalls der gesetzlichen Ablösbarkeit.

[57] HAAB N 22 ff zu 655 ZGB; ARNOLD Allmendgen. 21 ff; DESCHENAUX SPR V/3 72 f; GUTZWILLER SPR II 466. Diese Kompetenz fusst auf einer anerkannten Auslegung von 655 ZGB, wobei die Aufnahmefähigkeit aber in einer gesetzlichen Grundlage festgehalten werden muss, LIVER Genossenschaften 194 f.

[58] LIVER Einl. N 122 ff und Genossenschaften 175; HOMBERGER N 23 zu 943 ZGB; REY SysT N 233 und Sachenrecht 230; ARNOLD Allmendgen. 30, 36, 72 ff (ARNOLD selbst verneint die Aufnahmefähigkeit der Rechtsamen); GMÜR Rechtsame 27 f; GUHL Verselbständigung 98 ff; RIEMER 5. Von Bedeutung ist in diesem Zusammenhang, ob die Allmend öffentlich- oder privatrechtlicher Natur ist, vgl. unten S. 17.

[59] GMÜR Rechtsame 28 f.

[60] Was stets der Fall ist, GMÜR Rechtsame 28 f.

[61] Im Bereich der Allmendkorporationen wird etwa zwischen den unselbständigen «Gerechtigkeiten» und den selbständigen «Rechtsamen» bzw. den «(Ge-)Rechtsamen im engeren Sinn» unterschieden, ARNOLD Allmendgen. 72, vgl. differenzierter auch GMÜR Rechtsame 16 ff.

[62] HAAB N 22 zu 655 ZGB.

Dienstbarkeiten im Grundbuch eingetragen werden[63]. Das Objekt ist im Falle der genossenschaftlichen Teilrechte das Mitgliedschaftsrecht[64], wobei mit dem Recht Nutzungsrechte am Grundstück verbunden sein müssen. Häufig schliessen die genannten Rechte denn auch das Recht ein, auf einem Grundstück der Korporation oder Genossenschaft eine Baute im Eigentum des Berechtigten zu errichten. Die Aufnahmefähigkeit dieser Rechte ist indessen umstritten[65]. Den Kantonen steht es jedenfalls offen, Sonderregister zu schaffen und darin die Rechte mit denselben Wirkungen wie im Falle des eidgenössischen Grundbuchs aufzunehmen[66].

Das Allmendgenossenschaftsrecht ist komplex und kann im Rahmen dieser Untersuchung nicht in Einzelheiten behandelt werden; vielmehr sei auf die einschlägige Literatur verwiesen[67].

212.2 wohlerworbene ehehafte Rechte im besonderen

Wohlerworbene[68] ehehafte Rechte sind dingliche Privatrechte[69], welche in der Zeit vor dem Inkrafttreten des Zivilgesetzbuches auf der Grundlage kantonaler Privatrechtsgesetzgebung begründet worden sind, die aber als Rechtsfigur nicht in das vom numerus clausus beherrschte Sachenrecht des Zivilgesetzbuches Eingang gefunden haben.

---

[63] DESCHENAUX *SPR V/3* 73.
[64] Vgl. zur Rechtsnatur dieser Rechte – keine dinglichen, sondern verselbständigte Mitgliedschaftsrechte – LIVER Einl. N 123 (mit Hinweisen) und *Genossenschaften* 190, ARNOLD *Allmendgen.* 67 ff.
[65] Vgl. oben FN 58 und LIVER *Genossenschaften* 192 ff.
[66] ARNOLD *Allmendgen.* 73 f; LITSCHER 84, 85; LIVER *Genossenschaften* 193.
[67] Insbesondere auf die soeben genannte reichhaltige Monographie von ARNOLD.
[68] Unter den Begriff der wohlerworbenen Rechte fallen verschiedenste Rechte, KLETT 11, 17 ff, 86; KÖLZ *Intertemporalrecht* 177 ff; RHINOW/KRÄHENMANN Nr. 122 B; SCHULTHEISS passim. Sie werden in drei (HUBER *Schutz* 463) oder vier (MOOR *II* 15 f) Kategorien gefasst. Vgl. auch HUBER *Gewährleistung* 72: Der Begriff hat sich dadurch entleert, dass er schlechterdings für alle Rechte verwendet wird, welche unter den Schutz der Eigentumsgarantie fallen; ähnlich RHINOW *Rechte* 1, vgl. weiter SALADIN 339. Darauf ist nicht im einzelnen einzugehen. Man beachte jedoch, dass hier nicht die Wohlerworbenheit, welcher auch in der Lehre von der Konzession einiges Gewicht beigemessen wird (vgl. unten S. 87 f), problematisch ist, sondern die Ehehaftigkeit des Rechts.
[69] ITEN 18; SCHULTHEISS 75 ff; PIOTET *SPR V/1* 548 (er nennt sie Privat-Dienstbarkeiten). Auseinandersetzungen um solche Rechte sind deshalb prozessual Zivilrechtsstreitigkeiten, vgl. BGE 97 II 28. Vgl. zu den Kirchenstuhl- und Grabstellenrechten LIVER Einl. N 124-126.

Unter geltendem Recht können sie deshalb - anders als die vorstehend genannten kantonalprivatrechtlichen Rechte - nicht mehr begründet werden; ihr Fortbestand wird aber von der Rechtsordnung geschützt[70]. Bei den ehehaften Rechten handelt es sich inhaltlich um subjektiv-dingliche Rechte[71] eines Berechtigten an - eigenem oder fremdem - Grundeigentum[72], wobei sie als Grundgerechtigkeit oder als Personalgerechtigkeit begründet sein können. Grundgerechtigkeiten sind - analog zu den Grunddienstbarkeiten - unselbständige Rechte, Personalgerechtigkeiten sind je nach Parteiwillen - analog zu den irregulären Personaldienstbarkeiten - selbständige Rechte. Auch sie stellen lediglich beschränkte, keine dinglichen Vollrechte dar. Ihre Dauerhaftigkeit im Sinne von 7 II 2. GBV ist offenkundig - sie gründen aus der Zeit vor 1912 - und im Begriff «ehehaft» manifest[73]. Demnach liegen auch bei den ehehaften Rechten, sobald es sich um Personalgerechtigkeiten handelt und sich nicht aus der causa der Berechtigung deren Unselbständigkeit ergibt, selbständige und dauernde Rechte im Sinne von 655 II 2, ZGB vor[74]. Als Beispiele seien die Kirchenstuhl-, die Grabstellen-, Tavernen- oder Realwirtsrechte und andere sogenannte Gewerberechte sowie die ehehaften Wasserrechte[75] und die Fischenzen genannt[76]. Ebenfalls ist auf

---

[70] LIVER N 132 zu 738 ZGB, *Entwicklung* 339 f und *Wasserrechte* 466; BÜHLER *Fischereiberechtigung* 120 f; MOOR *II* 15, 17; PIOTET *SPR V/1* 548; RHINOW *Rechte* 2. Vgl. zum Ganzen, insbesondere auch zur Rechtsnatur, IMBODEN/RHINOW/KRÄHENMANN Nr. 122 B.
[71] BGE 97 II 29; DESCHENAUX *SPR V/3* 72.
[72] Man beachte aber die Ausführungen von ARNOLD *Korporation* 62 ff, wonach ein Gaststättenrecht/Tavernenrecht sehr wohl auch zugunsten eines Gebäudes und nicht des Grundstückes bestehen könne (gegen BGE 98 Ia 659 ff).
[73] Vgl. auch BÜHLER *Fischereiberechtigung* 131 ff; GMÜR *Rechtsame* 32.
[74] BGE 97 II 30 f.
[75] Die verselbständigt sein *können*, was aber nach LIVER *Wasserrechte* 488 nur selten erfolgt ist.
[76] BGE 97 II 29; LIVER Einl. N 27 und 124 ff mit zahlreichen Hinweisen; BÜHLER *Fischereiberechtigung* 120 ff, 129; GMÜR *Rechtsame* 19; GMÜR *Abgrenzung* 121; KLETT 34 f; KÖLZ *Intertemporalrecht* 179; NAPP 276; RHINOW *Rechte* 2 f; SCHULTHEISS 76 ff. - Die Fischenzen i.e.S. sind zu unterscheiden von den privaten Fischereiberechtigungen, welche ein Eigentümer eines Privatgewässers als Dienstbarkeit nach 730 oder 781 ZGB begibt, vgl. BÜHLER a.a.O. 144. - Die ehehaften Wasserrechte sind Dienstbarkeitsrechte, welche zwar wasserrechtlich an öffentlichen Gewässern nicht mehr (vgl. AUGUSTIN 33), aber dienstbarkeitsrechtlich an den (selten gewordenen) privaten Gewässern weiterhin begründet (dann handelt es sich allerdings nicht um «ehehafte» Rechte) und im Falle vorbestehender Rechte als Dienstbarkeiten noch eingetragen werden können, BGE 63 I 112 f; LIVER *Anmerkung* 12 und *Wasserrechte* 468, 487 f; SCHULTHEISS 79 f.

die Pflanzensuperficies hinzuweisen, die nach geltendem Recht nicht mehr begründet, aber allenfalls aus der Zeit vor dem Inkrafttreten des Zivilgesetzbuches weiteren Bestand haben können[77].

213 Begriffsumschreibung

Die vorstehenden Überlegungen erlauben die folgende vorläufige Begriffsumschreibung des privatrechtlichen selbständigen und dauernden Rechts:

Das privatrechtliche selbständige und dauernde Recht ist eine Personaldienstbarkeit, eine Personalgrundlast, ein kantonales Privatrecht oder ein wohlerworbenes ehehaftes Recht in der Form einer Personalgerechtigkeit, welche von ihrem Träger, der sich durch seine Berechtigung an einem eigenen oder fremden Grundstück ausweist, für sich allein frei übertragen und (sofern es sich beim Berechtigten um eine natürliche Person handelt) frei vererbt werden können[78] und auf Dauer, das heisst auf mindestens 30 Jahre oder auf unbestimmte Zeit angelegt sind.

22 *Konzessionen*

Wie schon angetönt, sind einer Aufnahme ins Grundbuch nach 655 II 2. ZGB nicht ausschliesslich dingliche, sondern auch andere auf Immobilien bezogene Herrschaftsrechte[79] zugänglich. So können nach 59 WRG[80] konzedierte Wasserrechte, welche auf wenigstens

---

[77] TUOR/SCHNYDER 647 f, die auf die allfällige Möglichkeit einer entsprechenden Personaldienstbarkeit nach 781 ZGB hinweisen. Vgl. zur Pflanzensuperficies allgemein LIVER *Geschichte*.
[78] Welcher Art das übertragbare Recht ist - beschränktes oder unbeschränktes Recht - wird unten S. 78 ff untersucht.
[79] GMÜR *Rechtsame* 26.
[80] Diese Bestimmung stellt eine Übernahme bzw. den Ersatz von 56 SchlT ZGB (der formell nie aufgehoben worden ist, BGE 63 I 112 f) dar, HAAB N 18 zu 655 ZGB; MEIER-HAYOZ N 45 zu 655 ZGB, oben FN 18. Wasserrechte können nur durch Konzessionen verliehen, nicht als bundesrechtliche Dienstbarkeiten bestellt werden, LIVER Einl. N 27, TOBLER 133; vgl. aber auch oben FN 76. Die verliehenen Wasserrechte

dreissig Jahre verliehen worden sind, als selbständige und dauernde Rechte in das Grundbuch aufgenommen werden[81]. Aber auch das öffentliche Recht der Kantone kann selbständige und dauernde Rechte vorsehen, die im Grundbuch Aufnahme finden können[82]. Von Bedeutung sind etwa die öffentlichrechtlich konzipierten Alp- und Allmendgenossenschaftsrechte[83]. Hingewiesen sei in diesem Zusammenhang auch auf die Bergwerke - worunter verliehene Bergbauberechtigungen zu verstehen sind[84] -, die nach 655 II 3. ZGB ebenfalls als Grundstücke in das Grundbuch aufgenommen werden können; sie werden in der Lehre als Anwendungsfall von 655 II 2. ZGB bezeichnet[85]. Weiter treten Konzessionen als Rechtsgrundlage für die Aufnahme von selbständigen und dauernden Rechten insbesondere bei den Nebenanlagen zu den Nationalstrassen auf, aber auch Rechte an anderem im Eigentum des Gemeinwesen stehenden Boden werden in dieser Form begeben[86].

Mit der Aufnahme eines durch Konzession verliehenen Rechtes in das Grundbuch erhält ein öffentliches Recht ein eigenes Grundbuchhauptblatt. Das wirft zahlreiche Fragen auf. Wie etwa müssen solche Konzessionen von ihrem Gegenstand und ihrem Inhalt her beschaffen sein? Es interessiert auch zu wissen, ob sich die öffentlichrechtliche Natur der Konzession auf die sachenrechtliche Behandlung der gebuchten Berechtigung und allenfalls reflexweise auf die in das Grundbuch aufgenommenen sachenrechtlichen selbständigen und dauernden Rechte auswirkt. Vorerst jedoch hat sich der Zivilist die Rechtsnatur der Konzession in Erinnerung zu rufen und einen ersten Blick auf die mögliche Selbständigkeit einer Konzession zu werfen: Diese scheint man vom Wortlaut von 655 II 2. ZGB her

---

sind nicht zu verwechseln mit den oben S. 15 genannten (privaten) ehehaften Wasserrechten. Nicht selten sind aber auch aus Konzession und ehehaftem Recht gemischte Werke anzutreffen, LIVER *Wasserrechte* 485 FN 44.

[81] 59 WRG findet seinen Niederschlag in 8 GBV.
[82] Zu den kantonalprivatrechtlichen Rechten vgl. oben FN 57.
[83] Vgl. dazu oben S. 13 f und den Hinweis bei LIVER *SPR V/I* 125. Dazu auch ARNOLD *Allmendgen.* 23. Kritisch zu diesem Vorbehalt der kantonalen Kompetenz, die Begründung von dinglichen Rechten kraft öffentlichen Rechts zuzulassen: FRIEDRICH *Grundbuch* 200.
[84] HAGENBÜCHLE 57a, 109a f.
[85] HAGENBÜCHLE 57a ff.
[86] Vgl. etwa ZR 80/1981 Nr. 27.

auch für eine Grundbuchaufnahme einer Konzession voraussetzen zu müssen[87].

221 Begriff der Konzession

Unter dem Begriff einer Konzession wird eine Vielzahl von unterschiedlichen Rechtsverhältnissen[88] zwischen öffentlichrechtlichen Personen oder Anstalten einerseits und ebensolchen oder Privatpersonen andererseits zusammengefasst[89]. Mit einer Konzession wird - will man eine möglichst auf alle Konzessionen zutreffende Begriffsumschreibung wagen[90] - einem Privaten von einem Gemeinwesen oder einer mit öffentlichen Aufgaben betrauten Privatperson oder Anstalt das Recht eingeräumt und, je nach Ausgestaltung der Konzession, die Pflicht auferlegt, entweder (erstens) eine dem Gemeinwesen durch Monopol oder Regal[91] vorbehaltene[92], meist wirtschaftliche Tätigkeit mit einer gewissen Unabhängigkeit[93] auszuüben oder (zweitens) eine öffentlichrechtliche Aufgabe auf eigene Rechnung und Gefahr zu erfüllen oder aber (drittens) eine öffentliche Sache zum eigenen Vorteil[94] und unter Ausschluss anderer Privater zu nutzen. Im ersten Fall spricht man von einer Monopolkonzession[95], im zweiten (Unter-) Fall in Anlehnung an eine unter

---

[87] Einzelheiten dazu unten S. 30 f, 33 f und 123 ff.
[88] Dass die Konzession als Rechtsverhältnis verstanden werden kann, vgl. unten S. 21 f und 88.
[89] GYGI *Verwaltungsrecht* 197 f.
[90] Zur Schwierigkeit des Unterfangens vgl. GYGI *Verwaltungsrecht* 197 mit kritischem Hinweis auf BGE 106 Ib 36, MEYER 109 f. Eine knappere Definition findet sich beispielsweise bei HÄFELIN/MÜLLER 442.
[91] GYGI *Verwaltungsrecht* 57.
[92] Vorbehalten nicht nur zur eigenen Ausübung, sondern allenfalls auch bloss bezüglich eines polizeilich motivierten Aufsichtsvorbehaltes, welcher die Wirtschaftsfreiheit ausschliesst, vgl. GYGI *Verwaltungsrecht* 196.
[93] GRISEL 283.
[94] Auch eine nicht der öffentlichen Zweckbestimmung der Sache entsprechende Nutzung soll Gegenstand einer Sondernutzung sein können (KORRODI 57 mit Hinweisen), beziehungsweise, noch deutlicher, es gehört zum Merkmal der Sondernutzung, dass sie nicht die Zweckbestimmung der Sache verfolgt (GRISEL 563, JAAG 155, MEYER 80). Nicht bestimmungsgemässe Nutzung kann allerdings schon beim gesteigerten Gemeingebrauch vorliegen, JAAG 151.
[95] Nach KNAPP N 1395 und MOOR *III* 120 ist ein Monopol Grundlage jeder Konzession.

französischem Recht verbreitete und bedeutende Institution von einer Konzession des öffentlichen Dienstes oder des service public[96]. Mit ihr wird ein Privater gewissermassen in ein dem Gemeinwesen vorbehaltenes Monopol oder Regal[97] eingesetzt. Beim dritten Fall schliesslich handelt es sich um eine Sondernutzungskonzession[98]. Die verschiedenen Konzessionsarten können auch verbunden werden[99], so etwa eine Monopol- oder Regalkonzession mit einer Sondernutzungskonzession oder mit einer Konzession des öffentlichen Dienstes[100].

---

[96] HÄFELIN/MÜLLER 445; IMBODEN/RHINOW/KRÄHENMANN Nr. 157 B I b. Solche Konzessionen unterscheiden sich von den anderen zum Betrieb einer Unternehmung berechtigenden Konzessionen durch die für den service public geltende Betriebspflicht, welche ihrerseits Aufsichts- und Kontrollrechte des Konzedenten mit sich bringt und dieser Konzessionsart zu einer besonderen Stellung und Bedeutung verhilft, GYGI Verwaltungsrecht 199 f; KNAPP N 1407, 1411 ff; MOOR III 130, 132.

[97] Die Regalkonzession lässt sich zwar von der Monopolkonzession unterscheiden und hebt sich von dieser wohl im Rechtsgrund (vgl. KORRODI 62) und damit allenfalls in formellen Fragen der Verleihung, nicht aber in der Wirkung hinsichtlich des konzedierten Rechts ab. Die Unterscheidung ist auf der verfassungsrechtlichen, nicht auf der verwaltungsrechtlichen Ebene von Bedeutung, GYGI Verwaltungsrecht 196; vgl. auch HÄFELIN/MÜLLER 438, HAGENBÜCHLE 73a f.

[98] Beispiele bei IMBODEN/RHINOW/KRÄHENMANN Nr. 119 B I. – Dies erscheint als eine für die vorliegende Arbeit ausreichende Umschreibung – der Vielzahl der Konzessionsarten entsprechend werden fast ebensoviele Unterscheidungen getroffen. Für die deutsche Lehre etwa bezeichnet MAYER II 2. A. 181 als Hauptformen die Verleihung eines öffentlichen Unternehmens (man vgl. übrigens die Unterscheidung zur Beleihung bei GYGI Verwaltungsrecht 57, 195 f und 202, eine Unterscheidung, welche MAYER II 2. A. 180 f nicht trifft; aber MAYER geht auch grundsätzlich von einem anderen Konzessionsverständnis aus als die schweizerische Lehre) und die Verleihung eines besonderen Nutzungsrechts an einer öffentlichen Sache. In gleicher Weise unterscheidet KNAPP N 664 und concessions 124 nur die «concession de service public», die sich auf ein rechtliches Monopol abstützt, und die Sondernutzungskonzession («concession de l'utilisation du domaine public»), die auf tatsächlichem Monopol beruht. GYGI Verwaltungsrecht 196 unterscheidet vom Rechtsgrund her die Monopol-, Regal-, Aufsichts- (vgl. oben FN 96) und Sondernutzungskonzessionen. Vgl. auch AUGUSTIN 6.

[99] Ebenso Konzessionen mit organisatorischen Verträgen zwischen Gemeinwesen und Privaten zur Miterfüllung einer öffentlichen Aufgabe, IMBODEN Vertrag 154a f, also wohl mit einer Beleihung im Sinne von GYGI Verwaltungsrecht 57.

[100] RHINOW/KRÄHENMANN Nr. 157 B I c. Ein Kabelfernsehnetz beispielsweise fällt unter das PTT-Monopol und beansprucht öffentlichen Grund zur Sondernutzung; Analoges gilt für öffentliche Transportunternehmen, GRISEL 364, KNAPP concessions 124; oder für die Wasserrechtskonzession und die Errichtung von Anlagen auf dem zum Wasserlauf benachbarten Grund der öffentlichen Hand, KNAPP concessions 132. Dazu unten S. 23 ff.

Rechtsnatur der Konzession

Die Konzession ist nach allgemeiner Auffassung von komplex strukturierter Rechtsnatur, indem sich in ihr hoheitliche und vertragliche Elemente verbinden[101]. Keine Übereinstimmung hingegen herrscht in der Lehre darüber, ob die Konzession trotz der vertraglichen Elemente ein hoheitlicher Verwaltungsakt bleibe oder einen verwaltungsrechtlichen Vertrag darstelle[102]. Ist allerdings ein verwaltungsrechtlicher Vertrag - so die herrschende Meinung - ein Verwaltungsakt zwischen einer Verwaltungsbehörde einerseits und einer anderen Verwaltungsbehörde oder einem Privaten[103] andererseits, welcher teils öffentlichrechtliche, das heisst auch: zwingende, und teils dem freien Willen der Parteien unterstehende Bestandteile aufweist und zudem wohlerworbene Rechte zu verschaffen geeignet ist[104], springen die Parallelen zur Konzession ins Auge. Bezüglich seiner öffentlichrechtlichen Klauseln auf der einen Seite bedarf der Vertrag wohl der Zustimmung des Privaten[105]; dieser hat jedoch auf deren Ausgestaltung keinen wirksamen Einfluss[106]. Unter besonderen Voraussetzungen ist auch ein Widerruf der Konzession möglich[107]. Was auf der andern Seite die der Vereinbarung zugänglichen Klauseln betrifft, richtet sich der Vertrag nach dem übereinstimmenden Willen der Parteien; deren Abänderung ist deshalb nur im Einverständnis beider Parteien möglich.

Entsprechend wird denn die Konzession von IMBODEN[108]

---

[101] AUGUSTIN 15 ff; GIACOMETTI *Grenzziehung* 27; GRISEL 564; IMBODEN *Vertrag* 169a und 173; KNAPP *concessions* 124; KÖLZ *Intertemporalrecht* 182 mit Hinweisen; KORRODI 87 und 100; RHINOW *Rechte* 4 und 6 FN 35; SALADIN 325 ff. Vgl. auch BGer i.S. Etzelwerke, in: ZBl 90/1989 90 mit Hinweisen auf BGE 109 II 77 E. 2.
[102] HÄFELIN/MÜLLER 191, 443.
[103] Unter Voraussetzungen auch zwischen Privaten beiderseits, vgl. IMBODEN/RHINOW/KRÄHENMANN Nr. 46 B I c.
[104] KNAPP N 1499, 1519.
[105] Und allenfalls der Genehmigung durch eine der vertragsschliessenden Verwaltungsbehörde übergeordneten Behörde, vgl. IMBODEN/RHINOW Nr. 47 A.
[106] AUGUSTIN 16.
[107] Vgl. AUGUSTIN 59.
[108] IMBODEN *Vertrag* 80a, implizite auch durch die Systematik der ganzen Abhandlung; auch für ZWAHLEN 581a liegt im zweiseitig verpflichtenden Element das Wesentliche für die Frage nach der Rechtsnatur der Konzession. IMBODEN/RHINOW Nr. 46 B IV a.

unter die Erscheinungsarten des verwaltungsrechtlichen Vertrages, allerdings mit besonderer Stellung[109], eingereiht. Noch weiter geht KÖLZ, der die Konzession zunächst als «nichts anderes als eine vertragliche Rechtsposition, welche die Konzessionärin aufgrund übereinstimmender gegenseitiger Willensäusserung erworben hat», bezeichnet[110]. GYGI[111] verwirft diese Konstruktion und hält an der Rechtsnatur der Konzession als eines hoheitlichen, formell mittels Verfügung[112] zu erlassenden Verwaltungsaktes auf Unterwerfung fest[113], wie er übrigens auch die Zulässigkeit verwaltungsrechtlicher Verträge in den Fällen von Subordinationsverhältnissen anzweifelt[114]. Wie dem auch sei[115], für die vorliegende Untersuchung von Bedeutung ist die wohl mehrheitlich vertretene Auffassung, dass angesichts der komplexen Struktur einer Konzession (wie übrigens auch eines verwaltungsrechtlichen Vertrages) nicht bloss von einem einseitigen Hoheitsakt, sondern von einem eigentlichen, mit einem Vertrag mindestens vergleichbaren[116] öffentlichrechtlichen[117] Rechtsverhältnis[118]

---

[109] IMBODEN *Vertrag* 127a, ebenso RHINOW *Verfügung* 297. Vgl. AUGUSTIN 13 f.

[110] KÖLZ *Intertemporalrecht* 181; ähnlich RHINOW *Rechte* 15. KÖLZ a.a.O. S. 182 betont dann aber selbst auch wieder den «Doppelcharakter» des Rechts mit Vertrags- und Verfügungsteil. Von einem öffentlichrechtlichen Vertrag spricht übrigens auch MEYER 1.

[111] GYGI *Verwaltungsrecht* 204.

[112] GYGI *Verwaltungsrecht* 205; gl.M. SALADIN 327 mit Hinweis auf 99 lit. d OG; auch für IMBODEN *Vertrag* 167a liegt formell ein Hoheitsakt vor. Ebenso IMBODEN/RHINOW/KRÄHENMANN Nr. 46 B IV a.

[113] GYGI *Verwaltungsrecht* 204 f; ebenso wohl MAYER *II 2. A.* 180 f; explizit für die Sondernutzungskonzession auch FLEINER 380 f.

[114] GYGI *Verwaltungsrecht* 210 f; kritisch auch KÖLZ *Intertemporalrecht* 191. Ein Teil der (älteren) Lehre vertritt den Standpunkt, der verwaltungsrechtliche Vertrag sei unzulässig. So beispielsweise BURCKHARDT *Vertrag* 44, 70; GIACOMETTI *Grenzziehung* 17; USTERI 201, 221. Heute wird der verwaltungsrechtliche Vertrag gemeinhin als zulässig anerkannt, HÄFELIN/MÜLLER 184 f; RHINOW *Verfügung* 296; auch schon GYGI *Privatrecht* 24. Vgl. im übrigen den Hinweis von SALADIN 326 auf das Organisationsgesetz OG, das «mit kühnem Strich» die Konzession als Verfügung erkläre.

[115] Geradezu Belanglosigkeit der Problematik behauptet, unter Hinweis auf GYGI und SALADIN, TRÜEB 26 f. Vgl. im übrigen AUGUSTIN 13 f.

[116] BGE 109 II 77, 96 I 288; GYGI *Verwaltungsrecht* 204; IMBODEN/RHINOW/KRÄHENMANN Nr. 46 B IV a, Nr. 119 B III; JAAG 155 FN 57; MUTZNER 118; WEBER-DÜRLER 63.

[117] GYGI *Privatrecht* 8, KORRODI 90 f.

[118] AUGUSTIN 5; KNAPP N 1405; KÖLZ *wohlerw. Recht* 89; MUTZNER 118 f. HAGENBÜCHLE 138a spricht im Zusammenhang mit der Bergkonzession von einem besonderen öffentlichen Gewaltverhältnis. Auf eine schon frühe entsprechende Bemerkung des BGer in BGE 57 I 335 weist KNAPP *concessions* 122 hin. RHINOW *Rechte* 4 spricht von «ganze(r) Rechtslage»; vgl. auch GYGI *Verwaltungsrecht* 167 ff und SALADIN 310 (mit Hinweis auf BACHOF) und 325 f.

zwischen Konzedent und Konzessionär (mit Reflexwirkungen auf Dritte) auszugehen ist, das Elemente des einseitigen Hoheitsaktes[119] und der zweiseitigen Vereinbarung aufweist[120]. Der Inhalt der Konzession bestimmt sich entsprechend: Derjenige der hoheitlichen Elemente folgt dem objektiven Recht nach öffentlichrechtlichen Grundsätzen[121], derjenige der vereinbarten Klauseln dem subjektiven Willen der Parteien[122]. Die vertraglichen Klauseln dürfen auch durch den Konzedenten nicht einseitig abgeändert werden[123], sie sind der Substanz nach unveränderlich[124]. Dagegen kann der Verfügungsteil vom Staat im öffentlichen Interesse auch einseitig, jedoch nur im Rahmen des Vertrauensgrundsatzes (und damit: gegen Entschädigung) abgeändert werden[125]. Die Auslegung hat nach dem Vertrauensgrundsatz zu erfolgen, unter der Vermutung allerdings, dass die Verwaltung eine Vereinbarung im Einklang mit den öffentlichen Interesse hat treffen wollen[126]. Im übrigen ist von Belang, dass von beiden Instituten, Konzession und verwaltungsrechtlichem Vertrag, nur zurückhaltend Gebrauch zu machen ist. Der verwaltungsrechtliche Vertrag soll nur Anwendung finden, wenn weder ein privatrechtlicher Vertrag möglich noch ein rein verwaltungsrechtlicher Hoheitsakt vorgeschrieben sind[127]. Analoges muss für die Konzession gelten:

[119] Der Verfügungscharakter kommt besonders bei der Monopolkonzession zum Tragen, IMBODEN *Vertrag* 173a.
[120] Oben FN 101. GIACOMETTI *Grenzziehung* 4, 27 (er spricht von gemischtem Rechtsverhältnis), mit Hinweis auf das Bundesgericht; GRISEL 564: «acte mixte», ebenso MOOR *III* 120; HUBER *Gewährleistung* 64; HAGENBÜCHLE 113a f; LIVER *Gutachten 1978* 9; SINTZEL 21; ZWAHLEN 581a ff.
[121] ZBl 88/1987 137. GRISEL 283 f; IMBODEN/RHINOW Nr. 20 B V, IMBODEN/RHINOW/KRÄHENMANN Nr. 46 B IV a; KORRODI 102.
[122] GRISEL 283 f; IMBODEN *Vertrag* 171a; IMBODEN/RHINOW Nr. 20 B V; RHINOW/KRÄHENMANN Nr. 46 B IV a; KORRODI 102 und, betreffend zuständige richterliche Instanz, 63 und 117.
[123] GRISEL 283 f; KNAPP N 1424 ff; KORRODI 106 mit Hinweisen.
[124] Vgl. aber zur Anwendbarkeit beispielsweise der clausula rebus sic stantibus einerseits und zur Begründung wohlerworbener Rechte auch hinsichtlich des vertraglichen Teils einer Konzession andererseits: RHINOW/KRÄHENMANN Nr. 46 B XIII.
[125] GRISEL 283 f; KÖLZ *Intertemporalrecht* 182; ZWAHLEN 583a; vgl. dazu auch unten S. 88 f.
[126] IMBODEN/RHINOW/KRÄHENMANN Nr. 20 B V; etwas restriktiver zugunsten des öffentlichen Interesses offenbar KNAPP N 1440. Dabei kann auch internationales Recht ausschlaggebend sein, vgl. BGE 117 Ib 391.
[127] GYGI *Verwaltungsrecht* 211; IMBODEN/RHINOW Nr. 46 A II b, Nr. 47 B I; RHINOW *Rechte* 11. Vgl. auch KNAPP N 1487 f, 1521, mit Differenzierungen, und RHINOW *Verfügung* 303, der allerdings mit Zweckmässigkeitsüberlegungen zu begründen scheint. Offener MAEGLI 285. Umgekehrt hält es RHINOW *Verfügung* 305 für prüfenswert, grundsätzlich von der öffentlichrechtlichen Form auszugehen und die privatrechtliche

Eine Berechtigung ist nur da in Form einer Konzession einzuräumen, wo ein Monopol oder Regal das privatautonome Handeln verbieten oder eine Sondernutzung einer öffentlichen Sache des Verwaltungsvermögens oder einer solchen im Gemeingebrauch[128] angestrebt wird. Entsprechend sind auch die Konzessionen in sich anzulegen: Was im überwiegenden öffentlichen Interesse Inhalt der Konzession ist, muss mit einseitigen hoheitsrechtlichen Klauseln geregelt werden, und nur, was die Öffentlichkeit nicht in gleichem Masse berührt, steht der Vereinbarung durch die Konzessionsparteien offen[129].

223 Rechtsgrund für ein selbständiges und dauerndes Recht: eine Sondernutzungskonzession

Handelt es sich bei den Konzessionen in der Regel um ökonomisch verwertbare Vermögensrechte[130], so können doch nicht alle als selbständige und dauernde Rechte im Sinn von 655 II 2. ZGB ausgeformt werden.

223.1 nicht eine Monopolkonzession

Die Monopolkonzession berechtigt zu einer bestimmten wirtschaftlichen Tätigkeit[131]. Ohne Verbindung mit anderen Konzessionsarten[132] oder mit vertraglichen Vereinbarungen ist sie deshalb nicht geeignet, Rechte an Sachen (-rechten) zu begründen. Eine Konzession der öffentlichen Dienste (als Unterart der Monopolkonzession), welche Private zur Ausübung hoheitlicher oder nicht hoheitlicher Ver-

---

nur bei zureichenden Gründen zuzulassen. – Es wird deshalb hier nicht der Austauschbarkeit öffentlich- und privatrechtlicher Gestaltungsmittel das Wort geredet, selbst wenn anzuerkennen ist, dass die Erfüllung öffentlicher Aufgaben in vielen Fällen vorzugsweise mit privatrechtlichen Mitteln verfolgt wird, vgl. BAUR *Möglichkeiten* 102 f.

[128] Dazu unten S. 26 ff.
[129] GRISEL 284.
[130] KORRODI 35, vgl. auch MAYER *II 2. A.* 192.
[131] MOOR *III* 121, 131 legt besonderes Gewicht darauf, dass das Interesse des Konzessionärs ein ökonomisches ist; SUTTER-SOMM 10, 17 mit Hinweisen.
[132] Dass eine Verbindung beispielsweise einer Sondernutzungs- mit einer Konzession öffentlicher Dienste möglich ist, vgl. KNAPP *concessions* 124.

waltungsaufgaben berechtigt, begründet im Unterschied zur Monopol- und zur Sondernutzungskonzession keine wohlerworbenen Rechte; vielmehr ist ein Entzug dieser Konzession grundsätzlich jederzeit möglich[133]. Das allein schon macht sie für ein selbständiges und dauerndes Recht ungeeignet.

Im Zusammenhang mit den gemischten Konzessionen interessieren insbesondere mit Sondernutzungsrechten verbundene Konzessionen des öffentlichen Dienstes - man denke etwa an Strassenbahnkonzessionen[134]. Im Verlauf dieser Untersuchung wird die Rede auch auf den sozialen Wohnungsbau kommen, für welchen die Anwendbarkeit von Konzessionsrecht zumindest diskutabel ist[135].

223.2 nicht eine Landanlagekonzession (Exkurs)

Konzessionen sind in der vorliegenden Arbeit insofern von Interesse, als sie zur Eintragung eines selbständigen und dauernden Rechtes im Sinne von 655 II 2. ZGB in das Grundbuch berechtigen. Von solchen im folgenden eingehender zu beschreibenden Konzessionen zu unterscheiden ist diejenige der beispielsweise[136] an den Ufern des Zürichsees zahlreichen Landanlagekonzessionen: Diese haben zum Konzessionsinhalt unter anderem die Berechtigung, an den Seeufern Aufschüttungen vorzunehmen[137]. Das damit gewonnene Land steht wie der darunter befindliche Seegrund im Eigentum des Staates[138] und

---

[133] HÄFELIN/MÜLLER 445 f; vgl. auch MOOR III 130.
[134] GRISEL 564; KELLER 89 f; KNAPP concessions 124; MEYER 110 f. HAGENBÜCHLE 110a ff betrachtet die Bergbaukonzession - die eine buchungsfähige Bergbauberechtigung einräumt - nicht als Sondernutzungskonzession, sondern als Konzession öffentlicher Dienste, weil der Konzessionär die öffentliche Aufgabe der Landesversorgung mit Rohstoffen erfülle. Richtiger wird man eine solche Berechtigung als gemischte Konzession qualifizieren.
[135] Vgl. unten S. 65 f und 165. Zur Kontroverse, ob sozialer - oder überhaupt öffentlicher - Wohnungsbau dem Verwaltungs- oder dem Finanzvermögen zuzuordnen sei: JAAG 149 mit Hinweisen. Vgl. auch EICHENBERGER 79 f; HÄFELIN/MÜLLER 396. AEMISEGGER/STÜDELI 4 sprechen vom sozialen Wohnungsbau als «halböffentlicher» Aufgabe.
[136] Vgl. zur Übersicht über die Regelungen in anderen Kantonen MEIER-HAYOZ N 14 f zu 659 ZGB.
[137] GRISEL 563, der sie unter die Sondenutzungskonzessionen einreiht. Vgl. zum Ganzen SINTZEL 174 ff und die darin (S. 255 ff) abgedruckten «Allgemeinen Bedingungen für Landanlagen» und «Allgemeinen Bedingungen für Seebauten und Bauten auf Landanlagen», je vom 27. Februar 1948.
[138] Vgl. SINTZEL 175 f; MEIER-HAYOZ N 1 zu 659 ZGB.

kann von diesem über die Konzession als in das Grundbuch aufzunehmendes Grundstück[139] einem Privaten übertragen werden[140]. Im Unterschied zur Baurechtsdienstbarkeit verschafft die Landanlagekonzession dem Berechtigten nun nicht ein beschränktes dingliches Recht am aufgeschütteten Land, sondern unbefristetes, wenn auch mit dem Vorbehalt einer Rückübertragungspflicht[141] ausgestattetes zivilrechtliches[142] Eigentum im Sinne von 655 II 1. ZGB. Die Landanlage kann von ihrem Eigentümer grundsätzlich - nicht aber beispielsweise im Fall, da sie öffentlichen Zwecken dient - frei veräussert werden[143]. Trotz der Verschiedenheit von Landanlagekonzession und Konzession zur Errichtung eines selbständigen und dauernden Rechtes im Sinne von 655 II 2. ZGB scheint in einzelnen Punkten eine verwandte Problematik auf, so dass auf jenes Rechtsinstitut - am zürcherischen Beispiel - wenigstens bemerkungsweise zurückzukommen sein wird.

223.3 eine Sondernutzungskonzession

Die Sondernutzungskonzession berechtigt zu einem den gesteigerten Gemeingebrauch überschreitenden, ausschliesslichen Benutzungsrecht an einer öffentlichen Sache im Gemeingebrauch[144]. Nur diese Konzession hat unmittelbar eine Sache zum Gegenstand und kann deshalb Sachenrechte zur Verfügung stellen. Nach IMBODEN kommt die

---

[139] MEIER-HAYOZ N 18 zu 659 ZGB.
[140] SINTZEL 182.
[141] Vgl. Ziff. 17 und 18 der Allgemeinen Bedingungen für Landanlagen (SINTZEL 256 f): «Wird die Landanlage oder ein Teil derselben früher oder später für eine öffentliche Anlage, einen Uferweg, eine Uferstrasse, eine Verbindungsstrasse mit der Seestrasse etc. beansprucht, so ist das erforderliche Gebiet gegen anteilmässige Rückvergütung der hiefür bezahlten Gebühr abzutreten. (...)», und: «Bauten auf der Landanlage sind durch den Eigentümer ohne Entschädigung zu entfernen, sobald dies wegen der Erstellung eines Uferweges, einer öffentlichen Anlage, einer Uferstrasse, von Verbindungsstrassen mit der Seestrasse etc. nötig wird.» (Zum Eigentumsrecht im Zusammenhang mit Landanlagen vgl. unten S. 89 f, 93 und 104.)
[142] SINTZEL 182.
[143] SINTZEL 193.
[144] HÄFELIN/MÜLLER 444. Vgl. dazu auch JAAG 150, 155 ff. - Als ein aliud, nicht als intensiveren gesteigerten Gemeingebrauch bezeichnet KORRODI 57 (mit Hinweisen) die Sondernutzungskonzession. Es wird im übrigen davon abgesehen, hier über das Verhältnis von (gesteigertem) Gemeingebrauch zur Sondernutzung zu handeln. Die Berechtigung und Aussagekraft dieser Unterscheidung ist nicht unumstritten, vgl. JAAG 156 (mit Hinweisen) und 197; MEYER 81 ff.

Verleihung einer Sondernutzungskonzession in vielen Fällen der rechtsgeschäftlichen Einräumung eines beschränkten dinglichen Rechts an einer öffentlichen Sache gleich[145]. Und umgekehrt qualifiziert das Bundesgericht ein Recht, das mit der Auflage verliehen worden ist, es sei als selbständiges und dauerndes in das Grundbuch aufzunehmen, als «eigentliches Sondernutzungsrecht»[146].

Durch die Konzession wird aber kein dingliches Recht an der Sache begründet[147], beziehungsweise konzedierte Rechte sind keine Sachenrechte[148]. Im übrigen handelt es sich, wie schon der Name sagt, um Nutzungsrechte. Die selbständigen und dauernden Rechte nach 655 II 2. ZGB sind nach herrschender Lehre solche an Nutzungsrechten[149].

224   Gegenstand einer Sondernutzungskonzession

Mit einer Sondernutzungskonzession räumt das Gemeinwesen einem Privaten das Nutzungsrecht an einer öffentlichen Sache im Gemeingebrauch unter Ausschluss anderer ein[150].

224.1   öffentliche Sachen

Als öffentlich werden diejenigen Vermögenswerte bezeichnet, welche ihrem Wesen und ihrer Zweckbestimmung nach der Allgemeinheit

---

[145] IMBODEN *Vertrag* 170a, damit auch zitiert in BGE 96 I 291. Zu denken ist etwa an ein verliehenes Kiesausbeutungsrecht (BGE 109 II 79), das von einem Privaten als Personaldienstbarkeit begeben werden kann, vgl. oben FN 40.
[146] BGE 96 I 290.
[147] DESCHENAUX *SPR V/3* 73, 87; FLEINER 381; KNAPP *concessions* 124 FN 14; NUSSBAUM 168. Vgl. auch unten S. 85 f.
[148] HAAB N 20 zu 655 ZGB; HOMBERGER N 31 zu 943 ZGB; WIELAND N 5 e, bb zu 664 ZGB; GRAF 68 f; HAGENBÜCHLE 62a; TOBLER 57; VOLLENWEIDER 106; WIELAND *Wasserrecht* 59. Anders scheinbar ITEN 21, welcher die Personal- von der dinglichen Konzession unterscheidet und dabei von einem «wahren dinglichen Recht» spricht; in Übereinstimmung mit der h.L. dann aber wiederum ITEN 61. Im Fall der Bergwerkskonzessionen richtet sich deren Rechtsnatur nach der entsprechenden kantonalen Gesetzgebung, HAAB N 27 zu 655 ZGB.
[149] Oben FN 24.
[150] Oben FN 144.

dienen oder zur Erfüllung öffentlicher Aufgaben des Staates oder anderer öffentlichrechtlicher Körperschaften heranzuziehen sind[151]. Die öffentlichen Sachen werden in einem weiten Sinne[152] in das Finanzvermögen und das Verwaltungsvermögen eingeteilt, wobei das Finanzvermögen dem Gemeinwesen nur mittelbar, das Verwaltungsvermögen hingegen unmittelbar zur Erfüllung seiner Aufgaben dienen[153]. In engem Sinn werden unter öffentlichen Sachen ausschliesslich solche des Verwaltungsvermögens verstanden, wobei dann dieses wiederum unterschieden wird in das Verwaltungsvermögen im engen Sinn[154] und die (öffentlichen) Sachen im Gemeingebrauch[155]. Diese in der Literatur anzutreffende filigrane Begriffsdifferenzierung ist nicht ohne Bedeutung[156], weshalb ihr im folgenden etwas nachzugehen ist.

224.2 öffentliche Sachen des Finanzvermögens

Das Finanzvermögen dient nach allgemeiner Auffassung dadurch mittelbar der Erfüllung öffentlicher Aufgaben, als es durch seinen

---

[151] AMBERG 421; FLEINER 351; JAAG 146 f und SINTZEL 3, je mit Hinweisen. Vgl. auch IMBODEN/RHINOW Nr. 115 B I. In einem sehr weiten Sinn verwendet KLETT 12 f den Begriff, indem sie alles zu den öffentlichen Sachen zählt, was «für die Volkswirtschaft und die Landeswohlfahrt bedeutsame Nutzungen» bietet, so insbesondere «Grund und Boden». NAPP 147 bezeichnet es als Begriffsmerkmal der öffentlichen Sache, dass «bei ihr der Hoheitsträger als Obrigkeit die Nutzung vermittelt», wobei er allerdings nur die öffentlichen Sachen i.e.S. im Auge hat (NAPP 149).
[152] JAAG 147.
[153] So die allgemeine Auffassung, vgl. jedoch P. R. MÜLLER 40 f, der darauf aufmerksam macht, dass das Finanzvermögen nicht nur Sachen, sondern auch Rechte umfasst; vgl. auch KNAPP N 2887.
[154] Sachen im Verwaltungs- oder im Anstaltsgebrauch, vgl. JAAG 146 f mit Hinweisen und bezüglich des Anstaltsvermögens mit Einschränkungen (S. 147 f).
[155] Die Unterteilung wird unterschiedlich vorgenommen, vgl. HAAB N 3 ff zu 664 ZGB, OSTERTAG N 2 ff zu 944 ZGB; REY SysT N 163; AMBERG 422 f; GYGI Verwaltungsrecht 223 ff; IMBODEN/RHINOW Nr. 115 B II und III; P. R. MÜLLER 39, 42; SINTZEL 4 FN 8. Die hier vorgestellte Unterteilung findet sich etwa bei RENTSCH 341 f und, ohne die begriffliche Unterscheidung von Verwaltungsvermögen i.e.S. und i.w.S., auch bei HÄFELIN/MÜLLER 394; ARNOLD Korporation 177; SINTZEL 3 f. Eine Besonderheit gilt im übrigen für herrenlose Sachen und der Kultur nicht fähiges Land: Vorbehältlich anderslautender Regelung kantonaler Regelung stehen diese zwar unter staatlicher Hoheit, aber in niemandes (Privat-) Eigentum (664 II ZGB). Es handelt sich aber gleichwohl um Sachen im Gemeingebrauch, vgl. MEIER-HAYOZ N 11 f, 28 und 31 zu 664 ZGB, AMBERG 427, STEINAUER 24 f.
[156] Vgl. etwa IMBODEN/RHINOW Nr. 115 B II; AMBERG 422 f.

Ertrag Kapital bereitstellt[157]. Mit KNAPP[158] ist richtigerweise allerdings davon auszugehen, dass der Kapitalertrag allein nicht ausschlaggebendes Unterscheidungsmerkmal sein kann. Entscheidend ist vielmehr die Zweckbestimmung des in Frage stehenden Vermögensbestandteiles: Auch Verwaltungsvermögen wie beispielsweise der soziale Wohnungsbau[159] kann nämlich Kapitalertrag abwerfen. Nicht der Kapitalertrag aber ist der Endzweck, sondern die Bereitstellung günstigen Wohnraums. Indessen stellt ein Wohnbau dann Finanzvermögen dar, wenn er nicht soziale Funktionen zu erfüllen hat[160]. Merkmal des Finanzvermögens ist weiter die freie Veräusserlichkeit[161].

Das Finanzvermögen unterliegt vollumfänglich dem Privatrecht[162]. Demzufolge kann ein selbständiges und dauerndes Recht an einer öffentlichen Sache des Finanzvermögens nie aufgrund einer Konzession, sondern ausschliesslich nach den durch das Privatrecht bestimmten Vorschriften eingeräumt werden.

224.3 öffentliche Sachen des Verwaltungsvermögens

Unterliegt das Finanzvermögen dem Privatrecht, so kommen für die Erteilung einer Konzession ausschliesslich öffentliche Sachen des Verwaltungsvermögens in Frage[163]. Öffentliche Sache des Verwaltungsvermögens ist wie erwähnt alles, was im Gemeingebrauch steht oder von seinem Endzweck her unmittelbar der Erfüllung öffentlicher Aufgaben dient. An öffentlichen - also zum Verwaltungsvermögen

---

[157] Statt vieler: REY SysT N 166 mit Hinweisen.
[158] KNAPP N 2883 ff, ebenso HÄFELIN/MÜLLER 396, P. R. MÜLLER 48.
[159] Zur Frage, ob sozialer Wohnungsbau Verwaltungsvermögen sei, oben FN 135.
[160] Abgrenzungsdifferenzierungen ergeben sich da, wo eine Sache vorübergehend Ertrag abwirft, langfristig aber der unmittelbaren Erfüllung öffentlicher Aufgaben zugeführt werden soll, dazu im einzelnen KNAPP N 2885, 2894; weitere Beispiele und Hinweise bei JAAG 149 f.
[161] P. R. MÜLLER 45.
[162] MEIER-HAYOZ SysT N 207; REY SysT 166; FLEINER 352; GRISEL 539; HÄFELIN/MÜLLER 394; JAAG 148; KNAPP N 2897 ff; LIVER SPR V/1 128; P. R. MÜLLER 43, 46; RENTSCH 342; SINTZEL 5 mit weiteren Hinweisen; TOBLER 123. Ebenso RHINOW/KRÄHENMANN Nr. 115 B II, welche allerdings darauf hinweisen, dass das Gemeinwesen nach ihrer Auffassung gleichwohl an das Willkürverbot und weitere verfassungsrechtliche Grundsätze gebunden sei (anders noch IMBODEN/RHINOW Nr. 115 B II). Kritisch auch EICHENBERGER 77 ff.
[163] Vgl. über das Eigentum an öffentlichen Sachen eingehender unten S. 83 ff.

gehörenden oder im Gemeingebrauch stehenden - Grundstücken können nach Massgabe des kantonalen Rechts auch privatrechtliche irreguläre Personaldienstbarkeiten errichtet werden. Das kantonale Recht muss bestimmen, ob eine Sondernutzungskonzession oder ein beschränktes dingliches Privatrecht die richtige Form sei[164]. Neben der bereits mehrfach erwähnten Nutzbarmachung von Wasserkräften hat in jüngerer Zeit eine besondere Art wirtschaftlicher Bodennutzung eine jedenfalls medienwirksame Bedeutung erlangt: Die bauliche Überdeckung von Bahngeleise- und Strassenraum. Darauf, inwiefern eine solche Überdeckung als Baurecht Gegenstand einer Konzession sein kann oder ob sie allenfalls auf einer Konzession beruhen muss, wird zurückzukommen sein[165].

225 Die Konzession als selbständiges und dauerndes Recht

225.1 im allgemeinen

Es hat sich ergeben und lässt sich auch aus dem Wortlaut von 59 WRG entnehmen, dass grundsätzlich auch (Sondernutzungs-) Konzessionen[166] als selbständige und dauernde Rechte begründet werden können. Im Unterschied zu den selbständigen und dauernden Dienstbarkeitsrechten beruhen diese Rechte also nicht auf einem Sachenrecht, sondern auf einer hoheitlich bestimmten Berechtigung. Diese kann und darf im Grundbuch nicht eingetragen, sie kann höchstens angemerkt werden[167]. Selbst das Grundstück, an welchem die Nutzungsrechte bestehen, muss vorbehältlich anderslautender kantonaler Vorschriften nicht in das Grundbuch aufgenommen sein[168]. Obwohl das Recht selbst aber nicht eingetragen werden kann, ist es - sofern vom Bundes- oder vom kantonalen Recht vorgesehen - der Aufnah-

---

[164] BGE 97 II 29; ZURBRIGGEN 26 mit Hinweisen; vgl. auch IMBODEN/RHINOW Nr. 115 B IV a.
[165] Unten S. 40 ff, 64 ff und 171 ff.
[166] Bei der Wasserrechtskonzession handelt es sich um eine Sondernutzungs-, nicht um eine Konzession öffentlicher Dienste, KNAPP *concessions* 126, a.M. MOOR *III* 124.
[167] LIVER *Gutachten 1978* 10; vgl. auch MEIER-HAYOZ N 19 zu 655 ZGB.
[168] Und zwar auch nicht für den Fall, dass die Verleihung selbst als selbständiges und dauerndes Recht ins Grundbuch aufgenommen werden soll, NUSSBAUM 168, TOBLER 56, 135.

me in das Grundbuch fähig[169].

Geht man im übrigen mit der Praxis[170] von denselben Voraussetzungen aus, wie sie für die Dienstbarkeiten dargestellt worden sind[171], so hat eine Konzession dann als selbständig zu gelten, wenn sie weder zugunsten eines herrschenden Grundstückes noch ausschliesslich zugunsten einer bestimmten Person, mithin frei übertragbar und vererbbar verliehen worden ist. Die Voraussetzung der Vererbbarkeit entfällt immer dann, wenn es sich bei der berechtigten Person um eine juristische handelt[172]. Gegenstand der weiteren Untersuchung wird sein, inwiefern sich die Selbständigkeit in der Konzessionsvereinbarung beschränken oder wegbedingen lässt.

Weiter hat eine Konzession bei analoger Anwendung der Voraussetzungen, die an ein privates selbständiges und dauerndes Recht gestellt werden, dann als dauernd zu gelten, wenn sie auf wenigstens dreissig Jahre oder auf unbestimmte Zeit verliehen worden ist[173]. Im Zusammenhang mit der Dauer der Konzession ist auch die Wohlerworbenheit des Rechts - sie wird etwa für das Wasserrecht ausdrücklich normiert[174] - von Bedeutung: Sie weist die Konzession als von ihrer Struktur her zumindest potentiell dauernd aus[175]. Gegen die Dauerhaftigkeit sprechen nicht die Möglichkeiten

---

[169] LIVER *Gutachten 1978* 10.

[170] ZR 80/1981 Nr. 27 (S. 85). Davon gehen auch ITEN 52 f, LIVER *Gutachten 1978* 11 und, jedenfalls hinsichtlich der Selbständigkeit, TOBLER 55 sowie, mindestens hinsichtlich der Dauer, HAGENBÜCHLE 63a aus.

[171] Oben S. 6 ff.

[172] Oben S. 6 f. Als Beispiel einer übertragbaren Konzession kann die sog. Etzelwerkkonzession genannt werden, welche den Konzessionärin zur Verleihung einer Subkonzession ermächtigt hat (ZBl 90/1989 82). Vgl. auch die unten (S. 41) noch zu anzusprechende Konzession betreffend das Verkehrsdreieck der Nationalstrasse in Wallisellen in RRB Nr. 5387/1974, worin besondere Sorgfalt darauf verwendet worden ist, in Rücksicht auf die Selbständigkeit des Konzessionsrechts weitgehend baurechtsgleiche Bestimmungen für den vorzeitigen Heimfall und die Heimfallentschädigung festzusetzen.

[173] Für die Wasserrechtskonzession so ausdrücklich in 56 SchlTzZGB; im heute massgebenden 59 WRG ist allerdings die Alternativvoraussetzung «oder auf unbestimmte Zeit» entfallen, weil die Konzession im Unterschied zu früheren Wasserrechtsverleihungen nicht frei widerruflich ist, ITEN 54, STEINAUER 20 f. Eine jederzeit aufhebbare Bewilligung zur Gewinnung von Sand, Kies, Steinen usw. aus öffentlichen Gewässern ist schon deswegen keine Konzession (SINTZEL 40, vgl. auch BVR 1988 79); in jedem Fall könnte sie aber auch nicht als dauernd bezeichnet werden - zu beachten allerdings HAAB N 8 zu 655 ZGB, welcher einer Kündigungsklausel keine diesbezügliche Bedeutung beimisst.

[174] 43 WRG, dazu AUGUSTIN 26 f.

[175] Vgl. JAAG 155 f: Bei der Sondernutzung handelt es sich um einen dauerhaften und oft vollständigen Ausschluss Dritter von der in Frage stehenden Sachnutzung; die

des Verzichts und des Rückkaufs von Konzessionen - dasselbe ist vorbehältlich des Schutzes von Rechten Dritter auch bei den privatrechtlichen selbständigen und dauernden Rechten möglich.

225.2 Wasserrechtskonzessionen

Obwohl nach 59 WRG die auf wenigstens dreissig Jahre verliehenen Wasserrechte als selbständige und dauernde Rechte in das Grundbuch aufgenommen werden können (8 I GBV), scheint das Wasserrechtsgesetz von einem andern als dem bisher beschriebenen Selbständigkeitsbegriff auszugehen. Zum einen normiert nämlich 40 I WRG, dass die Verleihung zugunsten einer bestimmten, natürlichen oder juristischen Person erfolgt. Gleichzeitig gilt die Konzession zum andern aber als selbständig und übertragbar: Zwar statuiert 42 I WRG für den Fall einer Übertragung der - nach 59 WRG selbständigen - Wasserrechtsverleihung den Vorbehalt der Zustimmung der Verleihungsbehörde; diese darf jedoch die Zustimmung nicht verweigern, wenn sich der Übernehmer seinerseits als konzessionsfähig im Sinne des Gesetzes erweist (42 II WRG). Die Übertragbarkeit der Konzession ist sogar justiziabel, unterliegt doch eine Zustimmungsverweigerung der Beschwerde an den Bundesrat (42 III WRG). Immerhin gilt aber das Zustimmungserfordernis auch als zwangsvollstreckungsfest[176].

Der Widerspruch der gesetzlichen Regelung, wonach die Wasserrechtskonzession zwar selbständig (59 WRG), aber doch zugunsten einer bestimmten Person (40 I WRG) erteilt wird, zu dem, was für die selbständigen und dauernden Dienstbarkeitsrechte gilt, lässt sich auf zwei Arten aufheben: Entweder geht man mit SINTZEL davon aus, dass die Übertragung einer Wasserrechtskonzession rechtlich eine Neuverleihung darstelle[177] - dann erhebt sich aber sogleich die Frage, inwiefern die Konzession überhaupt noch als selbständig gel-

---

Unterscheidung von gesteigertem Gemeingebrauch und Sondernutzung ist aufgrund der Intensität und der Dauer der Nutzung zu treffen.
[176] SINTZEL 75, 115.
[177] SINTZEL 115; vgl. auch KORRODI 114 mit FN 62. gl.M. DESCHENAUX *SPR* V/3 87 (mit Hinweisen), dessen Berufung auf GRISEL m.E. allerdings unzutreffend ist: Nach GRISEL 294 stellt die Übertragung einer Konzession keine Beendigung im engen Sinn dar. Vgl. zur Übertragbarkeit öffentlicher Rechte GRISEL *succession* und unten S. 64 ff.

ten könne. Oder man erkennt, dass 40 I WRG die Formel, das Recht werde zugunsten einer bestimmten Person verliehen, nicht in derselben Weise verwendet wie die Grundbuchverordnung: Zugunsten «einer bestimmten Person» heisst nichts weiter, als dass die berechtigte Person jederzeit bestimmt und nicht bloss, etwa durch das Eigentum an einem Grundstück, bestimmbar ist. Die in das Grundbuch aufzunehmende Wasserrechtskonzession darf demnach, will man die Terminologie des Dienstbarkeitsrechts verwenden, nur als Personal-, nicht als Realkonzession verliehen werden. Nicht verlangt ist jedoch, dass die berechtigte Person für die ganze Konzessionsdauer identisch bleibt. Diese zweite Auffassung muss im Blick auf das systematische Zusammenspiel zwischen den Vorschriften von 40 und 59 WRG einerseits und dem Wasserrechtsgesetz und der Grundbuchverordnung andererseits als die zutreffende bezeichnet werden[178].

225.3   andere Konzessionen

Das Zivilgesetzbuch nennt in 655 II ZGB selbst noch weitere Konzessionsrechte, die in das Grundbuch aufgenommen werden können: Nach 655 II 4. ZGB können auch Bergwerke Grundstücke im Sinne des Zivilgesetzbuches sein. Diese beruhen regelmässig auf einer Bergbauberechtigung als einer Konzession, deren Regelung wie überhaupt diejenige des Bergrechts in öffentlich- und privatrechtlicher Hinsicht vollumfänglich in der Kompetenz der Kantone verblieben ist. Die Aufnahme des Bergrechts in das Grundbuch bewirkt jedoch, dass das Bundeszivilrecht, und zwar das Grundeigentumsrecht, zumindest für den Rechtsverkehr mit dem Bergrecht massgebend wird[179]. Behalten sich die Kantone kein Bergregal vor - was ihnen freisteht -, so erfolgt die Ausbeutung von Minen als private Grundstücksnutzung[180]. Im Unterschied zu den Rechten nach 655 II 2. ZGB sind die Bergbauberechtigungen auch ohne deren Aufnahme im Grundbuch Grund-

---

[178] GRAF 66; ITEN 55, der die Verfügungen des Konzessionärs trotz des Genehmigungsvorbehaltes als «echte privatrechtliche Geschäfte» qualifiziert (S. 37). Auch DESCHENAUX *SPR V/3* 74 hält dafür, die Übertragbarkeit müsse offenstehen.
[179] BGE 63 II 297.
[180] MEIER-HAYOZ N 56 zu 655 ZGB.

stücke im Sinne des Zivilgesetzbuches[181]. Nach Massgabe des kantonalen Rechts können im übrigen auch andere Konzessionsrechte als selbständige und dauernde Rechte in das Grundbuch aufgenommen werden. Zu nennen sind etwa die öffentlichrechtlichen Allmendkorporationsrechte[182].

225.4 offene Fragen

Damit, dass der Widerspruch zwischen 40 I WRG und 59 WRG als bloss scheinbarer gelöst ist, bleibt allerdings vorläufig offen und ist auch für andere auf öffentlichrechtlicher Grundlage beruhende selbständige Rechte von Bedeutung, wie sich das zwangsvollstreckungsfeste Zustimmungserfordernis mit dem Begriff der Selbständigkeit vertrage: Angesichts dessen, dass das Wasserrechtsgesetz einen öffentlichrechtlichen, formell auf der gleichen Stufe wie das Zivilgesetzbuch stehenden Erlass des Bundes darstellt, kann einerseits an der Zulässigkeit des Zustimmungserfordernisses nicht gezweifelt werden. Ebenso bestimmen aber andererseits dasselbe Gesetz und mit ihm die Grundbuchverordnung, dass eine solche Konzession Aufnahme ins Grundbuch finden kann[183]. In bezug auf die Selbständigkeit von Konzessionsrechten bedarf der Klärung, ob das Zustimmungserfordernis auch für andere im Wege der Konzessionserteilung verliehene selbständige und dauernde Rechte ausbedungen werden könne oder gar, weil es sich beim belasteten Grundstück jeweils um ein solches des Verwaltungsvermögens handelt, ausbedungen werden müsse. Dann stellt sich weiter die Frage, wie sich das Zustimmungserfordernis im Falle eines konzedierten selbständigen und dauernden Rechts auf die selbständigen und dauernden Rechte nach 655 II 2. ZGB auswirke. Verschiedene Lösungen sind denkbar: Entweder erträgt auch der Begriff der Selbständigkeit im Sinne von 655 II 2. ZGB eine Einschränkung der Übertragbarkeit in der Art, dass dem belasteten Eigentümer sozusagen ein Gestaltungsrecht bezüglich der übernehmenden Person verbleibt. Daraus ergäbe sich eine

---

[181] Vgl. den Wortlaut von 655 II 4. ZGB; STEINAUER 22.
[182] LIVER *Gutachten 1978* 8 f; vgl. auch oben S. 16 f.
[183] 59 WRG, 8 GBV.

Gleichbehandlung der auf je verschiedener Rechtsgrundlage beruhenden selbständigen und dauernden Rechte. Oder aber die Selbständigkeit eines Konzessionsrechts bedeutet schlechterdings nicht dasselbe wie die Selbständigkeit eines beschränkten dinglichen Privatrechts. Diesfalls fänden sich unter 655 II 2. ZGB zwei nicht nur bezüglich ihrer Rechtsgrundlage, sondern auch bezüglich ihrer Rechtsstruktur und -wirkungen sehr verschiedene Arten von Berechtigungen. Dies soll, da die Konzession erst mit der Aufnahme ins Grundbuch gleichsam in das Zivilrecht eintritt, weiter unten[184] näher untersucht werden. Aus diesem Grund kann an dieser Stelle auch nicht eine vorläufige Begriffsumschreibung des selbständigen und dauernden Konzessionsrechts vorgenommen werden.

23 insbesondere Baurechte

231 Baurechtsarten

Gemeinhin[185] wird der Begriff des Baurechts - soweit nicht das hier nicht interessierende öffentliche (Planungs- und) Baurecht gemeint ist - auf die Baurechtsdienstbarkeit nach 779 ZGB bezogen. Nach dieser Bestimmung ist ein Baurecht die Belastung eines Grundstückes mit der Dienstbarkeit, mit welcher jemand das Recht erhält, auf oder unter der Bodenfläche ein Bauwerk zu errichten oder beizubehalten. Ein dieser Begriffsumschreibung entsprechendes Baurecht kann grundsätzlich als zivilrechtliches Dienstbarkeits- oder kantonales Recht eingeräumt oder als öffentlichrechtliches Konzessionsrecht verliehen werden. Ausserdem lässt sich ein Baurecht auch rein obligatorisch vereinbaren[186].

Unter den Baurechtsdienstbarkeiten sind das «gewöhnliche»[187] Baurecht (in der Rechtsform einer Personaldienstbarkeit),

---

[184] Unten S. 123 ff, 137 f, 141 ff und 171 ff.
[185] Vgl. etwa RIEMER 1. ISLER 21 betont, dass das Baurecht «immer eine Dienstbarkeit» sei; darin liegt unausgesprochen auch eine Themenbeschränkung seiner Monographie auf das privatrechtliche Baurecht.
[186] LIVER Einl. N 129 ff und N 32 ff zu 732 ZGB; vgl. auch FRIEDRICH BTJP 1968 142.
[187] Vgl. RIEMER Sachenrecht 68.

das Baurecht als Baurechtsgrunddienstbarkeit[188] sowie die gesetzlich normierten Unterarten des Überbaurechtes[189] und des Leitungsbaurechtes[190] zu unterscheiden.

Vorliegend ist von den Baurechtsdienstbarkeiten einzig das Baurecht nach 779 ff ZGB[191] und 781 ZGB von Interesse, denn nur dieses kann selbständig und dauernd ausgestaltet sein. Das Überbaurecht ist stets eine Grunddienstbarkeit und damit ein unselbständiges Recht[192]; es kann, wie das Leitungsbaurecht, nicht in das Grundbuch aufgenommen werden. Im Unterschied zum Überbaurecht, dessen Objekt nie auch Gegenstand eines Baurechts sein könnte[193], kann allerdings das Leitungsbaurecht - obwohl die Leitungen in der Regel Zugehör des Werkes sind, von dem sie ausgehen - ebenfalls als selbständiges und dauerndes Recht ausgebildet werden[194]. In diesem Fall hat es seine gesetzliche Grundlage aber nicht mehr in 676 ZGB, welche Vorschrift nur eine Grunddienstbarkeit zulässt, sondern ebenfalls in 779 ZGB[195].

Von den Baurechten, welche das Recht zur Errichtung einer Baute zum hauptsächlichen Inhalt haben und deshalb als Baurechte im eigentlichen Sinn bezeichnet werden können, ist das aus einer Dienstbarkeit oder einer Konzession folgende Recht zu unterscheiden, die zur bestimmungsgemässen Ausübung des Rechtes notwendigen Bauten und Anlagen zu errichten[196]. Ein solches Recht kann beispielsweise in einer Wegrechtsdienstbarkeit begründet liegen. Für den Bereich der Konzessionen ist bereits auf die Wasserrechtskonzession

---

[188] LIVER Einl. N 64 und *Kellerrecht* 89 f; WIELAND N 5 b zu 655 ZGB; ISLER 66; RIEMER *Sachenrecht 46*; STOECKLIN 3 f mit Hinweisen.

[189] 674 ZGB. Ein Baurecht ist, wenn es zugunsten eines Nachbarn eingeräumt wird, immer auch ein Recht auf einen Überbau, nicht aber umgekehrt, LIVER *Baurechte* 46; vgl. dazu auch LIVER *Bericht* 32 f.

[190] 676 ZGB.

[191] In welcher Form auch ein Durchleitungsrecht begründet werden kann: LIVER *Bericht* 33; vgl. kritisch dazu ISLER 38 und insbesondere 55, mit weiteren Hinweisen.

[192] Oben FN 27 f. LEEMANN N 12 zu 779 ZGB; MEIER-HAYOZ N 36 zu 674 ZGB; FRIEDRICH *BTJP 1968* 153; ISLER 52; LIVER *Bericht* 32 f.

[193] LIVER *Zulässigkeit* 201 mit Hinweisen. Unter der Annahme, dass Gesamtbaurechte über mehrere Grundstücke möglich sind, könnte allerdings ein sonst als Überbau zu qualifizierendes Bauwerk zusammen mit einer Eigentümerbaurechtsdienstbarkeit ein solches Gesamtbaurecht bilden, vgl. LIVER *Baurechte* 45 und im übrigen oben FN 189.

[194] HUBER in PROTOKOLL 46; LIVER *Baurechte* 49 mit Hinweisen; TOBLER 26.

[195] MEIER-HAYOZ N 23 f zu 676 ZGB; ähnlich PIOTET *SPR V/1* 597; a.M. offenbar LIVER *Baurechte* 49; ISLER 56 f (mit Hinweisen); TOBLER 57.

[196] PIOTET *SPR V/1* 597. Vgl. unten S. 100 ff.

hingewiesen worden[197]. Ebenso liegt bei Alp- und Weiderechten oft das in der Berechtigung mit eingeschlossene Recht zum Bau einer Alphütte, eines Stalls und dergleichen vor[198]. Einen Berührungspunkt haben diese nebensächlich mit dem zugrundeliegenden Dienstbarkeits- oder Konzessionsrecht verbundenen Rechte auf ein Bauwerk mit den Baurechten im eigentlichen Sinn darin, dass die Bauwerke unter den Voraussetzungen von 675 I ZGB einen besonderen, vom Grundeigentümer verschiedenen Eigentümer haben können. Die Bauten teilen, was ihre Selbständigkeit und rechtliche Dauerhaftigkeit angeht, ihr Schicksal mit demjenigen des ihnen zugrundeliegenden Rechts[199]. Dessen Aufnahme ins Grundbuch ist immer dann möglich, wenn es - ohne zwingend Baurechtsdienstbarkeit oder -konzession zu sein - selbständig und auf Dauer angelegt ist[200].

232 Baurechte des Privatrechts

232.1 als Dienstbarkeit nach 779 - 779l ZGB

Die Baurechtsdienstbarkeit ist diejenige Dienstbarkeit, welche unter allen möglichen Erscheinungsformen von Dienstbarkeitsrechten die grösste Variationsbreite aufweist[201]. Insbesondere kann sie als Personal- oder als Grunddienstbarkeit und im Falle der Personaldienstbarkeit zudem als unselbständiges oder selbständiges Recht bestellt werden. Im Gegensatz zu den gesetzlich nicht typisierten «anderen Personaldienstbarkeiten» von 781 ZGB[202] ist die Baurechtsdienstbarkeit indessen - gleich wie das Quellenrecht von 780 ZGB - vermutungsweise eine selbständige, nämlich übertragbare und vererbliche, also irreguläre Personaldienstbarkeit (779 II ZGB). Ist demnach im Dienstbarkeitsvertrag nichts Gegenteiliges vereinbart, kann die Baurechtsdienstbarkeit, sofern sie im übrigen auf Dauer im Sinne des

---

[197] Oben S. 16, 31 f. Dazu LIVER *SPR V/1* 186, SINTZEL 73 f.
[198] So etwa bei den öffentlichrechtlich konstituierten Korporationen Uri und Urseren, aber auch in andern Kantonen, vgl. LIVER *Gutachten 1978* 1.
[199] Dazu im einzelnen unten in 415.3 (S. 94 ff).
[200] Unten S. 126 f.
[201] Vgl. RIEMER 22.
[202] Vgl. dazu oben S. 10 und sogleich unten in 232.2.

Gesetzes angelegt ist[203], in das Grundbuch aufgenommen werden[204]. Die Aufnahme ins Grundbuch und auch die Dauerhaftigkeit sind jedoch nicht konstitutiv für die Selbständigkeit der Baurechtsdienstbarkeit[205].

Die Baurechtsgrunddienstbarkeit, welche ihre gesetzliche Grundlage ebenfalls in 779 ff ZGB[206] oder in Fällen des Überbaurechts in 674 ZGB beziehungsweise 676 ZGB hat, ist als unselbständiges Recht einer Grundbuchaufnahme nicht fähig[207]. Die Bestimmungen von 730 ff ZGB finden ebenfalls Anwendung, aber immer nur so weit, als das Gesetz nichts Abweichendes bestimmt - was beispielsweise für den Heimfall und die Heimfallsentschädigung zutrifft. Das folgt aus den allgemeinen Lehren zum Dienstbarkeitsrecht[208].

232.2 als Personaldienstbarkeit nach 781 ZGB

In der Literatur wird verschiedentlich darauf hingewiesen, es könne eine Baurechtsdienstbarkeit auch nach 781 ZGB begründet werden[209]. Dies erscheint im Licht des numerus clausus der dinglichen Rechte zumindest als zweifelhaft. Dem Grundsatz nach ist der Vorschrift von 779 ZGB der Charakter einer lex specialis für Baurechtsdienstbarkeiten beizumessen, sind doch nach 779 II ZGB alle Formen von Baurechten - selbständige und unselbständige, dauernde und nicht

---

[203] Diese Baurechtsdienstbarkeit wird «selbständiges und dauerndes Baurecht», ein weniger als 30 Jahre dauerndes selbständiges Baurecht «einfaches Baurecht» genannt, FREIMÜLLER 30.

[204] 655 II 2. ZGB; 779 III ZGB wiederholt dies für das Baurecht ebenso wie 780 III ZGB für das Quellenrecht.

[205] Unten S. 136. Vgl. LEEMANN N 47 zu 779 ZGB; FREIMÜLLER 30; LIVER *Baurechtsdienstbarkeit* 379, 388; RIEMER 26.

[206] Vgl. 779 II ZGB. LEEMANN N 3 zu 779 ZGB; BRANDENBURGER 60 f; a.M. PIOTET *SPR V/1* 598 (der lediglich die Frage offenlässt, ob 779b und e ZGB für Baurechtsgrunddienstbarkeiten direkt oder analog anwendbar seien), WIELAND N 5 b zu 655 ZGB. Unzulässigkeit einer Baurechtsgrunddienstbarkeit nimmt ZOBL *Inhalt* 34 f an.

[207] Oben FN 27 f. Dass deswegen die unselbständigen oder nicht dauernden Baurechte nicht wirtschaftlich bedeutungslos oder nicht verwendbar seien, vgl. ISLER 99.

[208] LIVER N 18 der Vorbem. zu 730 ZGB. Vgl. schon für das alte Recht BRANDENBURGER 62.

[209] So explizit WIELAND N 4 bb zu 779 ZGB, der alle Baurechtsdienstbarkeiten, welche unselbständig oder nicht auf Dauer errichtet sind, als Personaldienstbarkeiten nach 781 ZGB qualifiziert. Vgl. dazu auch BRANDENBURGER 62; WITT 13, 83 ff; ZURBRIGGEN 154 f.

dauernde - möglich[210]. Zweifellos gehört das Recht auf die Errichtung oder Beibehaltung einer Baute zu den essentialia der Baurechtsdienstbarkeit nach 779 ff ZGB[211]. Allenfalls ist ein Baurecht demnach dann gemäss 781 ZGB zu begründen, wenn nicht die Erstellung eines Bauwerkes Hauptinhalt der Dienstbarkeit sein soll und die Belastung des dienenden Grundstückes zum Beispiel in Anbetracht der unbedeutenden flächenmässigen Ausdehnung der Dienstbarkeit gering ist[212]. Darin unterscheidet sich die Dienstbarkeit nach 781 ZGB nicht von den anderen Dienstbarkeiten, zu deren Ausübung die Errichtung einer Baute erforderlich ist und die dazu berechtigen, ohne damit eigentliche Baurechtsdienstbarkeiten zu sein[213].

Richtigerweise hat man deshalb davon auszugehen, dass sich eine Baurechtsdienstbarkeit nicht gestützt auf 781 ZGB begründen lasse[214]. In der BOTSCHAFT *1963* und in der Regel ebenso in der Literatur ist denn auch lediglich die Rede davon, die Baurechtsdienstbarkeit könne «im Sinne von» 781 ZGB errichtet werden[215]. Das

---

[210] So auch ZURBRIGGEN 150 f. - LIVER Einl. N 64 steht dieser Auffassung nicht ausdrücklich entgegen, unzutreffend deshalb die entsprechende Verweisung bei ZURBRIGGEN 156 FN 87. Vgl. auch LEEMANN N 50 zu 779 ZGB.

[211] BRANDENBURGER 69; FREIMÜLLER 52; KLÖTI 27; RUEDIN 159 f (mit Hinweisen): Wo die Errichtung einer Baute tatsächlich oder rechtlich nicht möglich ist, kann keine Baurechtsdienstbarkeit begründet werden. - Anders als im Erbbaurecht gehört im schweizerischen Recht die Pflicht, die Baute auch zu erstellen oder beizubehalten, nicht zum gesetzlichen Inhalt, und eine entsprechende Vereinbarung wirkt nur obligatorisch, BRANDENBURGER 64; FREIMÜLLER 50; dagegen 2 1. ErbbV, dazu MÜNCHKOMM N 9 zu 2 ErbbV, STAUDINGER/RING N 12 zu 2 ErbbV.

[212] LIVER N 15 zu 730 ZGB; FRIEDRICH *Nutzungsdienstbarkeiten* 41. Dass das Gebäude die Hauptsache einer Baurechtsdienstbarkeit - nach 779 ZGB - sein müsse: HAAB N 6 zu 675 ZGB; BRANDENBURGER 69, KLÖTI 27. Für das Erbbaurecht MÜNCHKOMM N 8 zu 1 ErbbV, STAUDINGER/RING N 18 zu 1 ErbbV. Vgl. weiter recht 1991 141 mit Hinweisen: Die weniger engen Vorschriften von 781 ZGB - keine Höchstdauer, einfache Schriftlichkeit bei der Bestellung - machen deutlich, dass solche Dienstbarkeiten nicht so weit gehende Eigentumsbeschränkungen zum Inhalt haben dürfen wie die Baurechte. Eine Dienstbarkeit mit - im Verhältnis zum Hauptzweck der Dienstbarkeit - nebensächlicher Baute im Eigentum des Dienstbarkeitsberechtigten könnte beispielsweise mit einem Kiesausbeutungsrecht vorliegen, GUHL *Verselbständigung* 59; vgl. unten in 415.32 (S. 100 ff).

[213] Oben S. 35 f.

[214] Vgl. etwa LIVER N 15 zu 730 ZGB; gl.M. explizit FRIEDRICH *Nutzungsdienstbarkeiten* 41, ZURBRIGGEN 159 f. In diesem Sinn wäre auch die Lehre zu relativieren, es könne jede Belastung, welche als Grunddienstbarkeit möglich sei, auch als irreguläre Dienstbarkeit nach 781 ZGB begründet werden, vgl. oben S. 10.

[215] ISLER 101; FREIMÜLLER 31; LIVER *Baurechtsdienstbarkeit* 388. BOTSCHAFT *1963* 984: Die Baurechte, welche nicht selbständig, aber auch keine Grunddienstbarkeiten seien, also den Charakter von irregulären Dienstbarkeiten im Sinne von 781 ZGB hätten, seien mit einfacher Schriftform begründbar. Das steht indessen e contrario bereits in 779a ZGB, weshalb auch für solche Dienstbarkeiten 781 ZGB nicht bemüht werden muss.

heisst aber nicht mehr, als dass sie in gleichem Mass frei ausgestaltet werden kann wie eine irreguläre Personaldienstbarkeit - wie ja auch die selbständige und dauernde Baurechtsdienstbarkeit eine irreguläre Personaldienstbarkeit darstellt.

Selbst wenn aber gestützt auf 781 ZGB eine eigentliche Baurechtsdienstbarkeit errichtet werden könnte, liesse sich diese jedenfalls nicht als selbständiges und dauerndes Recht ausgestalten[216]: Sonst stände nämlich die Umgehung der Vorschriften von 779a bis 779l ZGB offen, deren Gehalt die Umsetzung der Motive für die Novelle von 1965 in gesetzliche Normen darstellt. Dies gilt etwa für die Vorschriften über den vorzeitigen Heimfall[217], aber auch schon für den Rechtsbegründungsakt: Zur Errichtung eines selbständigen und dauernden Baurechts nach 779 ff ZGB bedarf es der notariellen Beurkundung[218], im Gegensatz zur Begründung einer selbständigen und dauernden irregulären Personaldienstbarkeit[219]. Im übrigen verlöre die allgemein anerkannte Feststellung, es könnte eine Baurechtsdienstbarkeit nicht errichtet werden, sähe sie nicht das Gesetz in 779 ZGB ausdrücklich vor[220], ihren Sinn, könnte eine (umfassende) Baurechtsdienstbarkeit auch auf 781 ZGB abgestützt werden[221].

---

[216] Die in vorstehender Fussnote genannten drei Autoren sprechen a.a.O. ebenfalls nur von anderer Personaldienstbarkeit «im Sinne von» ZGB 781, wenn sie das nicht selbständige und dauernde Baurecht meinen.

[217] Anwendbarkeit jedenfalls auf alle selbständigen, auch auf die nicht dauernden Baurechte nimmt RIEMER 68 an. Nach FREIMÜLLER 83 f gelten die Heimfalls-Vorschriften nur für die selbständigen Baurechte, nach PIOTET SPR V/1 599, TUOR/SCHNYDER 723 nur bei Grunddienstbarkeiten. SIMONIUS/SUTTER 129 wollen alle Vorschriften von 779a - 779l ZGB nur auf diejenigen Baurechte angewendet wissen, welche die ganze Fläche des dienenden Grundstückes betreffen (anders indessen für den Heimfall, a.a.O. S. 141). Anders FRIEDRICH Neuordnung 17 und ISLER 127 mit Hinweisen, nach deren Auffassung die Vorschriften über den vorzeitigen Heimfall für alle Baurechtsarten, also auch für die unselbständigen, gelten.

[218] 779a ZGB; ISLER 64.

[219] 781 III i.V.m. 732 ZGB. PIOTET SPR V/1 560 FN 12. Ohne Belang ist deshalb sicher, dass dann für die Übertragung einer in das Grundbuch aufgenommenen selbständigen und dauernden Personaldienstbarkeit wiederum eine notarielle Urkunde nötig ist, vgl. HAAB N 13 zu 655 ZGB; ZURBRIGGEN 187.

[220] BGE 92 I 547; LIVER N 15 zu 730 ZGB; FREIMÜLLER 50 mit Hinweisen; FRIEDRICH Nutzungsdienstbarkeiten 41, Wiedereinführung 49a; ZOBL Inhalt 34; ZURBRIGGEN 151.

[221] Dieselben Gründe sprechen dafür, eine Baurechtsgrunddienstbarkeit auf 779 ff ZGB, nicht auf 730 ZGB zu stützen, vgl. oben FN 206. Vgl. ähnlich zum Verhältnis von 781 ZGB und Nutzniessung PIOTET SPR V/1 550.

232.3   als kantonales privates Recht

Ein Baurecht kann auch gestützt auf kantonales Privatrecht bestellt werden. Dazu gehören insbesondere die oben[222] bereits erwähnten privatrechtlich konzipierten Allmendgenossenschaftsrechte, die grundsätzlich ebenfalls der Aufnahme ins Grundbuch fähig sind, sofern sie selbständige und dauernde Rechte darstellen[223]. Die durch Allmendgenossenschaften des privaten Rechts begebenen Baurechte sind ebenfalls solche nach 779 ff ZGB[224].

233   Baurechte aufgrund einer Konzession

Das Recht zum Erstellen einer Baute oder Anlage kann öffentlichen Rechts, insbesondere Hauptinhalt einer Konzession sein[225]. Das ist etwa für die Wasserrechtskonzession der Fall[226], ebenso für Baurechte, die durch Allmendkorporationen des öffentlichen Rechts verliehen werden[227]. Eine Konzession kann auch für die Erstellung eines Restaurants innerhalb einer der Allgemeinheit zur Erholung dienenden Anlage erteilt werden. Auszugehen ist dabei immer davon, dass das Baurechtsgrundstück dem Verwaltungsvermögen angehört. Nicht immer werden Nutzungsrechte auf Boden des Verwaltungsvermögens indessen in der Form einer Konzession begeben. So sind zwar die für den Bahnbetrieb benötigten Grundstücke, welche im Grundeigentum der Eidgenossenschaft stehen, von dieser[228] über eine Eisenbahnkonzession an private Eisenbahngesellschaften zur Sonder-

---

[222] Oben S. 13 f.
[223] ARNOLD *Allmendgen.* 59, 72 f; vgl. aber oben FN 58.
[224] LIVER *Gutachten 1978* 8.
[225] LIVER *Gutachten 1978* 9; RIEMER 36; TOBLER 24.
[226] LIVER N 126 zu 742 ZGB bezeichnet die Wasserrechtskonzession als «öffentliches Baurecht». Nach TOBLER 133 f schliesst die Wasserrechtskonzession «zwar kein Baurecht, aber eine inhaltlich dem Baurecht gleichgeartete Konzession in sich».
[227] LIVER *Gutachten 1978* 8; das privatrechtliche Baurecht wäre nur, aber doch dann möglich, wenn nicht die Zweckbestimmung des öffentlichen Grundstücks beeinträchtigt würde.
[228] Auch dort, wo die Grundstücke von den Schweizerischen Bundesbahnen genutzt werden, denn diesen kommt keine eigene Rechtspersönlichkeit zu. Vgl. dazu RHINOW/KRÄHENMANN Nr. 137 B VI.

nutzung zu überlassen. Gleichzeitig ist es grundsätzlich möglich, den - für den Betrieb der Eisenbahn nicht benötigten - Luftraum über den Geleise- und Stromleitungsanlagen im Baurecht an Private abzugeben. Für das letztere ist an die Geleiseüberdeckungen zu erinnern, wie sie beispielsweise über dem Berner Hauptbahnhof[229] bestehen oder über dem Zürcher Hauptbahnhof oder dem Geländeeinschnitt von Zürich-Wipkingen vorgesehen sind. Für alle diese Bauvorhaben wird auf das private Baurecht, nicht auf eine Konzession abgestellt. Das geschieht dann zu Recht, wenn trotz des verliehenen Nutzungsrechts der Zweck des damit belasteten Verwaltungsvermögens ungeschmälert erfüllt werden kann[230]. In einem vergleichbaren Fall, nämlich für den Bau eines Alterswohnheims über der Abdeckung der Einfahrt zum Milchbucktunnel in der Stadt Zürich, hat der Kanton Zürich zugunsten der Stadt indessen nicht ein Baurecht begründet, sondern eine - nicht übertragbare - Konzession verliehen. Uneinheitlich ist auch die Praxis, wenn es um die Einräumung von selbständigen und dauernden Rechten an Nationalstrassen, insbesondere für den Bau von Raststätten, geht[231].

Eine bemerkenswerte Kombination dieser beiden Formen hat der Kanton Zürich kreiert: Er verlieh der Politischen Gemeinde Wallisellen die Konzession zum Bau und zum Betrieb von Gewerbe- und Lagerhallen unter dem auf einer Brückenkonstruktion verlaufenden Strassentrassee der Nationalstrasse im Verkehrsdreieck Wallisellen und räumte ihr gleichzeitig das Recht ein, diese im Grundbuch aufzunehmende Konzession mit einem selbständigen und dauernden Baurecht zugunsten einer von der Konzessionärin zusammen mit Privaten zu gründenden privatrechtlichen Betriebsgesellschaft zu belasten[232].

---

[229] Vgl. LIVER *Pavillonbauten*.
[230] Dazu unten S. 64 ff und 173.
[231] Der Kanton Zürich vergibt entsprechende Rechte ausschliesslich im Wege der Konzession; andere Kantone, beispielsweise St. Gallen, errichten auch für Nationalstrassen-Nebenbauten privatrechtliche Baurechte (Auskunft von Dr. R. KOCH, Tiefbauamt Kanton Zürich).
[232] Vgl. RRB Nr. 5387/1974, insb. S. 4. Das auf der Konzession beruhende Baurecht ist zwischenzeitlich in ein unmittelbares Konzessionsverhältnis übergeführt worden (RRB Nr. 603/1989); die Gemeinde fungiert nicht mehr als Mittlerin.

Im einzelnen braucht der Frage an dieser Stelle indes noch nicht nachgegangen zu werden. Vorderhand ist entscheidend, dass am gleichen Grundstück des Verwaltungsvermögens Konzessionen und privatrechtliche beschränkte dingliche Rechte möglich sind.

3 VERFÜGUNGSBESCHRÄNKUNGEN

31 Begriff der Verfügungsbeschränkung

Der Begriff der Verfügungsbeschränkung wird in verschiedensten Zusammenhängen und für verschiedenste Aussagen verwendet. Zu unterscheiden ist etwa nach dem Gegenstand, nach dem Adressaten, nach der Wirkung der Beschränkung. Es erhebt sich dabei zunächst die Frage nach dem Begriff der Verfügung.

311 Begriff und Gegenstand der Verfügung

311.1 tatsächliche und rechtliche Verfügung

Wie sich anschaulich anhand von Sachen zeigen lässt, fallen bei einem weiten Wortverständnis die tatsächliche Verfügung einerseits und die rechtliche Verfügung andererseits unter den Begriff der Verfügung. Tatsächlich über eine Sache verfügen heisst, sie nutzen, brauchen, in ihrer Beschaffenheit oder Lage verändern, heisst auch, sie verbrauchen oder zerstören, mit andern Worten: in irgendeiner Weise körperlich auf sie einwirken[233]. Rechtlich von Bedeutung ist die tatsächliche Verfügung über Sachen insoweit, als die Rechtsordnung an das tatsächliche Verfahren mit einer Sache Rechtsfolgen knüpft[234].

---

[233] Vgl. MEIER-HAYOZ N 26 zu 641 ZGB; HUBER Erl. II 59; LEEMANN Vormerkung 17; PILET 59; REY Sachenrecht 133; RIEMER Sachenrecht 28; VON TUHR AllgT II/1 248; vgl. aber auch KUNZ 14, 22 f: Verfügungshandlungen, welche bloss tatsächlich, aber nicht durch den Verfügungsberechtigten, das heisst mit Verfügungsmacht (dazu gleich unten) Ausgestatteten getätigt werden, stellen keine Rechtsausübung dar.

[234] Die Änderung eines Rechts gilt deshalb auch als Verfügung, vgl. VON TUHR AllgT II/1 239, 249 FN 82. Hierin, im direkten Bezug zwischen dem Verfügenden und der Sache, zeigt sich übrigens der dingliche Charakter des Sachenrechts, die unmittelbare Sachherrschaft; das Abwehrrecht gegen Dritte liegt nicht in der Dinglichkeit, sondern in der Absolutheit des Sachenrechts begründet, vgl. CANARIS 373; DULCKEIT 48; LIVER Realobligation 262; ZULLIGER 141, 143. Das ist allerdings auch eine Frage der Begriffsbestimmung – für CANARIS a.a.O. setzt sich Dinglichkeit zusammen aus Unmittelbarkeit und Absolutheit.

Die rechtliche Verfügung über eine Sache auf der andern Seite kennzeichnet sich dadurch, dass sie unmittelbar[235] auf die Rechte an der Sache einwirkt[236]. Rechtlich über eine Sache verfügen heisst im weiten Sinn, sie belasten, sie veräussern[237], sie vermieten oder verpachten, sie teilen - bei Grundstücken durch Parzellierung[238] -, sie derelinquieren, auf sie verzichten, letztwillig über sie verfügen[239]. Weiter stellt die Zerstörung einer Sache genau besehen nicht nur eine tatsächliche, sondern ebenso eine rechtliche Verfügung über die Sache dar - das tatsächliche Einwirken auf die Sache kann in einem solchen Fall die konkludente rechtliche Verfügung bedeuten.

Das weite Wortverständnis, welches sowohl die tatsächliche wie die rechtliche Verfügung umfasst, liegt auch der Bestimmung von 641 I ZGB zugrunde[240]. Rechtstechnisch wird der Begriff jedoch nur für die rechtliche Verfügung verwendet und bedeutet demnach das unmittelbare rechtsrelevante Einwirken auf ein Recht beziehungsweise ein Rechtsverhältnis[241]. Ob man begriffslogisch über Forderungsrechte nicht tatsächlich, sondern nur rechtlich verfügen könne, mag hier offenbleiben[242].

Der Begriff der Verfügung ist nach dem Gesagten nicht mit demjenigen der Veräusserung gleichzusetzen: Man kann auch eine Verfügung im Rechtssinn über eine Sache oder ein Recht treffen, ohne diese gleich gänzlich zu veräussern. Auch die Einräumung eines dinglichen Rechts an einer Sache oder einem Recht, beispielsweise

---

[235] LARENZ *AllgT* 322. Das heisst nicht reflexweise als mittelbare Folge eines Rechtsgeschäftes, vgl. VON TUHR *AllgT II/1* 239.

[236] ENGEL 324; LARENZ *AllgT* 299, 325; VON TUHR *AllgT II/1* 239.

[237] Schon die Anmeldung im Grundbuch stellt eine Verfügung dar, LIVER *Löschung* 349.

[238] VON TUHR *AllgT II/1* 240 FN 20.

[239] MEIER-HAYOZ N 28 zu 641 ZGB; HUBER *Erl. II* 59; LARENZ *AllgT* 322 f; LIVER N 1 und 15 zu 743 ZGB und *Verzicht* 353; PILET 59; REY *Sachenrecht* 133 f; VON TUHR *AllgT II/1* 239, 264 f.

[240] MEIER-HAYOZ N 26-28 zu 641 ZGB; LIVER *SPR V/1* 16 und *Eigentumsbegriff* 149.

[241] KUNZ 24 und passim; LIVER *SPR V/1* 16, 76; VON TUHR *AllgT II/1* 248; VON TUHR/PETER 194; nicht die Rede ist in diesem Zusammenhang von der «letztwilligen» und der behördlichen Verfügung, vgl. VON TUHR *AllgT II/1* 239.

[242] VOLLENWEIDER 29 vertritt diese Meinung - ein selbständiges und dauerndes Recht könne man, auch wenn es ins Grundbuch aufgenommen worden sei, nicht anzünden... - Hingegen kann man beispielsweise darin, dass ein Recht - ohne dass darauf verzichtet würde - nicht ausgeübt wird, ein tatsächliches Verfügen sehen (vgl. BURCKHARDT *Vertrag* 81; DULCKEIT 47 f).

deren Belastung mit einem Pfandrecht[243], stellt eine Verfügung dar. Dasselbe gilt von der in dieser Arbeit vorrangig interessierenden Einräumung einer Baurechtsdienstbarkeit, die im übrigen in verschiedenen Bereichen wie eine Veräusserung behandelt wird[244]. Dem Begriff der (rechtlichen) Verfügung wird in grundlegender[245] Unterscheidung regelmässig derjenige der Verpflichtung gegenübergestellt.

311.2 Verfügung und Verpflichtung

Während Verfügung das unmittelbare rechtsrelevante Einwirken auf die Sache oder das Recht bedeutet - indem es nämlich die Aktiven des Verfügenden vermindert und diejenigen eines allfälligen Empfängers vermehrt[246] und insbesondere die Rechtszuständigkeit zu ändern vermag[247] -, erfasst eine Verpflichtung die Sache oder das Recht erst mittelbar: Sie stellt zunächst nur eine rechtliche Verbindung zwischen zwei Rechtssubjekten über ein Rechtsobjekt her, das selbst davon unberührt bleibt[248]. Die Verfügung dagegen bedarf ausser des

---

[243] VON TUHR/PETER 194. Einem Gemeinschuldner, dessen Verfügungsmacht - zu diesem Begriff gleich unten S. 47 ff - nach 298 I SchKG beschränkt ist, ist auch die Bestellung von Pfandrechten an der Sache verwehrt, ZOBL SysT N 760, 762 und N 746 zu 884 ZGB, mit weiteren Beispielen.
[244] FREIMÜLLER 118 ff. Für eine einzelfallbezogene Beurteilung in Privatrechtsverhältnissen LIVER in ZBJV 94/1958 24 f zu BGE 82 II 378; vgl. auch BGE 106 II 57, 90 I 254 ff. Die Gleichbehandlung erfolgt nicht nur im Abgaberecht (vgl. etwa ZBGR 68/1987 234 ff, GVP 1988 Nr. 32 und neuerdings bis in die Einzelheiten die Monographie von GROSSENBACHER) und auch nicht nur im kantonalen Recht, vgl. etwa 619 II ZGB, 4 I a. BewG und, weniger deutlich, 29 I a. BGBB sowie im einzelnen ISLER 56 ff und 78, RIEMER 92 ff. Keine Gleichsetzung erfolgt bei der Bestellung eines Baurechts zu Lasten eines Fideikommissgutes: LGVE 1988 II Nr. 5 S. 184 ff, einem Gutachten von MEIER-HAYOZ folgend und entgegen einem Gutachten von RIEMER. (Immer vorzubehalten ist jedoch der Fall eines Umgehungsgeschäfts, vgl. MEIER-HAYOZ *Vorkaufsfall* 271 und im Zusammenhang mit einer Unterbaurechtsbestellung BGE 92 I 550 f.)
[245] VON TUHR *AllgT II/1* 250.
[246] VON TUHR *AllgT II/1* 250, 256; die Verfügung ändert den Bestand des betroffenen Rechts und präjudiziert damit jede spätere Verfügung, VON TUHR *AllgT II/1* 251.
[247] Oben FN 236.
[248] Vgl. zum Ganzen etwa KUNZ 24; REY *Sachenrecht* 5 f, 79, 359 f. Es tritt im Vermögen des Verpflichteten eine Erhöhung der Passiven ein, ohne dass der Aktivbestand unmittelbar betroffen würde, VON TUHR *AllgT II/1* 250. Für KUNZ 24 f ist massgebend, dass von der Verfügung ein bestehendes Recht betroffen ist, die Verpflichtung dagegen ein Recht bzw. Rechtsverhältnis erst schafft.

rechtszuständigen Subjektes keiner weiteren Person[249], auch wenn sie in der Regel zugunsten eines weiteren Rechtssubjektes erfolgt.

311.3 Gegenstand der Verfügung

Die rechtliche Verfügung betrifft nicht mehr bloss die Beziehung zwischen der Sache und dem Verfügenden, sondern bringt immer auch Dritte ins Blickfeld. Gegenstand der rechtlichen Verfügung ist also nicht die Sache, wie man wohl verkürzend sagen kann, sondern das Recht an der Sache, das Sachenrecht, genauer noch: das Sachenrechtsverhältnis[250]. Verfügungen sind, das sei der Vollständigkeit wegen erwähnt, nicht nur an Sachenrechten möglich[251]. Auch über Immaterialgüterrechte und (mittels Zession und Verrechnung oder auch durch Stundung, Erfüllung, Kündigung und Erlass[252]) über Forderungsrechte kann verfügt werden. Schliesslich ist eine Verfügung über nicht vermögenswerte immaterielle Rechte möglich. Verfügungsobjekt sind somit die Rechtsobjekte, zu welchen ausser den Sachen namentlich die obligatorischen und Immaterialgüterrechte sowie die Naturkräfte gehören[253].

---

[249] Die Zerstörung oder die Dereliktion einer Sache beispielsweise können ebenso wie der Verzicht auf ein Recht (VON TUHR *AllgT II/1* 264 f) ohne Drittperson erfolgen.
[250] LARENZ *AllgT* 299 f, 324 f, der auch auf die bedeutende Unterscheidung zwischen der Sache als (tatsächlichem) Objekt des dinglichen Herrschaftsrechts und dem Sachen*recht* als Gegenstand der Verfügung hinweist. Vgl. weiter VON TUHR *AllgT II/1* 242; VON TUHR/PETER 194; ZULLIGER 72, 130 oder auch die Begriffsumschreibung von SCHULZ, zitiert in LIVER *SPR V/1* 5. Nach neuerem Verständnis ist auch das Eigentum trotz der dinglichen Natur ein Rechtsverhältnis, dazu unten S. 79.
[251] Gegenstand der Verfügung können alle Rechtsverhältnisse und Rechte sein, welche durch den Willen der Beteiligten abgeändert werden können, VON TUHR *AllgT II/1* 240 f, also insbesondere auch Forderungen, vgl. VON TUHR *AllgT II/1* 256 f.
[252] BUCHER 72, 76; VON TUHR/PETER 194.
[253] Vgl. MEIER-HAYOZ *SysT* N 221; VON TUHR *AllgT II/1* 240 f.

312 Verfügungsmacht

Verfügungsmacht, synonym mit Rechtsausübungsbefugnis[254] oder Dispositionsfähigkeit[255], ist einerseits Voraussetzung und andererseits rechtlich eingeräumte Befugnis für rechtswirksames Verfügen über eine Sache - genauer: ein Sachenrecht - oder ein anderes Recht; sie beschlägt das rechtliche Können einer Person. Analog zum Begriff der Verfügung umfasst die Verfügungsmacht im weiten Sinn das tatsächliche und das rechtliche Verfügenkönnen[256]. Verfügungsmacht im engen Sinn - also die rechtliche Fähigkeit, über ein Recht oder eine Pflicht rechtsverbindlich verfügen zu können - ist gegenstands- oder objektbezogen, das heisst die Verfügungsmacht stellt die rechtliche Beziehung zwischen dem Verfügenden und dem von der Verfügung betroffenen Vermögen dar[257]. Sie unterscheidet sich deshalb von der Verfügungsfähigkeit als einer personenbezogenen, in der Handlungsfähigkeit inbegriffenen Fähigkeit[258]. Die Verfügungsfähigkeit richtet sich nach dem Rechtssubjekt und dessen durch die Rechtsordnung ihm generell zugestandenen Handlungspotential aus. Die Verfügungsmacht dagegen bezieht sich auf das einzelne Rechtsobjekt, ist auf konkrete Rechte und Pflichten ausgerichtete Handlungsfähigkeit[259]. Sie stellt eine zum Inhalt des Rechts gehörige Befugnis dar[260]. Die Verfügungsmacht ist unverzichtbar[261]. Unter

---

[254] KUNZ 13, 24.
[255] ZOBL N 730 zu 884 ZGB; VON TUHR/PETER 214 FN 2.
[256] MEIER-HAYOZ N 26-28 zu 641 ZGB; REY *Sachenrecht* 133. Von tatsächlicher Verfügungsmacht spricht auch ISLER 79 (im Zusammenhang mit dem Baurecht: der Grundeigentümer verliert sie mit der Begründung einer Baurechtsdienstbarkeit). Anders KUNZ 14: Verfügungsmacht stellt nur eine rechtliche Qualifikation dar; KUNZ setzt aber Verfügungsmacht sowohl für rechtsgeschäftliche als auch für tatsächliche Handlungen voraus, a.a.O. S. 22.
[257] ENNECERUS/NIPPERDEY 885; KUNZ 13; VON TUHR *AllgT II/1* 365.
[258] DESCHENAUX *SPR V/3* 273; GROSSEN *SPR II* 312. Vgl. dazu ZOBL N 733 zu 884 ZGB; VON TUHR *AllgT II/1* 365 FN 3; die genannte Unterscheidung wird von LEEMANN *Vormerkung* 18 nicht getroffen.
[259] ZOBL N 734 zu 884 ZGB. KUNZ 13, kritisch dazu BRECHER 364.
[260] ZOBL N 734 zu 884 ZGB mit Hinweisen.
[261] ZOBL N 738 zu 884 ZGB mit Hinweisen; LARENZ *AllgT* 324; VON TUHR *AllgT II/1* 369. Ein rein obligatorischer Verzicht ist dagegen möglich, KUNZ 14 f, ebenso bei Forderungen (pactum de non cedendo), ZOBL N 739 zu 884 ZGB, LARENZ a.a.O. Selbstredend begibt sich im übrigen der Berechtigte seiner Verfügungsmacht hinsichtlich eines Rechts, sobald er darüber im Sinne einer Veräusserung oder Dereliktion

welchen Umständen jemandem in welcher Weise Verfügungsmacht zukommt, ist zwingend durch das Gesetz festgelegt[262], wobei Verfügungsmacht selbst noch nichts darüber aussagt, was ein Berechtigter kann, sondern nur, wer der Berechtigte ist[263].

Verfügungsmacht steht nicht zwingend ausschliesslich dem Eigentümer zu, sie kann vielmehr auch vertraglich eingeräumt oder gesetzlich zugewiesen werden[264]. Sie steht aber doch in engem Zusammenhang mit dem Eigentum: Wo sie nicht durch Gesetz oder Richterspruch entzogen worden ist[265], bestimmt der Eigentümer über die Verfügungsberechtigung[266]. Eine Einschränkung erfährt dies allenfalls noch durch die sogenannte formelle Verfügungsmacht, die dem im Grundbuch zu Unrecht als Eigentümer eingetragenen Nichteigentümer zukommt[267]. Im übrigen ist zu unterscheiden zwischen der Einräumung von Verfügungsmacht über fremdes Recht und von Vertretungsmacht: Übertragene Verfügungsmacht verschafft das Recht zum Handeln in eigenem Namen, Vertretungsmacht hingegen zum Handeln lediglich in fremdem Namen[268] Über fremde Grundstücksrechte kann in der Regel nur über die Vertretungsmacht verfügt werden[269].

Entsprechend der Unterscheidung von Verfügung und Verpflichtung wird die Verfügungsmacht von der Verpflichtungsfähigkeit unterschieden[270], wobei sowohl Verfügungsmacht als auch Verpflich-

---

verfügt, vgl. auch BUCHER 72.

[262] KUNZ 14; die entsprechenden Normen zählen deshalb zu den sogenannten organisatorischen Vorschriften.

[263] KUNZ 15 FN 2.

[264] Vgl. ZOBL N 747 zu 884 ZGB; KUNZ 16 (Rechtszuständigkeit – in diesem Fall das Innehaben des Eigentums – schliesst nicht notwendig Verfügungsmacht in sich ein), 17 und 30. Gesetzlich eingeräumt wird die Verfügungsmacht etwa dem Willensvollstrecker, dem Erbschaftsverwalter u.a. (HUBER *Dingl. Rechte* 69 ff; LEEMANN *Vormerkung* 19), und ebenso gilt dies hinsichtlich der Wasserkraftnutzung, LIVER *SPR V/1* 130.

[265] ZOBL N 737 zu 884 ZGB; LARENZ *AllgT* 323; DESCHENAUX *SPR V/3* 270 ff. Vgl. auch RENTSCH 349 hinsichtlich privater Grundstücke, die dem Gemeingebrauch offenstehen.

[266] KUNZ 17.

[267] DESCHENAUX *SPR V/3* 270, 603 f.

[268] VON TUHR *AllgT II/1* 374; vgl. differenzierter ZOBL N 748 zu 884 ZGB mit Hinweisen.

[269] VON TUHR *AllgT II/1* 234, 375.

[270] LARENZ *AllgT* 325.

tungsfähigkeit[271] Handlungsfähigkeit voraussetzen[272], deren Konkretisierung sie darstellen[273].

313 Grundsatz der Verfügungsfreiheit

Alle privaten Vermögensrechte - Privateigentums-, beschränkte dingliche, Forderungs-, Immaterialgüter- und ehehafte Vermögensrechte - bilden zusammen das Eigentum, soweit man diesen Begriff nicht rein sachenrechtlich verwendet. Dieser Eigentumsbegriff findet sich in der Eigentumsgarantie der Bundesverfassung[274], weshalb hier in Unterscheidung zum sachenrechtlichen Eigentum, welches sich auf die körperlichen Sachen beschränkt und andere Vermögensrechte nicht umfasst[275], vom konstitutionellen Eigentum beziehungsweise von der (engeren) Sacheigentumsfreiheit und der (weiteren) konstitutionellen Eigentumsfreiheit gesprochen wird[276].

[271] Von VON TUHR AllgT II/1 395 Verpflichtungsmacht genannt.
[272] ZOBL N 734 zu 884 ZGB; KUNZ 13, 24.
[273] KUNZ 13.
[274] MEIER-HAYOZ SysT N 421 und 440 f; MÜLLER N 1 f zu 22ter BV mit Hinweisen; REY SysT N 274; AUBERT garantie 1; GYGI Privatrecht 52; HUBER Schutz 457 und Gewährleistung 60; KÄMPFER 14; HÄFELIN/HALLER 415; OFTINGER Zusammenhang 229; RUCK 24; vgl. ebenso für das deutsche Recht 14 GG, WESTERMANN 6.A. I 165 f, 179 f und BADURA Schlüsselstellung 3. Vgl. zu möglichen Konsequenzen die Monographie von ZULLIGER, z.B. 37, 62 ff. - Unter dem Titel der Eigentumsgarantie ist der Eigentumsbegriff allerdings noch weiter zu fassen, fallen doch nach der Praxis auch im öffentlichen Recht begründete subjektive Rechte darunter (HUBER Gewährleistung 62; KÄMPFER 14).
[275] MEIER-HAYOZ SysT N 309. Die Beschränkung des sachenrechtlichen Eigentumsbegriffs auf die körperlichen Gegenstände geht im wesentlichen auf SAVIGNY zurück und ist nicht widerspruchsfrei, so DULCKEIT 34 f. - Nicht zu vermengen ist diese Problematik mit der Frage nach dem Wesen der Dinglichkeit: Dingliche Rechte sind, weil sie - neben dem Ausschliesslichkeitsanspruch - gerade die Unmittelbarkeit zwischen Rechtsträger und Sache zum Inhalt haben, immer Rechte an körperlichen Sachen, WESTERMANN 6.A. I 9. Zu beachten ist indessen, dass entgegen der früher herrschenden Doktrin der Auffassung vertreten wird, beschränkte dingliche Rechte seien nicht ausschliesslich an Sachen, sondern auch an Forderungen möglich: ZOBL SysT N 153c, unter Berufung auf 899 I ZGB. Vgl. dazu auch LIVER Einl. N 21 und SPR V/1 14; TOBLER 10; CANARIS 375; a.M. REY SysT N 28 und 150, vgl. auch N 95 ff. Umgekehrt wird (gerade auch für das Baurecht) auf das Nebeneinander von absolutem und relativem Recht hingewiesen, vgl. SPRENGER 188 FN 101.
[276] Vgl. MÜLLER N 2 zu 22ter BV. Dass diese konstitutionelle Eigentumsfreiheit, gerade in der Ausweitung des Schutzgegenstandes, jedenfalls in der Bundesrepublik Deutschland, das Ergebnis einer Entwicklung der jüngeren Rechtsgeschichte (der Weimarer Verfassung) ist: BADURA Schlüsselstellung 2; vgl. auch LENDI Funktions-

Verfassungsrechtlich ist das Eigentum frei: Es gilt hier der Grundsatz, wie er für das sachenrechtliche Eigentum in 641 I ZGB formuliert ist, dass nämlich jeder über sein Eigentum in den Schranken der Rechtsordnung nach seinem Belieben, das heisst frei verfügen könne. Die Eigentumsfreiheit geht weiter als bloss bis zur Freiheit, die Sache zu haben, und umfasst die Verfügung (im weitesten Sinn) über das Eigentum[277]. Der Eigentumsfreiheit entspricht demnach die Verfügungsfreiheit[278], was sich auch aus der unmittelbaren Bezogenheit von Eigentum und Verfügungsmacht ergibt[279]. Selbstredend unterliegen nicht nur die Eigentumsfreiheit, sondern auch die Verfügungsfreiheit den Schranken der Rechtsordnung[280]. Die konstitutionelle Eigentums- und damit Verfügungsfreiheit hat (wenn man hinsichtlich der privatrechtlichen Verhältnisse wegen der - heute zwar ohnehin nicht mehr uneingeschränkt geltenden - Maxime des Dritt- oder Horizontalwirkungsverbotes für konstitutionelle Freiheitsrechte Bedenken haben wollte) ihre zivilrechtlichen Entsprechungen

---

wandel 12 f und *Planungsrecht* 120, 127 f. OFTINGER *Zusammenhang* 225 betont demgegenüber die Einheit der Rechtsordnung und sieht in der Eigentumsgarantie einen Ausfluss des die Rechtsordnung beherrschenden Freiheitsprinzips (S. 228). Vgl. auch LENDI *Planungsrecht* 32 f. Um etwas anderes handelt es sich bei der Frage, ob sich der Eigentumsbegriff allein am sachenrechtlichen Eigentumsbegriff orientieren dürfe, was beispielsweise RUCK 20 f verneint: Das Eigentum des schweizerischen Rechts könne ohne seine sozialgerichtete, öffentlichrechtliche Seite nicht verstanden werden. Vgl. dazu LENDI *Planungsrecht* 122, 139 f; REY *Eigentum* 71. Dass der sachenrechtliche Eigentumsbegriff vom konstitutionellen mitbestimmt wird und mitbestimmt werden muss, vgl. MÜLLER N 2 zu 22ter BV, RAISER 169. Ein umgekehrter Ansatz findet sich bei HEPPERLE 22-25, nach dessen Auffassung das konstitutionelle Eigentumsrecht beziehungsweise die verfassungsrechtlichen Eigentumsbeschränkungen ein vorgegebenes zivilrechtliches Eigentum voraussetzen. Vgl. auch KÄMPFER 15. Generellen Primat des Verfassungsgebers auch für die Bestimmung des Schutzbereichs des Eigentums stellt BÜHLER *Neukonzeption* 373 fest, der im übrigen einen einheitlichen, öffentliches und privates Recht erfassenden Eigentumsbegriff postuliert (S. 374).

[277] OFTINGER *Eingriffe* 505a, vgl. dazu KUNZ 16; LARENZ *AllgT* 299.

[278] Vgl. BGE 99 Ia 41; BURCKHARDT *Organisation* 50; LENDI *Planungsrecht* 120; OFTINGER *Zusammenhang* 226; RIEGEL 413; REY *Sachenrecht* 133; VON TUHR *AllgT I* 134; für das deutsche Recht WESTERMANN *6.A. I* 167. In dogmatischer Hinsicht wohl a.M. BUCHER 166.

[279] BOTSCHAFT *1986* 165; MEIER-HAYOZ *Wesen* 174 f; OFTINGER *Zusammenhang* 229 und *Eingriffe* 505a; SONTIS 999.

[280] Vgl. RIEGEL 414, 417; WESTERMANN *Zulässigkeit* 29, 36; NJW 1969 310 (Hamburger Deichurteil des BVerfG). Mit dem Hinweis auf die Schranken ist das «Verfahren nach freiem Belieben» sogar Merkmal des subjektiven Rechts überhaupt, vgl. BUCHER 70 ff.

im bereits erwähnten 641 I ZGB für das Sachenrecht[281], in der Vertragsfreiheit für das allgemeine Vertragsrecht und in den massgeblichen Erlassen des Immaterialgüterrechts, kurz: in dem das Privatrecht und die schweizerische Rechtsordnung überhaupt[282] beherrschenden Prinzip der Privatautonomie.

Gemessen am weiten Verfügungsbegriff besteht die Verfügungsfreiheit positiv und negativ als tatsächliche und als rechtliche Freiheit[283]. Beschrieben an Sachwerten heisst dies: Im Sinne der positiven Verfügungsfreiheit darf der Berechtigte die Sache beispielsweise verändern, nutzen, allenfalls auch verbrauchen oder zerstören (positive tatsächliche Verfügungsfreiheit) oder belasten, veräussern oder derelinquieren (positive rechtliche Verfügungsfreiheit); im Sinne der negativen Verfügungsfreiheit darf er sie im bestehenden Zustand belassen (negative tatsächliche Verfügungsfreiheit) oder von Belastungen freihalten und für sich behalten (negative rechtliche Verfügungsfreiheit). In bezug auf Forderungen entfällt die Kategorie der tatsächlichen Verfügungsfreiheit[284], hingegen gilt ebenfalls die rechtliche Verfügungsfreiheit in positivem und negativem Umfang.

Sofern die Verfügungshandlung das Verhältnis zu Dritten nicht berührt, bedeutet Verfügungsfreiheit, dass an eine vorgenom-

---

[281] Ob die Beschränkungen des Eigentums und damit der Verfügungsfreiheit wenigstens des Eigentümers dem Begriff des Eigentums immanent oder diesem durch die Rechtsordnung erst beigeordnet seien, soll in dieser Arbeit weder im einzelnen dargelegt noch weiter untersucht werden. Es handelt sich hier um eine prominente, wohl immer unentschiedene Streitfrage. Vgl. zum Ganzen beispielsweise LIVER Einl. N 80 ff, *Eigentumsbegriff* und *SPR V/1* 197; MEIER-HAYOZ SysT N 311 ff (vorübergehend anders in MEIER-HAYOZ *Wesen* 185 f); HOLZACH 21 ff; DESCHENAUX *restrictions* 322. Diese Autoren lehnen die Immanenztheorie ab, die u.a. von HAAB N 1-4 zu 641 ZGB, RUCK 20 f sowie REY *Eigentum* 65 ff und GEISSBÜHLER 61 ff (die letzten beiden mit weiteren Hinweisen zum ganzen Problemkomplex), WESTERMANN 5.A. 117 und, ausführlich begründet, von SONTIS 982 f, 987 ff vertreten wird. Die praktische Bedeutung der Streitfrage ist ihrerseits umstritten (vgl. neben andern BÜHLER *Neukonzeption* 369; GEISSBÜHLER 63 f; GEORGIADES 153 mit Hinweisen auf die Diskussion in der Bundesrepublik; HOLZACH 57; RUEDIN 57; TUOR/SCHNYDER 612). So wird auch zu bedenken haben, dass es zumindest, aber wohl nicht nur verfassungsrechtlich kein absolutes und kein einheitliches Eigentum gibt (BADURA *Schlüsselstellung* 4, a.M. GEORGIADES 154); vgl. dazu auch MÜLLER N 22 f zu 22ter BV; REY SysT N 59; LENDI *Funktionswandel* 10 f und *Planungsrecht* 138 ff; PAWLOWSKI 400 f mit Hinweisen. Zum Wandel der Bedeutung von Eigentum: REY *Sachenrecht* 8 ff, 132 f.
[282] OFTINGER *Zusammenhang* 226, 228.
[283] Vgl. dazu DESCHENAUX *restrictions* 324, 327, 332, welcher auf der Grundlage der sachenrechtlichen Eigentumsfreiheit handelt; strukturell besteht allerdings Übereinstimmung, weshalb die Anlehnung an DESCHENAUX zulässig erscheint.
[284] Vgl. aber oben FN 242.

mene Verfügungshandlung keine für den Verfügenden negativen Rechtsfolgen geknüpft werden. Kommen Dritte ins Spiel, ist unter dem Begriff der Verfügungsfreiheit insbesondere an die durch die Vertragsfreiheit bestimmten Freiheiten - Abschlussfreiheit, Partnerwahlfreiheit, Freiheit der inhaltlichen Vertragsgestaltung sowie der Änderung und der Aufhebung des Vertrages[285] - zu denken.

314 Beschränkung der Verfügungsfreiheit

Die Beschränkung der Verfügungsfreiheit dient als Beschränkung der personenbezogenen[286] Vertrags- beziehungsweise Handlungsfähigkeit in erster Linie dem Schutz des Verfügenden[287]. Mit der Beschränkung der Handlungsfähigkeit tritt zwar auch eine Beschränkung der Verfügungsmacht ein. Indessen ist die objektbezogene[288] Verfügungsmacht von der personenbezogenen Verfügungsfreiheit zu unterscheiden; Beschränkung der Verfügungsmacht gilt entweder dem Schutz Dritter[289] oder - im öffentlichen Interesse[290] - dem Schutz des Objektes.

315 Verfügungsbeschränkung als Beschränkung der rechtlichen Verfügungsmacht

Wie die Verfügungsmacht ist auch die Verfügungsbeschränkung objektbezogen. Sie ist deshalb nicht gleichzusetzen mit der Beschränkung der Verfügungsfreiheit, sondern mit der Beschränkung der Verfügungsmacht[291]. Nun ist die Verfügungsmacht die rechtliche Befug-

---

[285] VON TUHR/PETER 247 mit Hinweisen.
[286] Oben S. 47.
[287] ZOBL N 736 zu 884 ZGB; GROSSEN *SPR II* 313.
[288] Oben S. 47.
[289] GROSSEN *SPR II* 313; VON TUHR *AllgT II/1* 368. Ausnahmen sind möglich, vgl. das Verbot der Zession künftiger Lohnforderungen, welches sich nach dem Objekt richtet, aber den Schutz des Lohnempfängers zum Ziel hat.
[290] VON TUHR *AllgT II/1* 368.
[291] ZOBL N 735 zu 884 ZGB.

nis, in tatsächlicher und rechtlicher Hinsicht frei mit einer Sache oder einem Recht verfahren zu können. Beschränkung der Verfügungsmacht ist deshalb auf zwei Arten möglich[292]:

315.1 Beschränkung der tatsächlichen Verfügungsmacht: die Nutzungsbeschränkung

Die Nutzungsbeschränkung betrifft die Verfügungsfähigkeit im weiten Sinn, ist Beschränkung der tatsächlichen Verfügungsmacht, das heisst der Fähigkeit, eine Sache oder ein Recht in tatsächlicher Hinsicht positiv oder negativ zu nutzen, zu verändern oder zu zerstören[293]. Auch diese Beschränkung ist eine solche des rechtlichen Könnens, denn beschränkt wird das rechtsrelevante tatsächliche Einwirken auf die Sache oder auf das Recht, also das Verändern der Sache[294] oder eben das Nutzbarmachen der Sache oder des Rechts. Unter die Nutzungsbeschränkungen fallen zahlreiche Vorschriften des Nachbarrechts[295] und insbesondere auch die Belastung eines Grundstückes mit einem Baurecht.

315.2 Beschränkung der rechtlichen Verfügungsmacht: die Verfügungsbeschränkung

Die Verfügungsbeschränkung betrifft die Verfügungsfähigkeit im rechtstechnischen Sinn, ist Beschränkung der rechtlichen Verfügungsmacht, das heisst der Fähigkeit, positiv oder negativ über eine Sache oder ein - anderes - Recht im rechtstechnisch engen Sinn verfügen zu können, will sagen die Sache mit absoluter Rechtswirkung gegenüber Dritten zu veräussern, zu belasten oder auf sie zu verzichten

---

[292] So auch JENNY 30; HOLZACH 77; STEINAUER 95. Dass Nutzungsrecht und Verfügungsrecht das Eigentum ausmachen: BÜHLER *Neukonzeption* 375, 377.

[293] MEIER-HAYOZ N 46 zu 641 ZGB; HEPPERLE 27. Analog zur Verfügungsfreiheit bzw. -macht lässt sich von Nutzungsfreiheit bzw. -macht sprechen (vgl. etwa LENDI *Planungsrecht* 116). HOLZACH 77 schlägt als Terminus Verwendungs- (statt Nutzungs-) beschränkung vor.

[294] Verändert wird nicht der Rechtsbestand oder das Rechtsverhältnis (als welches auch das sachenrechtliche Eigentum zu bezeichnen ist, dazu unten S. 79) oder des (Sachen-) Rechts, sondern die tatsächliche Beschaffenheit der Sache.

[295] HUBER *PR IV* 728 ff und *Erl. II* 44 f.

beziehungsweise solche Rechtshandlungen zu unterlassen[296]. Zu beachten ist an dieser Stelle, dass die nach 959, 960 1. und 3. sowie 961 2. ZGB vorgemerkten Rechte keine Verfügungsbeschränkungen im rechtstechnischen Sinn sind: Sie haben lediglich die Funktion, den grundbuchlichen Rang der fraglichen Rechte zu sichern[297].

Eine Beschränkung der Verfügungsmacht ist nur in gesetzlich vorgesehen Fällen möglich, denn auf die Verfügungsmacht kann man nicht mit dinglicher Wirkung verzichten[298].

Teilweise sind die Grenzen zwischen der Nutzungs- und der Verfügungsbeschränkung fliessend beziehungsweise lassen sich gewisse Eigentumsbeschränkungen sowohl als Nutzungs- als auch als Verfügungsbeschränkungen begreifen[299]: So ist etwa ein Abbruchverbot, welches aus einer Denkmalschutzvorschrift folgt, sowohl Beschränkung der Verfügungsmacht - kein Rechtsverzicht durch Abbruch, Duldung einer entsprechenden Belastung des Grundstückes mit einem Revers - wie der Nutzungsmacht. Besonders deutlich wird dies jedoch bei der ohnehin dogmatisch unterschiedlich zugeordneten Grundlast[300]: Die Grundlast beschränkt sowohl die negative Verfügungsmacht - durch die Belastung des Grundeigentumsrechts - als auch die positive Nutzungsmacht des Grundeigentümers.

---

[296] MEIER-HAYOZ N 46 zu 641 ZGB; ZOBL N 735 zu 884 ZGB; DESCHENAUX *SPR V/3* 125. JENNY 30 charakterisiert die Verfügungsbeschränkung als Einschränkung der freien Ausnützung des Tauschwertes einer Sache; über eine Sache verfügen heisst über ihren Tauschwert verfügen.
[297] Im einzelnen DESCHENAUX *SPR V/3* 646 f, vgl. auch BGE 117 II 544. Anders hingegen die öffentlichrechtlichen Verfügungsbeschränkungen, vgl. etwa 80 IV GBV.
[298] Oben FN 261.
[299] Vgl. DESCHENAUX *restrictions* 328.
[300] Zur rechtssystematischen Einordnung der Grundlast als beschränktes dingliches Recht vgl. oben S. 11 f.

32 Gegenstand und Erscheinungsformen der Verfügungsbeschränkungen

321 Gegenstand der Verfügungsbeschränkungen

Ausgehend vom Grundsatz, dass die Verfügungsbeschränkung eine Beschränkung der Verfügungsmacht ist, können alle Objekte des konstitutionellen Eigentums Gegenstand von Verfügungsbeschränkungen sein. Es sind dies also neben den dinglichen und beschränkten dinglichen Rechten insbesondere auch Forderungsrechte[301] und Immaterialgüterrechte. Im folgenden sei indessen nur von den dinglichen Rechten die Rede.

322 Erscheinungsformen der Verfügungsbeschränkungen

Beschränkungen, welche Eigentumsrechte zu ihrem Gegenstand haben, sind Eigentumsbeschränkungen. Eigentumsbeschränkungen treten in der Form von Verfügungs- oder Nutzungsbeschränkungen auf[302] und können in positive oder negative Verfügungsbeschränkungen und positive oder negative Nutzungsbeschränkungen aufgeteilt werden. Damit lassen sich andere Unterteilungen auffangen, welche eine nicht erforderliche Aufsplitterung der verschiedenen Beschränkungsarten mit sich bringen. So sind etwa die verwertungsrechtlichen Eigentumsbeschränkungen[303] Beschränkungen der positiven Nutzungs-

---

[301] Zu den Forderungsrechten gehören auch die vom Gesetz im Marginale ausdrücklich als Verfügungsbeschränkungen bezeichneten Kaufs-, Vorkaufs- und Rückkaufsrechte, welche entgegen der systematischen Einordnung im Gesetz nicht beschränkte dingliche, sondern obligatorische, genauer: realobligatorische Rechte darstellen (LIVER *Realobligation* 264).

[302] MEIER-HAYOZ N 46 zu 641 ZGB; TEMPERLI 12. Vgl. BADURA *Schlüsselstellung* 3, welcher das Eigentum als (letztlich nicht umfassendes und uneingeschränktes) Nutzungs- und Verfügungsrecht kennzeichnet. Die Eigentumsbeschränkungen stehen zu den Verfügungsbeschränkungen im Verhältnis von Oberbegriff und Unterbegriff; zu jenen gehören im übrigen auch alle nachbarrechtlichen Normen, WESTERMANN 5.A. 123.

[303] LIVER *SPR V/1* 195 et passim; REY *Sachenrecht* 137. BAUR *Möglichkeiten* 117 bezeichnet – anders als BADURA, vgl. vorstehende Fussnote – das Eigentum als umfassendes Nutzungs- und Verwertungsrecht einer Sache.

macht einerseits (im Fall der Grundlast[304]) und der positiven Verfügungsmacht andererseits (im Fall der Grundpfandrechte). Ebenso wird dadurch die zusätzliche Nennung der Verpflichtungen zu einem Tun, Dulden oder Unterlassen[305] entbehrlich: Die Verpflichtung zu einem Tun ist eine Beschränkung der negativen Nutzungs- oder Verfügungsmacht, die Verpflichtung zu einem Dulden oder Unterlassen eine Beschränkung der positiven Nutzungs- oder Verfügungsmacht.

Die Erscheinungsformen von Verfügungsbeschränkungen entsprechen grundsätzlich denjenigen der Eigentumsbeschränkungen[306]. Dabei lassen sich die Verfügungsbeschränkungen je nach Erkenntnisinteresse in unterschiedlicher Weise gliedern[307]. Eine grundsätzliche Zweiteilung ergibt sich für den Inhalt der Verfügungsbeschränkungen im soeben genannten Sinn aus den positiven und negativen Verfügungsbeschränkungen, analog zur bereits abgehandelten positiven und negativen Verfügungsfreiheit[308]. Dadurch wird allerdings der Begriff der Verfügungsbeschränkung umfassender, möglicherweise aber auch stringenter. Eine separate Darstellung von Eigentumsbeschränkungen neben denjenigen der Nutzungs- und Verfügungsbeschränkungen etwa[309] erübrigt sich.

Die Frage nach der Wirksamkeit von Verfügungsbeschränkungen als dem Thema der vorliegenden Untersuchung legt indessen als primäre Unterscheidung diejenige nach dem Rechtsgrund nahe, das heisst diejenige zwischen gesetzlicher und rechtsgeschäftlicher Verfügungsbeschränkung.

---

[304] Dazu oben S. 11 f.
[305] Vgl. MEIER-HAYOZ N 47 ff zu 641 ZGB.
[306] Auch HEPPERLE 38 scheint sie gleichzusetzen.
[307] Vgl. DESCHENAUX *restrictions* 324 (dessen Aufsatz sich mit den Eigentumsbeschränkungen befasst, vgl. oben FN 283); HEPPERLE 26; HOLZACH 73; SIMONIUS 5; STEINAUER 122, 183. Anders als hier etwa die Darstellung von REY in seinem *Sachenrecht* oder, im Zusammenhang mit öffentlichrechtlichen Eigentumsbeschränkungen, BUSER *Eigentum* 227 ff, HEPPERLE 39. HEPPERLE 20 weist übrigens darauf hin, dass schon der Begriff der Eigentumsbeschränkung nicht einheitlich sei (und nimmt, auf S. 21 f, die privatrechtlich vereinbarte Beschränkung der Verfügungsfreiheit vom Begriff aus).
[308] Vgl. oben S. 51.
[309] So beispielsweise bei REY *Sachenrecht*.

322.1 gesetzliche Beschränkungen

Gesetzliche Verfügungsbeschränkungen sind vom objektiven Recht normierte Beschränkungen[310], welche nicht des zustimmenden Parteiwillens aller Berechtigten und Verpflichteten bedürfen. Ihre Rechtsgrundlage finden sie in öffentlichrechtlichen oder privatrechtlichen Normen, die sich ihrerseits in mittelbare und unmittelbare gesetzliche Verfügungsbeschränkungen unterteilen lassen.

322.11   mittelbare und unmittelbare gesetzliche Beschränkungen

Die Unterscheidung nach der Art der Entstehung, das heisst nach dem absoluten Wirksamwerden der Verfügungsbeschränkung[311], die Unterscheidung also zwischen mittelbarer und unmittelbarer[312] Verfügungsbeschränkung ist im Zusammenhang mit Grundeigentumsrechten in erster Linie hinsichtlich des Grundbuchs von Bedeutung: Unmittelbare Verfügungsbeschränkungen, beispielsweise das Recht, Wald und Weiden zu betreten (699 ZGB), sind ohne Eintrag im Grundbuch wirksam[313] - deren Eintragung ist sogar unzulässig[314]. Mittelbare Verfügungsbeschränkungen, beispielsweise das Notwegrecht (694 ZGB), bestehen zwar von Gesetzes wegen als realobligatorische Leistungspflichten[315]; es bedarf jedoch zum Eintritt ihrer dinglichen

---

[310] LIVER Einl. N 85; REY *Sachenrecht* 259, 262; vgl. etwa 80 VI GBV.
[311] Vgl. DESCHENAUX *restrictions* 324.
[312] In der französischsprachigen Literatur als «restrictions directes» und «indirectes» bezeichnet, DESCHENAUX *restrictions* 326; STEINAUER 123.
[313] Vgl. 680 I ZGB, 696 I ZGB; LIVER Einl. N 86, 90 f; REY N 57 zu 730 ZGB und *Sachenrecht* 138, 259; TEMPERLI 11. Allerdings mit Ausnahmen, vgl. 691 III ZGB (dazu TEMPERLI 22), 676 III ZGB.
[314] DESCHENAUX *restrictions* 329; LIVER *Anmerkung* 11 und *Eigentumsbeschränkungen* 751; indessen kann deren Anmerkung aufgrund von 962 ZGB in Verbindung mit einer zusätzlich notwendigen gesetzlichen Regelung sowohl für die unmittelbaren als auch für die mittelbaren Beschränkungen zwingend vorgeschrieben sein, DESCHENAUX *SPR* V/3 124 und *restrictions* 339; FRIEDRICH *Grundbuch* 209 f. Als lediglich unzweckmässig bezeichnet TOBLER 51 die Eintragung; Unzulässigkeit nimmt er nur hinsichtlich der öffentlichrechtlichen Beschränkungen an (S. 52).
[315] Realobligationen sind Schuldverhältnisse, bei welchen die in Frage stehende obligatorische Berechtigung bzw. Verpflichtung subjektiv-dinglich mit dem jeweiligen Eigentümer einer Sache als dem Rechtsträger verknüpft ist, vgl. neben vielen LIVER Einl. N 148; MEIER-HAYOZ SysT N 271; FREIMÜLLER 70; JOST 95.

Wirksamkeit noch eines Eintrages im Grundbuch[316]. Dieser Vorbehalt gilt indessen nicht für die offensichtlichen Dienstbarkeiten[317] und insbesondere nicht für öffentlichrechtliche Beschränkungen[318]. Bei diesen letzten liegt der Unterschied zwischen mittelbarer und unmittelbarer Beschränkung darin, dass die mittelbare Beschränkung neben der gesetzlichen Grundlage noch eines konstitutiven Verwaltungsaktes bedarf[319].

Die Unterscheidung lässt sich somit auch folgendermassen treffen: Die unmittelbaren Verfügungsbeschränkungen folgen direkt aus dem Gesetz und werden sofort wirksam; die mittelbaren Beschränkungen hingegen schaffen dem Berechtigten lediglich einen Anspruch gegen den Verpflichteten und werden erst mit Geltendmachung wirksam, beziehungsweise sie erfordern im Falle einer öffentlichrechtlichen Beschränkung einen konstitutiven Verwaltungsakt[320].

322.12 öffentlichrechtliche gesetzliche Beschränkungen

Öffentlichrechtliche Verfügungsbeschränkungen haben ihre Grundlage entweder im kantonalen oder Bundesverwaltungsrecht oder auch in öffentlichrechtlichen Normen des Zivilrechts[321]. Sie sind mithin immer - mittelbare[322] oder unmittelbare - gesetzliche Verfügungsbeschränkungen. Mit den öffentlichrechtlichen Verfügungsbeschrän-

---

[316] MEIER-HAYOZ N 55 zu 680 ZGB. 680 I ZGB gilt nicht, wie es sein Wortlaut annehmen liesse, für die mittelbaren gesetzlichen privatrechtlichen Eigentumsbeschränkungen, MEIER-HAYOZ N 62 zu 680 ZGB.
[317] Vgl. etwa 691 III ZGB, STEINAUER 126. a.M. LIVER *Anmerkung* 12 f und *Eigentumsbeschränkungen* 764, wonach die Eintragung für das Recht konstitutiv wirkt. Vgl. im übrigen REY N 62 zu 730 ZGB und *Sachenrecht* 259 ff; DESCHENAUX *restrictions* 328 f, 334; STEINAUER 123.
[318] BGE 111 Ia 183; REY N 66 und 75 zu 730 ZGB; FRIEDRICH *Grundbuch* 208 f.
[319] MEIER-HAYOZ N 53 zu 680 ZGB.
[320] DESCHENAUX *SPR V/3* 124 und *restrictions* 326; REY *Sachenrecht* 138, 259 ff. Vgl. auch LIVER Einl. N 86 f mit Beispielen. - Nach LIVER *SPR V/1* 197 und *Eigentumsbegriff* 152 sind es die unmittelbaren gesetzlichen, nach DESCHENAUX *restrictions* 324 die gesetzlichen Eigentumsbeschränkungen überhaupt, welche den Inhalt des dem Begriff nach unbeschränkten Eigentums bestimmen. Vgl. auch MEIER-HAYOZ SysT N 334; REY *Sachenrecht* 231 f. (In anderer Gewichtung, nämlich mit der Perspektive auf die rechtsanwendenden Behörden, verwendet HOLZACH 37 ff die Unterscheidung.)
[321] Eine Auflistung entsprechender Normen findet sich bei STEINAUER 184 f.
[322] LIVER Einl. N 109; vgl. etwa die Auflagen im Rahmen einer Landanlagekonzession, MEIER-HAYOZ N 15 zu 659 ZGB; SINTZEL 185.

kungen wird - im Gegensatz zu den privatrechtlichen gesetzlichen[323] - der Schutz öffentlicher Interessen angestrebt[324]. Folgerichtig gehört es deshalb zu deren Wesen, dass sie grundsätzlich ohne Zutun und gegebenenfalls auch gegen den Willen von Betroffenen wirksam werden[325]. Hat eine solche Verfügungsbeschränkung eine besonders schwere Einschränkung der Eigentumsrechte, also eine materielle Enteignung zur Folge, ist sie entschädigungspflichtig[326].

Im Grundeigentumsrecht bedeutende und einschneidende öffentlichrechtliche gesetzliche Verfügungsbeschränkungen sind etwa Beschränkungen aufgrund des Bewilligungsgesetzes[327] oder des Natur- und Heimatschutzes[328] oder die Veräusserungsbeschränkungen im Rahmen der Massnahmen zur Bekämpfung der Bodenspekulation. Von alltäglicher Wichtigkeit sind auch die zahlreichen Beschränkungen, wie sie dem Grundeigentümer in der Raumplanungs- und (öffentlichrechtlichen) Baugesetzgebung als unmittelbare[329] oder als mittelbare[330] Beschränkungen entgegentreten[331]. Unter die öffent-

---

[323] Vgl. unten S. 60 f. Dabei liegt der Schutz privater Interessen seinerseits im öffentlichen Interesse (vgl. LIVER Einl. N 85 und *Eigentumsbeschränkungen* 750; BAUR *Möglichkeiten* 99; TEMPERLI 14; USTERI 193, 196) - darin gründet die Legitimation für die Privatrechtsgebung überhaupt. In der Ausformung des Privatrechts im einzelnen gilt dann: Je stärker das öffentliche Interesse zurücktritt, desto biegsamer wird das private Recht. Die gesetzlichen privatrechtlichen Verfügungsbeschränkungen liegen demnach dem öffentlichen Interesse näher als diejenigen, welche durch Vereinbarung entstehen, dazu unten S. 61 f.

[324] LIVER Einl. N 11, STEINAUER 121. (Die Unterscheidung zwischen öffentlichem und privatem Recht folgt hier der Interessentheorie, RHINOW/KRÄHENMANN Nr. 1 II b.)

[325] DESCHENAUX *restrictions* 338 f, 346; STEINAUER 182.

[326] LIVER Einl. N 88; MÜLLER N 44, 49 f und 52 zu 22ter BV, zum sog. Sonderopfer in N 57 zu 22ter BV.

[327] Bundesgesetz über den Erwerb von Grundstücken durch Personen im Ausland vom 16. Dezember 1983 (SR 211.412.411), geläufig unter dem Namen Lex Friedrich.

[328] Vgl. etwa bei MÜLLER N 13 zu 22ter BV, LIVER *SPR V/1* 202.

[329] Etwa diejenigen nach dem Bewilligungsgesetz.

[330] Beispielsweise ein durch Einzelverfügung oder Verordnung statuiertes und durch Anmerkung im Grundbuch wirksam gewordenes Veränderungsverbot im Interesse des Denkmalschutzes, vgl. auch LIVER Einl. N 109.

[331] Vgl. LENDI *Planungsrecht* 116. In diesem Zusammenhang ist etwa auch die Baupflicht im Rahmen des öffentlichen Rechts zu nennen, vgl. dazu eingehend MÜLLER *Baupflicht*. Nach MEIER *Nutzungspflichten* 5, 13 ff und 123 sind Nutzungspflichten keine Eigentumsbeschränkungen, weil nicht dinglicher Natur. Ebenso NEUENSCHWANDER 54 f. MÜLLER *Baupflicht* 172 hält sie deshalb nicht für Eigentumsbeschränkungen, weil solche niemals Leistungen zum Inhalt haben könnten - er spricht aber im weiteren doch von Eigentumsbeschränkungen. Sieht man das Problem als terminologisches, liesse sich eine Nutzungspflicht wohl auch als Beschränkung der negativen Nutzungsfreiheit und damit doch als Eigentumsbeschränkung bezeichnen. (Die Lehre ist diesbezüglich uneinheitlich, vgl. NEUENSCHWANDER 54.) Vgl. auch REY *Eigentum* 70 f; SPRENGER 185 mit Hinweisen. Dass jedenfalls im Licht von Eigentumsfreiheit und Eigentumsgarantie nach

lichrechtlichen Beschränkungen fallen weiter die Legalpfandrechte[332] und diverse Genehmigungspflichten[333]. Schliesslich wird man die durch das Bundesgesetz über die Erhaltung des bäuerlichen Grundbesitzes und weitere Normen des bäuerlichen Bodenrechtes statuierten Beschränkungen dazu zählen[334].

Die Zuordnung der verschiedenen Beschränkungen zu den öffentlich- oder den privatrechtlichen ist indessen nicht immer eindeutig zu vollziehen, wie sich gerade anhand des bäuerlichen Bodenrechts im einzelnen zeigen liesse[335]. Die Problematik verschiedener Zuordnung erscheint indessen dann als lösbar, wenn man von der Rechtsfigur der sogenannten Doppel- oder gemischtrechtlichen Normen ausgeht: Diese zeichnen sich dadurch aus, dass sie sowohl öffentlichen wie privaten Interessen dienen. Dogmatisch ist jedoch das Bestehen von Doppelnormen nicht unumstritten[336].

322.13   privatrechtliche gesetzliche Beschränkungen

Wie vorstehend ausgeführt, verfolgen die privatrechtlichen gesetzlichen Eigentumsbeschränkungen den Schutz privater Interessen (der

641 ZGB das Nichttunmüssen ebenfalls frei ist, ist nicht anzuzweifeln.
[332] Vgl. RHINOW/KRÄHENMANN Nr. 48 B VII.
[333] Vgl. WIPFLI 26, 32.
[334] Vgl. jetzt insbesondere das BGBB und die BOTSCHAFT *1988* dazu.
[335] Vgl. MEIER-HAYOZ N 13 zu 680 ZGB. DESCHENAUX *restrictions* 325; FRIEDRICH *Grundbuch* 196. Zum Beispiel reiht LIVER *SPR V/1* 195 die aus dem Bundesgesetz über die Erhaltung des bäuerlichen Grundbesitzes (EGG) hervorgehenden Beschränkungen ebenso wie die Verkaufsbeschränkungen betreffend landwirtschaftliche Grundstücke in 218 ff OR oder die Beschränkungen der Vererbbarkeit nach 620 ff ZGB bei den unmittelbaren gesetzlichen Eigentumsbeschränkungen des Zivilrechts ein (ebenso HUBER *Gewährleistung* 83 und, allerdings nur in einer Überschrift, die BOTSCHAFT *1988* 989), anders als DESCHENAUX *restrictions* 344 und m.E. nicht in Übereinstimmung mit dem Schutzgedanken dieser Vorschriften: Sie sind ebenso wie etwa diejenigen des EGG grundsätzlich landwirtschaftspolitisch - und teilweise raumplanerisch und familienpolitisch, vgl. BOTSCHAFT *1988* 1009 - motiviert, vgl. BOTSCHAFT *1988* 968; DEGIORGI 2 ff; REY *Sachenrecht* 10 f; vgl. weiter etwa zur Lex Friedrich RUDOLF SCHWAGER in ZBGR 68/1987 147. Aus jüngerer Zeit wäre schliesslich die Diskussion um die Rechtsnatur der bodenrechtlichen Sofortmassnahmen zu nennen, vgl. RUCH 320 ff.
[336] Nach DESCHENAUX *restrictions* 325 (mit HAAB N 7 zu 680 ZGB) gibt es keine gemischtrechtlichen Normen, sondern nur privatrechtliche Normen in öffentlichrechtlichen Erlassen und umgekehrt. Nach LIVER *SPR V/1* 197 (mit Hinweis auf eine dem widersprechende Praxis in BGE 96 I 17) ist im ZGB die Bildung von Doppelnormen vermieden worden. Die Praxis steht indessen auf dem Standpunkt, es gebe gemischtrechtliche Normen, MEIER-HAYOZ N 34-40 zu 680 ZGB; REY N 56 zu 730 ZGB und *Sachenrecht* 17; IMBODEN/RHINOW/KRÄHENMANN Nr. 3 B I. Vgl. auch (warnend) ALFRED KUTTLER in ZBl 67/1966 265 ff.

seinerseits wieder im öffentlichen Interesse liegt[337]). Im Unterschied zu den öffentlichrechtlichen Beschränkungen haben sie ihre Grundlage - von einigen Ausnahmen abgesehen - ausschliesslich im Bundesrecht[338]. Sie können unmittelbar oder mittelbar entstehen beziehungsweise wirken[339]. Beispielhaft seien in erster Linie die Nachbarrechte, weiter die erbrechtlichen Beschränkungen nach 620 ff ZGB[340] oder das Bauhandwerkerpfandrecht[341] genannt. Ebenso gehören, für die vorliegende Untersuchung von besonderer Wichtigkeit, die gesetzlichen Vorkaufsrechte, beispielsweise dasjenige der Miteigentümer, zu dieser Kategorie von Verfügungsbeschränkungen[342].

322.2 Beschränkungen aufgrund privater Vereinbarung

Verfügungsbeschränkungen, allerdings nicht jeglichen Inhalts, lassen sich durch Vereinbarung begründen[343]. Solche Beschränkungen entstehen weder unmittelbar noch mittelbar durch Gesetz, sondern allein durch privatautonome Vereinbarung zwischen dem sich Verpflichtenden und dem Berechtigten; mit ihnen werden individuelle Interessen der Parteien verfolgt[344]. Das Gesetz stellt lediglich den erforderlichen Normenrahmen zur Verfügung. Unter diese Kategorie im weiten Sinn fallen sowohl die vertraglich vereinbarten beschränkten dinglichen Rechte - und zwar die Dienstbarkeitsrechte[345] und die Grundpfandrechte im Sinne einer Beschränkung der positiven Verfü-

---

[337] Vgl. oben FN 323. - Die gänzlich privaten Interessen sind über die privatrechtliche Vereinbarung zu wahren, sogleich unten S. 61.
[338] STEINAUER 122.
[339] Vgl. z.B. SIMONIUS/SUTTER 48 für die Notrechte/Legalservituten.
[340] Vgl. dazu allerdings die Bemerkung oben FN 335, im weiteren etwa das - die Nutzungs- und Verfügungsbeschränkungen ordnende - Schema bei LIVER *SPR V/1* 195.
[341] MEIER-HAYOZ N 46 zu 641 ZGB; DESCHENAUX *restrictions* 336 f; LIVER *Realobligation* 264; REY *Sachenrecht* 260; ZOBL *Bauhandwerkerpfandrecht* 51 mit Hinweisen. Es gibt im übrigen zahllose weitere Beispiele.
[342] BGE 116 II 67; ISLER 167 mit Hinweis auf BGE 92 I 239. Ursprünglich war das Vorkaufsrecht die einzige gesetzliche Verfügungsbeschränkung im Zivilgesetzbuch, HUBER *Erl. II* 43. Auflistungen privatrechtlicher gesetzlicher Beschränkungen finden sich z.B. bei DESCHENAUX *restrictions* 329 und STEINAUER 123 ff mit Hinweisen.
[343] Die Veräusserungsfreiheit des Eigentümers und auch dessen Freiheit zur weiteren Belastung mit nachrangigen Rechten lassen sich beispielsweise nicht mit dinglicher Wirkung beschränken, vgl. LIVER N 140 ff zu 730 ZGB.
[344] Vgl. LIVER Einl. N 85; NEUENSCHWANDER 56.
[345] Vgl. LIVER N 75 zu 730 ZGB; REY N 13 zu 730 ZGB.

gungsmacht - als auch die vertraglich vereinbarten realobligatorischen Rechte, wie das vertragliche - nicht das gesetzliche! - Vorkaufsrecht, das Kaufs- und das Rückkaufsrecht[346] und die nach 960 3. ZGB vorgemerkten Rechte, sowie schliesslich die rein obligatorischen Rechte Dritter.

Zu unterscheiden sind hier also die rechtsgeschäftlich begründeten dinglichen Rechte[347] - und gerade für diese ist als Folge des Prinzips der geschlossenen Zahl dinglicher Rechte (numerus clausus) der erwähnte gesetzliche Rahmen Voraussetzung - von den rein obligatorisch wirkenden Verfügungsbeschränkungen. Soweit sich die rein obligatorisch vereinbarten Beschränkungen auf Sacheigentum beziehen, zählt man sie nicht zu den Verfügungsbeschränkungen im engen Sinn, richten sie sich doch nicht gegen das Eigentum als umfassendes Sachherrschaftsrecht, sondern binden lediglich die Person des Eigentümers oder dinglich Berechtigten[348]. Dasselbe gilt aber auch für die Verfügungsbeschränkungen, soweit sie sich auf Eigentum im weiten, konstitutionellen Sinn beziehen: Privatautonom vereinbarte Beschränkungen betreffen immer nur die Verpflichtungsfreiheit, nicht auch die freie Verfügungsmacht[349]. Nur diejenigen Verfügungsbeschränkungen, die zwar aufgrund rechtsgeschäftlicher Vereinbarung zustandekommen, dann aber durch Errichtung eines beschränkten dinglichen Rechts oder dadurch, dass ihnen von Gesetzes wegen mittels realobligatorischer Verknüpfung eine über die gewöhnliche obligatorische Bindung hinausreichende Wirkungskraft zukommt, ebenso das rechtliche Können wie das rechtliche Dürfen des Verpflichteten[350] beschränken, sind unter die Verfügungsbeschränkungen im engen Sinn einzureihen[351].

---

[346] Vgl. REY *Sachenrecht* 262 ff; LIVER *Realobligation* 264 ff; STEINAUER 95.

[347] Im weiteren Rahmen der Eigentumsbeschränkungen beispielsweise die Dienstbarkeitsrechte als Nutzungsbeschränkungen, vgl. etwa LIVER N 24 zu 740 ZGB und das Schema bei LIVER *SPR V/1* 195.

[348] REY *Sachenrecht* 137. Zum Ganzen wiederum LIVER *SPR V/1* 195. MEIER-HAYOZ SysT N 340 und N 53 zu 641 ZGB fasst den Begriff der Eigentumsbeschränkung noch enger und zählt ausschliesslich die unmittelbaren und mittelbaren gesetzlichen Beschränkungen zu den Eigentumsbeschränkungen im eigentlichen Sinn, zu welchen die rechtsgeschäftlich begründeten Beschränkungen dann nicht gehören.

[349] Vgl. oben FN 261.

[350] Bei welchem man dann folgerichtig nicht mehr vom «Berechtigten» sprechen kann.

[351] Vgl. das Schema von LIVER *SPR V/1* 195, das - ausgehend von der primären Unterscheidung von öffentlichrechtlicher versus privatrechtlicher Beschränkung - auf

322.3 subjektive und objektive Beschränkungen

Während sich die Unterscheidung zwischen gesetzlicher und rechtsgeschäftlicher Eigentumsbeschränkung an deren Rechtsgrundlage orientiert, lässt sich noch eine weitere Unterscheidung treffen, die nach dem Adressaten der Beschränkungen fragt: Die objektive Beschränkung richtet sich nach der Beschaffenheit des von ihr betroffenen Rechtsobjektes[352], der Rechtsgrund liegt in der Sache. Die Beschränkung verfolgt beispielsweise das Ziel, die Zersplitterung landwirtschaftlicher Grundstücke oder die Liquidation landwirtschaftlicher Betriebe aus wirtschaftlichen Gründen zu verhindern. Die subjektive Beschränkung dagegen orientiert sich an der Person des Eigentümers[353] - immer aber bezogen auf ein Rechtsobjekt[354]. Der Rechtsgrund der subjektiven Beschränkung liegt also in der berechtigten und der verpflichteten Person[355].

---

einer anderen Systematik als der hier vorgestellten aufbaut. Vgl. auch DESCHENAUX SPR V/3 640 ff, insb. 653 f.

[352] ZOBL N 746 zu 884 ZGB.

[353] Vgl. ZOBL N 742 zu 884 ZGB.

[354] Zu beachten ist hier der Unterschied zwischen der Beschränkung der Handlungsfähigkeit und der subjektiven Verfügungsbeschränkung (genauer, vgl. oben S. 47, der subjektiven Beschränkung der - im Gegensatz zur personenbezogenen Handlungsfähigkeit - gegenstandsbezogenen Verfügungsmacht): In beiden Fällen ist die Beschränkung zwar eine subjektive. Die Beschränkung der Handlungsfähigkeit ist indessen eine subjektive Beschränkung für eine unbestimmte, aber aufgrund gesetzlicher Beschränkung bestimmbare Vielzahl von Fällen im Interesse und zum Schutz einer individuell bestimmten gefährdeten Person (beispielsweise eines Bevormundeten), während die subjektive Verfügungsbeschränkung die Beschränkung der Dispositionsfähigkeit einer grundsätzlich handlungsfähigen Person darstellt, und zwar bezogen auf einen bestimmten Gegenstand oder (beispielsweise im Konkurs oder im Fall des eingebrachten Gutes einer unter dem altrechtlichen Güterstand der Güterverbindung lebenden Ehefrau) auf eine bestimmte Gesamtheit von Gegenständen.

[355] Nicht zu verwechseln ist die Unterscheidung zwischen objektiver und subjektiver Verfügungsbeschränkung mit derjenigen zwischen öffentlich- und privatrechtlicher Verfügungsbeschränkung. Viele subjektive Beschränkungen etwa entstammen dem öffentlichen beziehungsweise Drittinteressen dienenden Zwangsvollstreckungsrecht (vgl. ZOBL N 799 zu 884 ZGB). Ebensowenig darf man sagen, die vertraglich vereinbarten Verfügungsbeschränkungen seien immer subjektiver Art: Gerade im bedeutenden Bereich der Realobligationen haftet die Beschränkung auf besondere Art am Gegenstand, vgl. oben FN 315.

*33   Verfügung und Verfügungsbeschränkung
      bei öffentlichen Sachen*

331   im allgemeinen

Was die Verfügung über öffentliche Sachen angeht, ist im Themenbereich dieser Untersuchung einzig die Verfügung zugunsten Privater beziehungsweise sich privat betätigender Gemeinwesen oder öffentlicher Institutionen von Interesse. Gefragt ist dabei nicht nach der formellen Zuständigkeit für die Verfügung über die Sache, sondern nach deren Verfügbarkeit an sich[356]. Bereits ist darauf hingewiesen worden, dass die freie Veräusserlichkeit des Finanzvermögens dessen Merkmal ist[357]. So, wie das Finanzvermögen generell dem Privatrecht untersteht, erfolgt auch die Verfügung über Sachen des Finanzvermögens generell nach Privatrecht[358] und treffen Verfügungsbeschränkungen das Finanzvermögen gleich wie das Privatvermögen. Dagegen untersteht das Verwaltungsvermögen, obschon dessen Sachen ebenfalls Privateigentum darstellen[359], in erster Linie dem öffentlichen Recht. Grundsätzlich bestimmt das öffentliche Recht auch, inwiefern Grundstücke des Verwaltungsvermögens insbesondere veräussert und belastet werden können[360]. Dabei ist die ältere Lehre, wonach öffentliche Rechte überhaupt nicht übertragen werden könnten, überholt[361].

Die vorrangige Anwendbarkeit öffentlichen Rechts bedeutet indessen nicht zwingend, dass ausschliesslich öffentliches Recht massgebend sei. Es gibt vielmehr auch für das Verwaltungsvermögen Be-

---

[356] Vgl. dazu ausführlich GRISEL *succession* 624 ff, weiter RENTSCH 342 f und zum Baurecht FRIEDRICH *Baurecht* 268 f.
[357] Oben S. 28.
[358] Vgl. oben FN 162; HÄFELIN/MÜLLER 395 f; LÖTSCHER 129 und SINTZEL 5 je mit Hinweisen; das öffentliche Recht spielt jedoch in der Form von Dienstanweisungen in diesen Bereich der öffentlichen Sachen hinein (vgl. SINTZEL a.a.O.) und bestimmt insbesondere die Zuständigkeiten, IMBODEN/RHINOW Nr. 47 B I b und II a.
[359] Unten S. 83 ff.
[360] ZOBL N 148 ff zu 884 ZGB; TOBLER 128.
[361] GRISEL *succession* 8 ff; MOOR *II* 38. Vgl. aber unten bei FN 366 und die ältere Lehre bei GADIENT 34; HAGENBÜCHLE 60a; KELLER 76 f, 87, MEYER 66 ff. GYGI *Privatrecht* 29 geht von einer zumindest faktischen Unveräusserlichkeit öffentlicher Sachen aus.

reiche, in welchen Zivilrecht anwendbar ist[362]. Zu bedenken ist diesbezüglich, dass das Verwaltungsvermögen grundsätzlich seinen öffentlichen Zwecken nicht entfremdet werden darf. Es erfährt durch ein Pfändungs- und Verpfändungsverbot auch besonderen Schutz[363]. Die Verfügung darüber ist deshalb grundsätzlich eingeschränkt, und zwar sowohl was die eigentliche Verfügung als auch was die Nutzung betrifft[364]. Die Verwaltung ist nicht befugt, über die öffentlichen Zwecken dienenden oder im Gemeingebrauch stehenden Sachen nach freiem Belieben zu verfügen[365]. Insbesondere sind die im engen Sinne öffentlichen Sachen unveräusserlich[366].

Von besonderer Bedeutung in diesem Zusammenhang ist nun aber die für die schweizerische Rechtsordnung anerkannte[367] dualistische Theorie, wonach das Gemeinwesen auch über öffentliche Sachen in dem Umfang nach privatrechtlichen Grundsätzen verfügen kann, als die betreffende Sache für die Erfüllung des öffentlichen Zweckes nicht herangezogen werden muss[368]. Das hat zur Folge, dass über dasselbe Grundstück eines Gemeinwesens teilweise nach öffentlichem, teilweise nach privatem Recht zu verfügen ist. In Beachtung des erwähnten Grundsatzes, wonach die Verwaltung in ihrer Wahl nicht frei ist, hat sie nach sachlichen Kriterien die adäquate Verfügungsart zu wählen. Wird der öffentliche Zweck der Sache durch einen Privaten verfolgt oder durch Rechtsausübung des Privaten beeinträchtigt, ist nach den Regeln des öffentlichen Rechts vorzugehen. Für selbständige und dauernde Rechte, welche Grundeigentum des Verwaltungsvermögens beschränken, kommt dabei natur-

---

[362] REY SysT N 167 und *Sachenrecht* 40 f mit Hinweisen; P. R. MÜLLER 47. Insbesondere erfolgen die Verfügungen auch über Verwaltungsvermögen in den Formen des Sachenrechts, RENTSCH 350 (mit Hinweisen), HÄFELIN/MÜLLER 395.
[363] JAAG 148 mit Hinweisen, vgl. unten S. 86.
[364] HUBER N 99 zu 6 ZGB.
[365] Vgl. dazu ZR 80/1981 Nr. 27 (S. 85); EICHENBERGER 75, 78; GYGI *Privatrecht* 12; HANGARTNER 132 f, 149; RHINOW/KRÄHENMANN Nr. 46 B XII. HANGARTNER geht aber davon aus, dass dem Gemeinwesen grundsätzlich Wahlfreiheit bezüglich des anzuwendenden Rechts (Privat- oder öffentliches Recht) zustehe (vgl. auch HANGARTNER 157). – Das Gemeinwesen kann sich, sozusagen reziprok dazu, auch nicht auf die Eigentumsgarantie berufen, MÜLLER N 21 zu 22ter BV.
[366] GYGI *Privatrecht* 29; MEYER 66 ff. Vgl. aber oben bei FN 361.
[367] BGE 97 II 378; LIVER Einl. N 112; REY SysT N 167 mit Hinweisen; HÄFELIN/MÜLLER 394 f; SINTZEL 10.
[368] LIVER Einl. N 5, 25 und 112, SPR V/1 131; P. R. MÜLLER 48 f; IMBODEN/RHINOW Nr. 115 B IV d (vgl. allerdings weiter gehend RHINOW/KRÄHENMANN Nr. 47 B II c); SINTZEL 7; RENTSCH 346; STEINAUER 26; TOBLER 124.

gemäss nicht eine Bewilligung, sondern nur eine Konzession in Frage[369]. In dieser Weise findet im allgemeinen auf Sachen im Gemeingebrauch das öffentliche Recht Anwendung[370]. Wo aber der öffentliche Zweck überhaupt nicht beeinträchtigt ist, ist der privatrechtliche Weg zu wählen[371].

Nach diesen Grundsätzen ist für alle Belastungen der im Eigentum der öffentlichen Hand stehenden Grundstücke zu entscheiden. Fasst man etwa den sozialen Wohnungsbau als dem Verwaltungsvermögen zugehörig auf, hätte die Vermietung der Wohnungen streng genommen wohl in der Form von Konzessionen zu erfolgen[372]. Nach den gleichen Kriterien der Verfolgung öffentlicher Zwecke ist schliesslich mit den gerade in diesem Zusammenhang anschaulichen Baurechten über Eisenbahngeleisen und unter Nationalstrassenbauten zu verfahren[373].

Auch wenn die Verfügung über einen für die Verfolgung öffentlicher Zwecke nicht benötigten Teil einer öffentlichen Sache im Verwaltungsvermögen nach den Vorschriften des Privatrechts erfolgt, muss dieser nicht mehr im öffentlichen Interesse genutzte Vermögensteil nicht etwa zum Finanzvermögen geschlagen werden[374]. Wenn aber das Gemeinwesen eine im Gemeingebrauch stehende Sache entwidmet und privatrechtlich zur Nutzung freigibt, verfügt es nicht mehr über Verwaltungsvermögen, sondern über neu- beziehungsweise wiedergeschaffenes Finanzvermögen[375].

---

[369] Vgl. oben S. 30 f, dass Selbständigkeit und Dauer die Wohlerworbenheit voraussetzen; diese ist jedoch nur mit einer Konzession gewährleistet.
[370] P. R. MÜLLER 49 f.
[371] ARNOLD *Korporation* 177 mit Hinweis auf LIVER *Gutachten 1978* 8. Zu differenzieren ist, dass die Frage des anwendbaren Rechts nichts hinsichtlich der Frage nach der Rechtsnatur der Eigentumsordnung bestimmt: Auch Verwaltungsvermögen stellt, wie das Finanzvermögen, nach schweizerischer Rechtsauffassung Privateigentum dar (dazu unten S. 83 ff).
[372] Vgl. dazu oben FN 135. Inwiefern dadurch beispielsweise die bundesrechtliche Mieterschutzgesetzgebung ausgeschaltet wird, sei hier – allerdings mit einem Hinweis auf 6 I ZGB und HUBER N 77 ff zu 6 ZGB – offengelassen; vgl. dazu JAAG 149 FN 20.
[373] Oben S. 40 ff und unten S. 167, 171 ff.
[374] P. R. MÜLLER 48. Vgl. auch oben S. 64 f.
[375] Vgl. P. R. MÜLLER 49; SINTZEL 175 mit Hinweis.

332 bei Konzessionen

Weil es sich bei konzedierten Rechten um Rechte am Verwaltungsvermögen handelt, welches dem öffentlichen Recht unterliegt - abgesehen von den Formen des privatrechtlichen Handelns, soweit dieses im Verkehr mit Privaten in Frage steht -, trifft auch das öffentliche Recht die Regelungen der Verfügbarkeit über das Recht[376]. Grundsätzlich kann über eine Konzession nur mit dem Einverständnis des Konzedenten verfügt werden[377]. Immerhin lässt sich auch für die Konzession die Auffassung vertreten, dass das Zustimmungserfordernis da entfällt, wo es auf die Person des Konzessionärs nicht ankommt[378]. Die in der jeweiligen Konzession enthaltenen Beschränkungen haben den Charakter einer öffentlichrechtlichen Eigentumsbeschränkung[379].

34 Verfügungsbeschränkungen als Gegenstand dieser Untersuchung

Ausgehend vom Problem der Genehmigungsvorbehalte bei selbständigen und dauernden Baurechten, interessieren in der vorliegenden Untersuchung nicht die gesetzlichen Verfügungsbeschränkungen. Dass diese auch auf die selbständigen und dauernden Rechte Anwendung finden, ist anerkannt und unterliegt keinem Zweifel. Vielmehr sollen die auf freier Vereinbarung beruhenden Beschränkungen untersucht werden, und unter diesen insbesondere diejenigen, welche der Belastung oder Veräusserung eines selbständigen und dauernden Rechts in

---

[376] Oben FN 164. Nach MAYER II 2. A. 182 bedeutet das Sondernutzungsrecht «rechtliche Macht über die öffentliche Sache». Dieses Recht ist aber ein Recht zur privatwirtschaftlichen Nutzung einer öffentlichen Sache. Seine Beziehungen zu Dritten sind durch das Privatrecht geregelt, und die Übertragung des - grundsätzlich übertragbaren! - Rechts erfolgt nach zivilrechtlichen Vorschriften, MAYER II 3. A. 102 f. - Für den Fall der Bergbaukonzession MEIER-HAYOZ N 56 f zu 655 ZGB; HAGENBÜCHLE 52a.
[377] GYGI Privatrecht 33; HÄFELIN/MÜLLER 447; KNAPP N 1407; KORRODI 114.
[378] KORRODI 114.
[379] Für die Landanlagekonzession SINTZEL 185 f und VB 86/0090.

erschwerender Weise entgegenstehen: Es handelt sich um die Beschränkung des vom Grundeigentümer bestimmten Kreises geduldeter Erwerber; um den Vorbehalt, dass der Baurechtnehmer bei Veräusserung des Rechts die Genehmigung durch den Grundeigentümer einholen müsse; um die Beschränkung oder das Verbot der Belastbarkeit mit Grundpfändern oder mit Unterbaurechten.

In der Praxis[380] sind in austauschbaren Varianten etwa folgende Klauseln anzutreffen (wobei die Frage offenbleiben soll, ob sie von den Grundbuchämtern auch akzeptiert worden seien):

Genehmigungsvorbehalte:
- Die Übertragung des Baurechts bedarf der Genehmigung des Grundeigentümers. Dieser darf die Genehmigung aus wichtigen Gründen verweigern, so wenn der Erwerber die Bestimmungen dieses Baurechtsvertrages nicht in allen Teilen übernimmt, oder bei fehlender Kreditwürdigkeit des Erwerbers.
- Ein wichtiger Grund liegt insbesondere dann vor, wenn bei einer Veräusserung der Erwerber die Liegenschaft nicht für seinen Eigenbedarf beansprucht.

Einschränkung des zulässigen Erwerberkreises:
- Das Baurecht darf nicht an Ausländer veräussert werden.
- Das Baurecht darf nur an Schweizer Bürger übertragen werden.
- Die Übertragung darf nur an natürliche oder juristische Personen erfolgen, die in der Gemeinde (...) ihr Steuerdomizil haben oder begründen und dieses fortbestehen lassen.

Beschränkung der Belastung mit Grundpfändern:
- Eine Verpfändung des Baurechts über den Betrag von zwei Dritteln der Erstellungskosten der errichteten Anlagen hinaus bedarf der vorgängigen Genehmigung des Grundeigentümers.

Beschränkung der Bestellung von Unterbaurechten:
- Der Baurechtnehmer darf weder Unterbaurechte bestellen noch Stockwerkeigentum oder Miteigentum im Baurecht begründen.
- Die Belastung des Baurechts mit einem Unterbaurecht bedarf der Genehmigung durch den Grundeigentümer.

Der vorliegenden Untersuchung liegt nun die Frage zugrunde, inwiefern solche Beschränkungen mit dinglicher Wirkung, das heisst insbesondere auch: zwangsvollstreckungsfest[381] vereinbart werden können. Seit dem in diesem Zusammenhang einzigen Entscheid des Bun-

---

[380] Die nachstehenden Beispiele (Parteibezeichnungen sind entpersonalisiert worden) sind privaten Quellen, die hier nicht genannt werden können, oder Publikationen entnommen (vgl. AEMISEGGER/STÜDELI 41; LACHAVANNE/WILD 50, VON MAY 71 f und in ZBGR 60/1979 233); vgl. auch BGE 72 I 237, ISLER 159 f.
[381] Vgl. etwa 8 ErbbV und MÜNCHKOMM N 6 zu 2 ErbbV.

desgerichtes aus dem Jahr 1946[382] hält sich die Praxis der Grundbuchämter jedenfalls an die Regel, wonach ein genereller Genehmigungsvorbehalt für die Übertragung des Baurechts, das heisst ein Vorbehalt, welchen der Grundeigentümer nach freiem Belieben handhaben kann, unzulässig ist. Das schlägt sich in der Praxis etwa in der Form nieder, dass Baurechtsverträge im ersten Absatz einer Vertragsbestimmung den generellen Vorbehalt als ausdrücklich obligatorische Bestimmung aufnehmen, um in einem zweiten Absatz den von den Notariaten in der Regel akzeptierten eingeschränkten Genehmigungsvorbehalt zu statuieren[383]. Beiden Bestimmungen versucht man anschliessend besondere Wirksamkeit zu verschaffen, indem man deren Verletzung, wohl mit einem Seitenblick auf die Vorschrift über den vorzeitigen Heimfall in 779*h* ZGB, in einem dritten Absatz ausdrücklich als Vertragsverletzung bezeichnet.

Nicht weiter in die Untersuchung einbezogen werden soll indessen die Frage, ob lediglich obligatorisch, das heisst inter partes wirkende Beschränkungen ohne weiteres oder aber nur im Rahmen des mit dinglicher Wirkung Möglichen zulässig seien. Die Meinungen darüber sind geteilt[384]. Immerhin sei aber auf die neueste Rechtsentwicklung im Bereich der realobligatorischen Rechte aufmerksam gemacht, welche jedenfalls in der Tendenz die Auffassung zu stützen vermag, auch die obligatorische Beschränkbarkeit der Verfügungsmacht finde ihre Grenze an dem, was mit dinglicher Wirkung vereinbart werden könne:

Die bisherige Praxis ist immer davon ausgegangen, dass die zeitliche Beschränkung der Kaufs-, Vorkaufs- und Rückkaufsrechte,

---

[382] BGE 72 I 233, dazu unten S. 151 f.

[383] So heisst es beispielsweise: «Da Absatz 1 vom Grundbuchamt als dingliche Bestimmung nicht zugelassen wird, wird als dingliche Bestimmung und ohne Aufhebung von Absatz 1 vereinbart ...».

[384] Für die Zulässigkeit der obligatorischen Vereinbarung LIVER N 75 ff, 81 zu 730 ZGB; RIEMER 35; STOECKLIN 46; WITT 78 (für das Erbbaurecht) und 88 (für das Baurecht); a.M. Luzerner Justizkommission in LGVE 1989 I Nr. 7 S. 15: Die freie Veräusserlichkeit ist wesensnotwendig für das selbständige Recht, weshalb deren obligatorische Beschränkung nicht weiter gehen kann, als sie auch mit dinglicher Wirkung möglich wäre; ebenso (jedenfalls in der Tendenz) die Notariate im Kanton Zürich (den Hinweis und eine klärende Aussprache zum Thema insgesamt verdanke ich Notariatsinspektor JÜRG SCHMID). In die gleiche Richtung geht ISLER 156 (mit Hinweis), wenn er einen *generellen* Genehmigungsvorbehalt auch mit obligatorischer Wirkung nicht zulassen will.

die im Sachenrecht statuiert waren, nur die Dauer des Vormerkungsschutzes, also des realobligatorisch wirkenden Schutzes betreffe. Dagegen hatte eine längere obligatorische Bindung der Parteien - nach Massgabe von 27 ZGB - Bestand. Diese Praxis ist in der Lehre schon früher auf Kritik gestossen. Nunmehr hat die mit dem Erlass des Bundesgesetzes über das bäuerliche Bodenrecht verbundene Revision des Immobiliarsachen- und des Obligationenrechts zur gesetzlichen Klarstellung geführt: Die zeitliche Beschränkung trifft das vormerkbare Recht ebenso in seiner obligatorischen wie in seiner realobligatorischen Wirkung[385].

---

[385] Vgl. BOTSCHAFT *1988* 1077 f mit Hinweisen auf Lehre und Praxis.

4 ZUR QUALIFIKATION DER BUCHUNGSFÄHIGEN SELBSTÄNDIGEN UND DAUERNDEN RECHTE

41 *Grundlagen*

Die Verfügungsmacht über eine Sache ist in subjektiver Hinsicht abhängig beispielsweise von der Handlungsfähigkeit des Verfügenden, in objektiver Hinsicht vom dinglichen Recht an der Sache. Eine Untersuchung über Zulässigkeit und sachenrechtliche Wirkung von Verfügungsbeschränkungen hat deshalb auch die Frage nach dem Eigentumsrecht an der von einer Verfügung betroffenen Sache zu stellen[386]. Vorliegend interessieren die Dienstbarkeiten, die Grundlasten, die wohlerworbenen Rechte und die Sondernutzungskonzessionen.

Mit einer Dienstbarkeit kann ein Grundstück zum Vorteil eines Berechtigten[387] in der Weise belastet werden, dass sich sein Eigentümer bestimmte Eingriffe des Berechtigten gefallen lassen muss oder zu dessen Gunsten sein Eigentumsrecht nach gewissen Richtungen nicht ausüben darf (730 I ZGB in Verbindung mit 781 III ZGB). Mit der Errichtung einer Grundlast lässt sich der jeweilige Eigentümer eines Grundstückes zu einer Leistung an einen Berechtigten verpflichten (782 I ZGB). In beiden Fällen fasst das Gesetz den Umstand in Worte, dass das beschränkte dingliche Recht immer in Relation zum belasteten Grundstück beziehungsweise, achtet man auf den Wortlaut von 730 I ZGB, in Relation zu den Befugnissen des Eigentümers des belasteten Grundstückes steht. Daraus ergibt sich auch, dass die Rechtsnatur des beschränkten dinglichen Rechts nur in dieser Relation verstanden werden kann. Gleiches gilt für eine Sondernutzungskonzession, wird doch mit ihr nur ein Nutzungsrecht

---

[386] Vgl. oben S. 46: Gegenstand der Verfügung im rechtstechnischen Sinn ist nicht die Sache selbst, sondern das Recht an der Sache (ebenso wie das Recht an der Forderung oder am Immaterialgüterrecht).

[387] Entweder des jeweiligen Eigentümers des berechtigten Grundstückes oder des durch die hier interessierende Personaldienstbarkeit persönlich Berechtigten, 730 I ZGB i.V.m. 781 III ZGB.

eingeräumt, während das Grundeigentum in der öffentlichen Hand verbleibt. Die Prüfung, welcher Art das Recht an einem dinglichen Recht oder das Recht an einer Konzession ist, hat deshalb deren Verhältnis zum Eigentumsrecht als einem dinglichen Vollrecht beziehungsweise deren eigene eigentumsrechtlichen Merkmale herauszuarbeiten.

411   dingliches Vollrecht und beschränkte dingliche Rechte

Dingliches Vollrecht und beschränktes dingliches Recht sind beide vollumfänglich dingliche Rechte: Sowohl das Vollrecht wie das beschränkte Recht gewähren dessen Träger die unmittelbare Herrschaft[388] über die Sache und die Ausschliessungsbefugnis gegenüber Dritten[389]. Auch die beschränkten dinglichen Rechte weisen die bekanntermassen dem Eigentum, genauer aber allen subjektiven Rechten eigene Elastizität auf[390]. Beschränkt ist beim beschränkten dinglichen Recht demnach nicht die Dinglichkeit, sondern der Umfang des Rechts an der Sache[391]. Gleichwohl ist die Unterscheidung zwischen dinglichem Vollrecht und beschränktem dinglichem Recht nicht eine bloss quantitative, sondern eine qualitative Unterscheidung: Ein beschränktes dingliches Recht ist etwas grundlegend anderes als ein dingliches Vollrecht[392]. Zum einen ist das beschränkte dingliche Recht ein unabhängig vom Eigentum an der Sache bestehendes dingliches Recht[393]. Zum andern kann der Eigentümer kraft seines Voll-

---

[388] Der Berechtigte kann unmittelbar mit der ihm dinglich zugehörigen Sache verfahren – von VON TUHR *AllgT I* 133 als die innere Seite des Sachenrechts bezeichnet.

[389] Der dinglich Berechtigte kann jeden Dritten von der Einwirkung auf die Sache ausschliessen – von VON TUHR *AllgT I* 133 als die äussere Seite des Sachenrechts bezeichnet.

[390] REY SysT N 13 f; PIOTET *SPR V/1* 524.

[391] LIVER Einl. N 4 und *SPR V/1* 17; MEIER-HAYOZ SysT N 256; REY SysT N 48 f; RIEMER *Sachenrecht* 32; SIMONIUS/SUTTER 30.

[392] LIVER Einl. N 6 ff und 22 und *SPR V/1* 17 f; MEIER-HAYOZ SysT N 256 ff; REY SysT N 60 ff und 173 mit Hinweisen, SONTIS 991, 993, auch zum Folgenden. Vgl. auch unten S. 78 ff.

[393] Anders die Lehre von den beschränkten dinglichen Rechten als Teilen oder Splittern des belasteten Eigentums (sog. Teilungstheorie), welche früher z.T. in der Schweiz und in Deutschland vertreten worden ist bzw. wird, vgl. PIOTET *SPR V/1* 523 und SIMONIUS/SUTTER 30, je mit Hinweisen (entgegen SIMONIUS/SUTTER, die sich «eher» der Teilungstheorie anschliessen wollen, S. 31, und WESTERMANN *5.A.* 116 kann

rechts über die Sache in den Schranken des Gesetzes frei verfügen, wogegen das Verfügungsrecht des beschränkt dinglich Berechtigten nur im Rahmen des ihm vom Eigentümer des dienenden Grundstückes zugestandenen Rechtes frei ist und der beschränkt dinglich Berechtigte lediglich den Anspruch hat, in der Ausübung seines Rechts von andern, auch vom Eigentümer[394], nicht gestört zu werden[395]. Bei aller Unterschiedlichkeit darf aber nicht übersehen werden, dass dem beschränkt dinglich Berechtigten die meisten Rechtsbehelfe des Eigentümers in analoger Rechtsanwendung zustehen[396]. Umgekehrt unterliegt das beschränkte dingliche Recht - es ist an dieser Stelle, dem Untersuchungsthema entsprechend, ausschliesslich von Nutzungsrechten die Rede - auch den Eigentumsbeschränkungen[397], beispielsweise den nachbarrechtlichen, und der Grundeigentümerhaftung[398].

412 selbständige und dauernde Dienstbarkeitsrechte und Grundlasten

Dem Umstand, dass im folgenden lediglich von den selbständigen und dauernden Rechten die Rede ist, ist an dieser Stelle keine materielle Aussage beizumessen: Es wird dem Thema der Untersuchung folgend lediglich der Blickwinkel beschränkt, nämlich auf die Personaldienstbarkeiten und die Grundlast. Die Ausführungen gelten jedoch ebenso für die nicht selbständigen und nicht dauernden be-

---

man diese Theorie aber auch für Deutschland nicht als die herrschende bezeichnen, vgl. SONTIS 993 f mit Hinweisen; anders wiederum in Frankreich: SONTIS 992 f); vgl. weiter LIVER Einl. N 7 und *Geschichte* 289 f; MEIER-HAYOZ SysT N 256; REY SysT N 63 ff; RIEMER *Sachenrecht* 29. Vgl. auch unten S. 116 ff.

[394] LIVER N 6 zu 737 ZGB, vgl. BGE 111 II 238 f.
[395] LIVER Einl. N 68-79; RIEMER *Sachenrecht* 29; VON TUHR *AllgT I* 133 und sogleich unten S. 74 f.
[396] REY SysT N 38 ff.
[397] ZOBL *Inhalt* 17 f.
[398] Vgl. etwa LIVER Einl. N 60 ff, 68 ff mit Hinweisen; MEIER-HAYOZ N 58 zu 679 ZGB; REY SysT N 38 ff, 274, 279 ff und N 3 ff zu 731 ZGB; PIOTET *SPR V/1* 591; VOLLENWEIDER 35 und, mit Bezug auf das Strafrecht, BR 1992 43 (Nr. 85). - Pfandrechte als beschränkte dingliche Wertrechte unterliegen nicht den nachbarrechtlichen Vorschriften, LIVER und MEIER-HAYOZ a.a.O. Vgl. für die Baurechtsdienstbarkeit LEEMANN N 16 zu 675 ZGB.

schränkten dinglichen Rechte, also beispielsweise auch für die Grunddienstbarkeit.

412.1 Behandlung im Grundbuch

412.11 Eintragung im Grundbuch und deren Wirkung

Sowohl die Dienstbarkeit als auch die Grundlast entstehen als dingliche Rechte in der Regel erst durch deren Eintragung im Grundbuch[399]. Aufgrund des Dienstbarkeitsvertrages - welcher mit der bedeutenden Ausnahme des Baurechtsvertrages keiner öffentlichen Beurkundung bedarf[400] - beziehungsweise des öffentlich zu beurkundenden[401] Grundlastvertrages werden Dienstbarkeit und Grundlast als Belastung auf dem Hauptblatt des belasteten Grundstückes eingetragen[402]. Mit der Eintragung im Grundbuch erlangen Dienstbarkeit und Grundlast dingliche Kraft - sie wirken unmittelbar auf die Sache und absolut gegen jedermann - und haben am öffentlichen Glauben des Grundbuches teil[403]. Dem Dienstbarkeits- oder Grundlastberechtigten kommen bezüglich seiner Berechtigung die Befugnisse eines unmittelbaren Besitzers und bezüglich des herrschenden Grundstückes diejenige eines Besitzdieners zu. Das betrifft insbesondere die Abwehrrechte und den Anspruch auf Besitzesschutz. Diese stehen dem Berechtigten auch gegenüber dem jeweiligen Eigentümer des belasteten Grundstückes zu. Der Berechtigte und der Verpflichtete stehen

---

[399] Vgl. neben vielen REY N 1, 7 f und 71 zu 731 ZGB (mit Hinweisen) und *Sachenrecht* 280, 309 f, 316. Über die Entstehung des Baurechts als dingliches Recht: ISLER 21.

[400] 732 und 779a ZGB. Auch durch die Revision der Bestimmungen über das Baurecht ist die von LIVER *Formen* 121 ff initiierte Auseinandersetzung darüber, ob ein Dienstbarkeitsvertrag de lege lata oder auch nur de lege ferenda ausschliesslich mit öffentlicher Beurkundung begründet werden können solle, für das Baurecht nicht gänzlich obsolet geworden, vgl. FRIEDRICH *Neuordnung* 8. - Zur grundsätzlichen Diskussion PIOTET *SPR V/1* 560; LIVER 69 ff zu 732 ZGB.

[401] 783 III ZGB.

[402] Nur Grunddienstbarkeit und Grundgerechtigkeit werden überdies als Berechtigungen auf dem Hauptblatt des jeweils berechtigten Grundstückes eingetragen, 968 ZGB, 35 I GBV, wobei dies für die Entstehung des Rechtes nicht erforderlich ist (LIVER N 55 zu 731; umstritten, vgl. REY SysT N 15 und 27 ff zu 731 ZGB mit Hinweisen). In Zweifelsfällen ist der Eintrag auf dem Blatt des belasteten Grundstückes ausschlaggebend, dazu LIVER N 56 ff zu 731 ZGB.

[403] REY N 73 zu 731 ZGB.

sich nicht mehr als Vertragsparteien gegenüber, denn mit der Eintragung des Rechts ins Grundbuch ist das obligatorische Vertragsverhältnis erloschen und es ist an seine Stelle ein sachenrechtliches Verhältnis getreten[404].

Mit dem Datum des Eintrages erhält das beschränkte dingliche Recht einen Rang nach früher und vor später eingetragenen dinglichen Rechten am belasteten Grundstück[405]. Dem Eigentum am belasteten Grundstück selbst kommt - darin liegt ein wesentlicher Unterschied zum beschränkten dinglichen Recht - keine Rangstellung zu; es hat jedoch grundsätzlich vor den belastenden beschränkten dinglichen Rechten zurückzutreten[406].

412.12 Aufnahme in das Grundbuch

Von der Eintragung eines Rechts in das Grundbuch ist dessen Aufnahme ins Grundbuch zu unterscheiden[407]. Die Aufnahme ins Grundbuch besagt, dass für ein Recht ein eigenes Hauptblatt eröffnet wird und dieses Recht grundbuchlich als Grundstück gilt. In dieser Weise finden Grundstücke Eingang in das Grundbuch. Eine Eintragung eines Grundstückes ist nicht möglich, denn eingetragen werden immer nur Rechte an Grundstücken.

Die Unterscheidung ist auch für die selbständigen und dauernden Rechte von Bedeutung. Mit der im vorigen Abschnitt beschriebenen Eintragung im Grundbuch tritt das selbständige und dauernde Recht als Recht am belasteten Grundstück grundbuchlich in Erscheinung und entsteht als beschränktes dingliches Recht. Mit der Aufnahme des Rechtes in das Grundbuch erhält es jedoch ein eigenes Grundbuchhauptblatt und wird so zu einem Grundstück «im Sinne dieses Gesetzes» (655 II 2. ZGB), es entsteht im Falle der Baurechtsdienstbarkeit eine sogenannte Baurechtsparzelle[408]. Zu beachten ist dabei, dass die Aufnahme eines selbständigen und dauernden Per-

---

[404] LIVER N 39 und 180 zu 736 ZGB und *Aufhebung* 295 f; TEMPERLI 95.
[405] REY SysT N 239 ff; DESCHENAUX *SPR V/3* 615; FRIEDRICH *Rang* 326.
[406] HAAB Einl. N 65; LIVER Einl. N 36; DESCHENAUX *SPR V/3* 614 f; FRIEDRICH *Rang* 323; RIEMER 21. Unglücklich deshalb die Formulierung in SIMONIUS/SUTTER 33, wonach das beschränkte dingliche Recht dem Eigentum immer «im Range» vorgehe.
[407] BUSER *Baupolizeirecht* 91; HUBER *Erl.* II 403 f und in PROTOKOLL 45; LIVER *SPR V/1* 124 und *Gutachten 1978* 10; RIEMER 31.
[408] SIMONIUS/SUTTER 183.

sonaldienstbarkeitsrechtes oder einer solchen Personalgerechtigkeit deren vorgängiger Eintragung im Grundbuch (auf dem Blatt des belasteten Grundstückes) bedarf[409].

Die Anmeldung zur Aufnahme des Dienstbarkeitsrechts als Grundstück steht in der alleinigen Kompetenz des Berechtigen[410]. Dies wird unter anderem als Indiz dafür herangezogen, dass die Grundbuchaufnahme am Recht selbst nichts ändere[411]. Darauf ist zurückzukommen[412].

Das in das Grundbuch aufgenommene Grundstücksrecht - sei es Liegenschaft, selbständiges und dauerndes Recht, Bergwerk oder Miteigentumsanteil - hat auf seinem eigenen Hauptblatt keine Rangstellung inne[413]. Hingegen treten die zu Lasten des aufgenommenen Grundstückes bestellten beschränkten dinglichen Rechte untereinander wiederum in ein Rangverhältnis.

412.2 Stellung in der Zwangsvollstreckung

412.21 Zwangsvollstreckung in das belastete Grundstück

Kommt es zu einer Zwangsverwertung des mit der Personaldienstbarkeit oder Personalgerechtigkeit belasteten Grundstücks, so gehen jene Lasten kraft ihrer dinglichen Wirkung, allerdings vorbehältlich des doppelten Aufrufs, auf den Erwerber des belasteten Grundstückes über[414]. Das Verfahren mit dem doppelten Aufruf kommt dann zum Tragen, wenn die Zwangsverwertung die Pfandrechte, die im Range der fraglichen Dienstbarkeit oder Grundlast vorgehen, nicht zu decken vermag und die Grundpfandgläubiger den doppelten Aufruf begehren: Dann wird das belastete Grundstück zunächst mit der fraglichen, dem Pfandrecht nachgehenden Belastung und danach ohne

---

[409] Vgl. die ausdrückliche Normierung in 7 II 1. GBV; anders bei der Konzession, vgl. dazu schon oben S. 29 f.
[410] DESCHENAUX SPR V/3 83; RIEMER 31 f.
[411] So etwa CHRISTEN 51.
[412] Unten in 423 (S. 123 ff).
[413] Oben FN 406.
[414] HAAB N 3 zu 675 ZGB; LEEMANN N 84 ff, 90 ff zu 779 ZGB; FREIMÜLLER 67 f. Zu kurz greift deshalb ITEN 66, der in der Bestellung einer (Grund-) Dienstbarkeit den Schutz des Wasserwerkes vor dem Zugriff durch die Gläubiger des belasteten Grundstückes erblickt.

die Belastung aufgerufen. Erzielt die Versteigerung ohne die Belastung für die vorgehenden Pfandrechte nicht eine bessere Deckung als die vorangehende Steigerung unter Einschluss der Belastung, geht das nachgehende Dienstbarkeits- oder Grundlastrecht ebenfalls auf den Erwerber über. Im andern Fall jedoch geht das Dienstbarkeits- oder Grundlastrecht mit der Zwangsverwertung unter[415].

412.22 Zwangsvollstreckung gegen den Berechtigten

412.221 Verpfändbarkeit
Die übertragbaren - nur die übertragbaren[416] - beschränkten dinglichen Nutzungsrechte sind, solange sie keine Aufnahme ins Grundbuch gefunden haben, nach den Regeln des Forderungspfandes verpfändbar[417].

412.222 Pfändbarkeit
So wie verpfändet werden kann, kann auch gepfändet und mit gesetzlichen Pfandrechten belastet werden[418].

412.223 Zwangsvollstreckung
Eine Personaldienstbarkeit oder eine Personalgrundlast[419] stellen einen Vermögenswert des an ihnen Berechtigten dar. Sind sie zugunsten einer bestimmten Person errichtet und deshalb unselbständige beschränkte dingliche Rechte, können sie auch in der Zwangsvollstreckung nicht entzogen werden[420]. Stellen sie jedoch selbständige Rechte dar, unterliegen sie als vermögenswerte Nutzungsrechte der Vollstreckung. Der jeweilige Eigentümer des belasteten Grundstückes

---

[415] Zum Verfahren: LIVER Einl. N 49, REY SysT N 256 ff.
[416] 899 I ZGB; SIMONIUS/SUTTER 57 f; TOBLER 66.
[417] ZOBL SysT N 320; GUHL *Verselbständigung* 58; RIEMER 29; TOBLER 65 f; WILD 300; vgl. auch JAEGER N 1 B zu 92 SchKG.
[418] LIVER *SPR V/1* 60.
[419] Grunddienstbarkeit oder Grundgerechtigkeit sind als unselbständige Rechte unlösbar mit dem berechtigten Grundstück verbunden; im Falle einer Zwangsvollstreckung in das berechtigte Grundstück gehen sie deshalb ohne weiteres mit dem Grundstück auf dessen Erwerber über.
[420] ENGEL 322. Immerhin dürfte im Falle der Nutzniessung, sofern der Nutzniessungsvertrag nichts anderes bestimmt, das einzelne Nutzungsrecht verwertbar sein, vgl. 758 I ZGB.

kann sich auf diese Weise unvermittelt einem andern Berechtigten gegenübersehen. Ob dieser Sachverhalt durch dienstbarkeits- oder grundlastvertragliche Regelung wirksam verhindert werden kann, ist Gegenstand dieser Untersuchung und kann an dieser Stelle noch nicht beantwortet werden.

412.3 selbständige und dauernde Dienstbarkeiten und Grundlasten im Verhältnis zum Eigentum am belasteten Grundstück

Nachdem auf die grundsätzliche Verschiedenheit von beschränktem dinglichem Recht und dinglichem Vollrecht bereits hingewiesen worden ist[421], sollen nunmehr die beiden Arten dinglicher Rechte nicht mehr jede für sich, sondern es soll ihr Verhältnis zueinander dargestellt werden.

Die beschränkten dinglichen Rechte sind dem Eigentumsrecht, welches sie im Umfange ihres Inhaltes zurückbinden, letztlich untergeordnet. Diese Relation zum Eigentum am belasteten Grundstück erscheint auch dann als relevant, wenn mit der Dogmatik davon auszugehen ist, dass das beschränkte dingliche Recht am belasteten Grundstück unabhängig davon Bestand hat, ob jemandem Eigentumsrechte am belasteten Grundstück zukommen, und beispielsweise auch an einer herrenlosen Sache bestehen kann[422]. Wohl stellt das beschränkte dingliche Recht eine Belastung der Sache dar und behält ungeachtet der Eigentumsrechte an der Sache seine Dinglichkeit, verleiht seinem Träger also unmittelbare Sachherrschaft und Ausschliessungsbefugnis gegenüber Dritten. Das Wesen des beschränkten dinglichen Rechtes kann indessen nicht allein in Relation zum belasteten Grundstück, sondern - weil es eben genauer formuliert eine Belastung des Sachenrechts darstellt - immer auch nur in Relation zu den Eigentumsrechten des jeweiligen, allenfalls eben nur hypothetischen Eigentümers des belasteten Grundstückes erfasst wer-

---

[421] Oben S. 72 f.

[422] REY *Sachenrecht* 356 f; RIEMER 36 mit Hinweisen. Vgl. zum Ganzen, auch zum Folgenden, insbesondere REY SysT N 173 ff (mit Hinweisen) und LIVER Einl. N 22, N 19 f zu 730 ZGB und N 5 zu 737 ZGB, MEIER-HAYOZ N 69 zu 664 ZGB. Damit will nicht gesagt sein, dass das beschränkte dingliche Recht nicht von Enteignung oder Untergang des belasteten Grundstückes in seinem Bestand betroffen sei oder sein könne (REY SysT N 312 ff und *Sachenrecht* 356 f).

den[423]. So ist etwa wer sich ein derart belastetes Grundstück aneignet von vornherein in seinem Eigentum entsprechend beschränkt[424], und auch die Verwertung eines Grundpfandes kann nur im Blick auf einen Ersteigerer, also einen künftigen Eigentümer erfolgen.

Letztlich gilt hier, was auch für die Lehre vom Eigentum von wiedererwachtem Interesse ist: Dass das dingliche Recht nicht lediglich eine Beziehung zwischen dem Eigentümer als dem Rechtssubjekt und der Sache als dem Rechtsobjekt darstellt, sondern ein eigentliches Rechtsverhältnis als Beziehungsgefüge zwischen Eigentümer, Sache und Dritten[425]. Im Falle des Dienstbarkeitsrechtes liegt das Wesentliche darin, dass der Eigentümer in seinen Befugnissen zur Nutzung des Grundstückes[426] beschränkt wird[427]. Der Dienstbarkeitsberechtigte übt indessen nicht die Befugnisse des Eigentümers aus; seine ebenfalls unmittelbare[428] Sachherrschaft ist ein eigenständiges, nicht ein dem Eigentümer entzogenes und auf den Dienstbarkeitsberechtigten übertragenes Herrschaftsrecht[429]. Das dingliche Recht des Dienstbarkeitsberechtigten schliesst im Verhältnis zum

---

[423] Vgl. REY N 30 zu 731 ZGB; SPRENGER 187 f, 250. Vgl. zur grundlegenden Frage, ob das Sachenrecht wirklich eine direkte Beziehung zwischen dem Rechtssubjekt und der Sache bezeichne, NEUENSCHWANDER 67 ff; PAWLOWSKI 402. Ein tatsächlich oder rechtlich existenter Eigentümer ist allerdings für die Begründung des beschränkten dinglichen Rechtes nicht vorausgesetzt, kann doch beispielsweise eine Dienstbarkeit dem Grundsatz nach auch ersessen werden, 731 II und III ZGB, LIVER N 91 ff zu 731 ZGB; REY N 145, 162 ff zu 731 ZGB.

[424] LIVER N 19 zu 730 ZGB. Auf diese (relative) Beziehung weist insbesondere auch BUCHER 137 hin.

[425] Vgl. REY SysT N 3, 51, 56; BURCKHARDT *Organisation* 49; ENNECERUS/NIPPERDEY 427; GEORGIADES 160 ff; MEIER-HAYOZ *Wesen* 172; PAWLOWSKI 402, 404; REY *Eigentum* 68 f und, zum Wandel des Eigentumsbegriffs, Sachenrecht 9. Vgl. auch BUCHER 22, SONTIS 997 f. - *Rechtsverhältnis* besagt, dass ein Verhältnis zwischen Rechtssubjekten besteht, dass einem Berechtigten jeweils ein Verpflichteter gegenübersteht, vgl. BUCHER 60 f. GERMANN 186 f weist daraufhin, dass ein Rechtsverhältnis immer nur zwischen Rechtssubjekten, nicht auch Rechtsobjekten bestehe. Anders in der deutschen Lehre, vgl. VON TUHR *AllgT I* 134; ebenso ENNECERUS/NIPPERDEY a.a.O., die das Rechtsverhältnis als rechtswirksame «Beziehung einer Person zu anderen Personen oder zu Gegenständen (Sachen oder Rechten)» bezeichnen. - In gewissem Sinn hat die Auffassung, es handle sich auch bei Eigentumsverhältnissen um Rechtsverhältnisse, im Miteigentumsrecht gesetzlichen Niederschlag gefunden insoweit, als dieses Vereinbarungen zwischen Miteigentümern als auch für neu hinzutretende Miteigentümer verbindlich erklärt, vgl. MEIER-HAYOZ N 33 zu 647 ZGB und N 12 zu 649a ZGB.

[426] Nicht aber in seiner rein persönlichen Betätigungsfreiheit, LIVER N 107 zu 730 ZGB.

[427] LIVER N 4, 106 zu 730 ZGB. Vgl., dass umgekehrt das Eigentum immer nur als Relation zu Nichteigentum verstanden werden kann, PAWLOWSKI 404.

[428] LIVER N 5 zu 730 ZGB.

[429] LIVER Einl. N 8, MEIER-HAYOZ SysT N 258; REY SysT N 61.

Grundeigentümer lediglich diesen in der Ausübung seiner Befugnisse aus und erlaubt dem Dienstbarkeitsberechtigten, sein ihm zustehendes Herrschaftsrecht über die Sache ungehindert auszuüben[430].

In entgegengesetzter Blickrichtung lässt sich schon aus der gesetzlichen Formulierung des Dienstbarkeitsinhaltes in 730 I ZGB in Verbindung mit 781 III ZGB[431] ablesen, dass die Dienstbarkeit nicht allein das Eigentum am belasteten Grundstück beschränkt, sondern dass ebenso der Umfang der Dienstbarkeitsberechtigung immer nur ein beschränkter ist: Die Dienstbarkeit kann nie so weit gehen, dass sie das Eigentum am belasteten Grundstück völlig verdrängt[432]. Dabei gibt es auch Rechte des Eigentümers, welche ganz generell durch ein beschränktes dingliches Recht nicht ausgeschlossen werden können, beispielsweise das Recht, das Eigentum zu veräussern[433]. Nichts anderes ergibt sich aufgrund von 782 I ZGB für die Grundlast. Auch unter dem Gesichtspunkt der Elastizität eines Rechtes sind Dienstbarkeit und Grundlast dem Eigentum untergeordnet. Selbst wenn dem beschränkten dinglichen Recht Elastizität zuzusprechen ist[434], kann diese doch nur innerhalb einer Stufenordnung zur Elastizität des dinglichen Vollrechtes Geltung beanspruchen: Die Elastizität wirkt sich immer nur bei Wegfall des untergeordneten, das übergeordnete beschränkenden Rechtes aus[435]. Das hat unter anderm zur Folge, dass ein beschränkt dinglich Berechtigter sein Recht nicht derelinquieren kann: Sein Verzicht hat sofort zur Folge, dass das Recht an den Grundeigentümer geht beziehungsweise dessen Eigentum entsprechende Belastungsfreiheit erlangt[436]. Mit andern Worten: Das Eigen-

---

[430] Dass die Befugnisse dem Eigentümer nicht entzogen und in diesem Sinne aufgehoben werden, der Eigentümer vielmehr in der Ausübung seiner Befugnisse nur gehindert wird (weil der Dienstbarkeitsberechtigte ihm gegenüber Vorrang geniesst), ist wohl eher unter die Wirkung des Elastizitätsprinzipes zu subsumieren, als dass daraus an sich ein qualitativer Unterschied zwischen den beiden Arten der dinglichen Rechte zu erkennen wäre. Im Falle einer Unterdienstbarkeit nämlich geriete der Dienstbarkeitsberechtigte exakt in dieselbe Stellung, welche ihm gegenüber der Grundeigentümer innehat.
[431] Vgl. oben S. 37.
[432] LIVER N 1 und 6 ff zu 730 ZGB; REY N 33 zu 730 ZGB; SONTIS 986.
[433] Vgl. REY SysT N 61; PFISTER 348; unzutreffend deshalb WITT 14.
[434] Oben S. 72 bei FN 390.
[435] PIOTET *SPR V/1* 531.
[436] BGE 118 II 117 f; MEIER-HAYOZ N 5 zu 666 ZGB; LIVER *Verzicht* 359, auch zur Unterscheidung von «Dereliktion» und «Verzicht»; PIOTET *SPR V/1* 522 mit Hinweisen.

tum vermag das dingliche Recht des Dienstbarkeitsberechtigten in dem Sinne zurückzudrängen, als nach Wegfall der Dienstbarkeitsberechtigung das dingliche Recht des Eigentümers an der Sache wieder in vollem Umfange auflebt - während umgekehrt das Dienstbarkeitsrecht mit dem Untergang des belasteten Grundstückes dessen Schicksal teilt (734 ZGB in Verbindung mit 781 III ZGB).

Ungeachtet aller dogmatischen Differenzierungen[437] scheint der Unterschied zwischen dinglichem Vollrecht und Dienstbarkeitsrecht bezüglich der dinglichen Befugnisse des Dienstbarkeitsberechtigten demnach letztlich darin zu liegen, dass sich die unmittelbare Sachherrschaft und die Ausschliessungsbefugnis des beschränkt dinglich Berechtigten nicht auf eine Sache als ganze, sondern immer nur umfangmässig oder zeitlich begrenzt, das heisst immer nur auf einen Teil einer Sache beziehen[438]. Soweit die Sache durch das beschränkte dingliche Recht nicht beherrscht ist, stehen die unmittelbare Sachherrschaft und die Ausschliessungsbefugnis gegenüber Dritten allein dem Eigentümer zu. Mit andern Worten liegt unter dem Aspekt der Eigentumsrechte der Unterschied gerade, aber eben auch ausschliesslich in der Beschränkung des beschränkten dinglichen Rechts gegenüber dem von ihm belasteten Eigentumsrecht[439]. Weil ihm immer ein übergeordnetes konkretes, nämlich das von ihm belastete Eigentumsrecht entgegensteht, kann das beschränkte dingliche Recht nie selbst Eigentumsrecht sein. Die in 641 I ZGB statuierte volle Sachherrschaft geht ihm immer insofern ab, als sich diese nicht in dem durch das beschränkte dingliche Recht selbst begrenzten Umfang auf das belastete Eigentum richtet.

Die hier vertretene Auffassung negiert keineswegs einen grundlegenden qualitativen Unterschied zwischen dem beschränkten dinglichen Recht und dem dinglichen Vollrecht[440]. Hingegen wird weniger darauf Gewicht gelegt, dass beide etwas ganz anderes seien,

---

[437] Vgl. REY SysT N 52-65.
[438] Vgl. REY SysT N 66 ff.
[439] Vgl. HUBER *Erl. II* 28, 40 f, 130; vgl. auch BUCHER 165. Die Beschränkung ist eine zweifache: Sie gründet einerseits auf dem dienstbarkeitsvertraglich festgesetzten Umfang (positiv-konkrete Grenzen, welche für einen Eigentümer nicht gelten würden), und andererseits auf den (negativen, generell auch gegenüber Eigentum wirkenden) Ausübungsschranken, vgl. SONTIS 986, 988 f.
[440] Oben S. 72.

sondern vielmehr darauf, dass die Beschränkung beim beschränkten dinglichen Recht wesensmässig ist, das heisst in keinem Fall überwunden werden kann, während das Eigentum umgekehrt wesensmässig unbeschränkt ist, jedoch Einschränkungen erfahren kann[441]. Wird dieser qualitative Unterschied von einer Rechtsordnung konsequent durchgehalten, so zeigt er sich darin, dass das eine durch keinerlei Rechtsakt je zum andern werden kann.

Aus der Beschränktheit des beschränkten dinglichen Rechts folgt zwar, dass der Berechtigte über das *belastete* Grundstück nicht selbständig verfügen kann[442]. Damit ist aber noch nicht die Frage beantwortet, inwiefern der Berechtigte über *sein* Recht (nicht die von seinem Recht betroffene Sache!) verfügen dürfe. Gerade die qualitative Unterschiedlichkeit könnte dabei zu Antworten führen, die, obwohl sie sich nicht auf das Eigentumsrecht stützen, für beide Arten von dinglichen Rechten gleich lauten[443].

413 kantonalrechtliche Privat- und wohlerworbene ehehafte Rechte

Die kantonalrechtlichen Privatrechte[444] und die wohlerworbenen ehehaften Rechte sind wie die Bundesprivatrechte zu behandeln. Die ehehaften Rechte, deren Bestand durch die Eigentumsgarantie gewährleistet ist[445], werden nach Literatur und Praxis den Dienstbar-

---

[441] Damit ist nichts über die Streitfrage gesagt, ob die Schranken des Eigentums begriffsimmanent seien oder nicht (vgl. dazu oben FN 281), wird doch die wesensmässige Beschränkung des beschränkten dinglichen Rechtes gerade in der Beschränkung durch das von diesem belasteten Eigentum gesehen; der Immanenzstreit spielt sich aber allein auf dem «höheren Niveau» des Eigentums im ganzen Rechtssystem, nicht begrenzt auf das System dinglicher Rechte ab. In jedem Fall muss jedoch die Antwort auf die Frage auch für die beschränkten dinglichen Rechte Geltung beanspruchen, soweit diesen dieselbe Behandlung zugestanden wird wie dem Eigentum.
[442] RIEMER *Sachenrecht* 28 f.
[443] Vgl. SONTIS 992 f und unten S. 120 ff, 135 f.
[444] Vgl. zur komplexen (GUHL *Verselbständigung* 98 f) Rechtsnatur und Eigentumszuständigkeit von genossenschaftlichen Teilrechten ARNOLD *Allmendgen*. 66 ff.
[445] LIVER *Wasserrechte* 471 f; REY SysT N 278 mit Einschränkungen. Zum Intertemporalrecht vgl. REY SysT N 340 ff. - Soweit es sich um Privatrechte nach kantonalem Recht handelt, dürften sie ausserdem durch 17 SchlTzZGB geschützt sein, welche Vorschrift man als Konkretisierung der Eigentumsgarantie beziehungsweise des öffentlichrechtlichen Vertrauensprinzips von 4 BV (über die kontroversen Auffassungen

keitsrechten geradezu gleichgestellt[446]. Sie unterliegen dabei aber nicht der Vermutung der Unselbständigkeit nach 781 ZGB, weil diese Vorschrift nur auf Dienstbarkeiten Anwendung findet, die nach Inkrafttreten des Zivilgesetzbuches begründet worden sind. Massgebend ist deshalb im Fall der wohlerworbenen Rechte das diesen zugrundeliegende frühere Recht[447]. Im übrigen kann aber auf die Ausführungen zu den Dienstbarkeitsrechten verwiesen werden, mit der Bemerkung, dass die Kantone die Verpfändbarkeit von öffentlichen und im Eigentum von Körperschaften befindlichem Grund gesondert regeln und insbesondere auch ausschliessen können[448].

414 Konzessionen

414.1 Eigentum an öffentlichen Sachen

414.11 Privateigentum

Die öffentlichen Sachen, welche dem Finanzvermögen zuzuordnen sind, unterstehen wie dieses[449] dem Privatrecht und stellen demnach Privateigentum dar. Ob hingegen die dem Verwaltungsvermögen zugehörenden Sachen öffentliches Eigentum oder Privateigentum seien[450], ist vom Grundsatz her eine kontroverse Frage, welche in verschiedenen Rechtsordnungen voneinander abweichende Lösungen gefunden hat[451]. Für das schweizerische Recht ergibt sich aus 664 I ZGB die

---

in diesem Zusammenhang vgl. unten S. 87 f) auffassen kann.

[446] BGE 97 II 30 f; BÜHLER *Fischereiberechtigung* 124, 129; GMÜR *Abgrenzung* 92 f; LIVER *Entwicklung* 340. REY SysT N 278 betont dagegen, es handle sich bei den ehehaften Rechten nicht um Dienstbarkeiten, sondern um Privilegien; vgl. auch KLETT 95 f.

[447] So jedenfalls GMÜR *Abgrenzung* 95 FN 4; vgl. auch BÜHLER *Fischereiberechtigung* 123.

[448] 59 III ZGB, 796 II ZGB; BRANDENBURGER 37 f; ARNOLD *Allmendgen.* 58; LÖTSCHER 86, STEINAUER 24.

[449] Oben S. 27 f.

[450] Es gibt auch die Auffassung, dass Eigentum seinem Wesen nach immer Privateigentum sei, PAWLOWSKI 404 bei FN 46 mit Hinweis auf HEGEL.

[451] HÄFELIN/MÜLLER 394 f. In Frankreich gibt es das öffentliche Eigentum als ausgebildetes Institut innerhalb der französischen Besonderheit der «domaine public», vgl. dazu neben vielen MEIER-HAYOZ N 57 f zu 664 ZGB. Der in der französischen Schweiz (und im franz. Gesetzestext von 664 ZGB) verwendete Begriff der domaine public entspricht materiell nicht dem Begriff des französischen Rechts, LIVER *SPR V/1*

kantonale Gesetzgebungskompetenz zur Zuordnung der öffentlichen Sachen. Unbestritten ist, dass an öffentlichen Sachen, und zwar auch an solchen des Verwaltungsvermögens im engen Sinne - Sachen des Gemeingebrauchs und herrenlosen Sachen - Privateigentum (des Gemeinwesens) möglich ist[452]. Es steht den Kantonen demnach frei, an öffentlichen Sachen des Verwaltungsvermögens ausschliesslich Privateigentum zuzulassen oder aber öffentliches Eigentum zu statuieren und in diesem Fall auch Regeln über ein öffentliches Sachenrecht aufzustellen[453]. Wo das Gesetz kein öffentlichrechtliches Eigentum[454] vorsieht, sind auch die Sachen im Gemeingebrauch und diejenigen des Verwaltungsvermögens Gegenstand von Privateigentum[455]. Dies ist in der Schweiz und in der Bundesrepublik Deutschland im allgemeinen der Fall[456]. Dass sowohl das Finanz- als auch

---

130 f mit Hinweisen, MEYER 11 f. In der Bundesrepublik Deutschland besteht eine auf OTTO MAYER zurückgehende Lehre vom öffentlichen Sachenrecht, welches an die domaine public anlehnt, ohne die französische Lehre in allen Konsequenzen zu übernehmen. Vgl. weiter LIVER Einl. N 111; BUSER *Baupolizeirecht* 65 ff; MEYER 26; FLEINER 355 f. Die schweizerische, gleich nachfolgend kurz dargestellte Lehre fusst auf FLEINER 353 ff. Die Rezeption der deutschen Lehre wird kritisiert und abgelehnt von MEYER 54. Vgl. dazu auch GYGI *Privatrecht* 28, der offenbar ein faktisches öffentlichrechtliches Eigentum konstatiert. - Von der Frage, ob öffentliche Sachen Privat- oder öffentliches Eigentum darstellten, zu unterscheiden ist diejenige, welche Sachen als öffentliche zu gelten hätten und ob darauf öffentliches Recht zur Anwendung komme, vgl. oben S. 26 f und AMBERG 451 f. Der Unterschied zwischen der französischen Auffassung, die der sogenannten monistischen Theorie folgt, und der schweizerischen, auf der dualistischen Theorie abstellenden Auffassung besteht gerade darin, dass sich nach der dualistischen Theorie Inhalt, Trägerschaft und Übertragung der Rechte an öffentlichen Sachen nach dem Privatrecht, die Verfügungsbefugnis und Nutzung aber nach öffentlichem Recht richten, MÜLLER *Verhältnis* 26 f mit Hinweisen; vgl. auch KELLER 78; KLETT 13.

[452] Vgl. AMBERG 452. - An herrenlosen Sachen und der Kultur nicht fähigem Land besteht kein (Privat-) Eigentum, vgl. 664 ZGB und oben FN 155.

[453] BGE 97 II 378 f; MEIER-HAYOZ N 50 ff zu 664 ZGB; HAAB N 13 zu 664 ZGB; AMBERG 443; GMÜR *Abgrenzung* 80 f; MEYER 52; P. R. MÜLLER 38 und 50 mit Hinweisen; a.M. HUBER N 99 zu 6 ZGB.

[454] RUCK 21 weist auf den Unterschied zwischen «öffentlichem Eigentum» (womit nur Eigentum in der Hand einer öffentlichen juristischen Person gemeint ist) und «öffentlichrechtlichem Eigentum» hin, vgl. FN 450.

[455] SINTZEL 6 f. Das heisst aber noch nicht, dass solche Sachen nicht dem Hoheitsrecht des Staates unterstehen können, denn Hoheitsrecht und Eigentum sind nicht dasselbe und bedingen einander nicht, AMBERG 451; KNAPP *concessions* 125 FN 15; MEYER 24 f; NAPP 156 f; vgl. dagegen GYGI *Privatrecht* 28, 31.

[456] GRISEL 536; GYGI *Privatrecht* 28; P. R. MÜLLER 38; NAPP 187 ff; REY *Sachenrecht* 40 f mit Hinweisen; RHINOW/KRÄHENMANN Nr. 115 B IV; RUCK 21 f (der im übrigen wie PAWLOWSKI 404 den Begriff des öffentlichrechtlichen Eigentums für entbehrlich hält, vgl. dazu auch oben FN 276); TOBLER 127. Vgl. aber MEIER-HAYOZ N 53-58 zu 664 ZGB, AMBERG 443 ff und 452 f. In der Bundesrepublik Deutschland gibt es das öffentliche Eigentum als Ausnahme an Deichen und Wegen in Hamburg

das Verwaltungsvermögen Privateigentum darstellen, hat unter anderem zur Folge, dass an ihnen beschränkte dingliche Rechte bestellt werden können[457]. Die Begründung und die Übertragung von Rechten an öffentlichen Sachen erfolgt in den Formen des Sachenrechts[458]. Aber nicht nur die Übertragungsformen, sondern überhaupt Begriff und Inhalt der Rechte an öffentlichen Sachen richten sich nach dem Privatrecht[459]. Auch hier gilt jedoch der Vorbehalt des kantonalen Rechts[460].

414.12 Behandlung im Grundbuch

Das Finanzvermögen wird im Grundbuch nach den Vorschriften des Zivilgesetzbuches behandelt[461]. Für das Verwaltungsvermögen ist zu differenzieren: Sofern eine Sache uneingeschränkt und unbelastet im Eigentum der öffentlichen Hand steht, ist es nur nach Massgabe der kantonalrechtlichen Vorschriften ins Grundbuch aufzunehmen[462] und - sofern es aufgenommen ist, die gesetzliche Grundlage dafür aber wieder entfällt - wieder auszuschliessen[463]. Indessen muss sie ungeachtet der kantonalen Vorschriften immer dann gebucht werden, wenn sie privatrechtlich dinglich belastet oder begünstigt werden soll[464]. Daraus ist im übrigen der im Zusammenhang mit dieser Untersuchung nicht unwesentliche Umstand zu erkennen, dass gebuchte Rechte nicht zwingend immer private Rechte sind, wie überhaupt nach schweizerischem Recht dem Grundbuch nicht ausschliesslich privatrechtliche Funktion zukommt[465]. Auch wird die öffentlichrechtliche Berechtigung durch die Grundbuchaufnahme nicht zum

---

und an Wasserläufen in Baden-Württemberg, WESTERMANN 6.A. II 4.
[457] P. R. MÜLLER 50, anders dagegen MEIER-HAYOZ N 69 zu 664 ZGB mit Hinweis. Vgl. auch MEYER 41 ff, 52; RENTSCH 350.
[458] Oben FN 362.
[459] HÄFELIN/MÜLLER 397.
[460] Oben FN 448.
[461] DESCHENAUX *SPR V/3* 77, RENTSCH 351 mit Hinweisen.
[462] 944 I ZGB; MEIER-HAYOZ N 233 f zu 664 ZGB; RENTSCH 351 f. Den Kantonen ist es auch unbenommen - auch wenn sie davon bislang offenbar keinen Gebrauch gemacht haben -, für das öffentliche Grundeigentum ein eigenes grundbuchähnliches Register zu führen, vgl. MEIER-HAYOZ N 234 zu 664 ZGB; DESCHENAUX *SPR V/3* 78 f; FRIEDRICH *Grundbuch* 205.
[463] 944 II ZGB; DESCHENAUX *SPR V/3* 79; FRIEDRICH *Grundbuch* 204 f.
[464] 944 I ZGB; OSTERTAG N 7 zu 944 ZGB; DESCHENAUX *SPR V/3* 78.
[465] MEIER-HAYOZ N 51 zu 664 ZGB; FRIEDRICH *Grundbuch* 196 f.

Sachenrecht[466]. Eine Aufnahme ins Grundbuch ist im übrigen immer dann erforderlich, wenn die Sache vom Verwaltungs- in das Finanzvermögen übergeführt wird[467].

Das im Blick auf das besondere Pfandrecht an Eisenbahnen in 944 III ZGB vorbehaltene besondere Grundbuch für die dem öffentlichen Verkehr dienenden Eisenbahnen, in welches nicht nur die Schienenwege, sondern alle dem Bahnbetrieb dienenden Grundstücke aufgenommen würden, ist nie geschaffen worden, und nunmehr ist der Verzicht darauf beschlossen[468]. Davon nicht berührt sind das besondere Pfandbuch für die Verpfändung von Eisenbahnen und konzessionierten Schiffahrtsunternehmen und die zugehörige Verordnung[469].

414.13 öffentliche Sachen in der Zwangsvollstreckung

Sachen im Finanzvermögen unterliegen als privatrechtliches Eigentum der gewöhnlichen Zwangsvollstreckung des Schuldbetreibungsrechtes[470]. Sachen des Verwaltungsvermögens dagegen können, das ergibt sich aus dem Grundsatz der Unveräusserlichkeit der öffentlichen Sachen[471], nicht zwangsverwertet und deshalb auch nicht gepfändet werden[472].

---

[466] Für die Wasserrechtskonzession ITEN 61. Vgl. im übrigen oben FN 147 f. Jedenfalls ist der von AMBERG 447 gezogene Schluss, dass die Eintragung eines Rechts in das Grundbuch jenes zu einem Recht privatrechtlicher Natur mache, nicht zwingend.
[467] FRIEDRICH *Grundbuch* 205, vgl. oben S. 28 f.
[468] OSTERTAG N 15 ff zu 944 ZGB; DESCHENAUX *SPR V/3* 79 f; FRIEDRICH *Grundbuch* 205; KELLER 84; RENTSCH 353. – 994 III ZGB ist mit dem Bundesgesetz über die Teilrevision des Zivilgesetzbuches (Immobiliarsachenrecht) und des Obligationenrechts (Grundstückkauf) vom 4. Oktober 1991 aufgehoben worden, vgl. BOTSCHAFT *1988* 1071 und BBl 1991 III 1565.
[469] BOTSCHAFT *1988* 1071, vgl. 5 I des Bundesgesetzes über die Verpfändung und Zwangsliquidation von Eisenbahn- und Schiffahrtsunternehmungen vom 25. September 1917 (SR 742.211) mit zugehöriger Verordnung (SR 742.211.1).
[470] Vorbehalten ist im Falle der Gemeinden und anderen Körperschaften des kantonalen Rechts, nicht aber des Bundes und der Kantone, die Konkursverwertung: Nach 2 SchGG sind diese genannten Körperschaften nicht konkursfähig.
[471] Vgl. oben S. 64 f.
[472] 7 I SchGG e contrario, 9 SchGG; LIVER Einl. N 25 f; MEIER-HAYOZ N 73, 75 zu 664 ZGB; ZOBL N 148 zu 884 ZGB; JAAG 148 mit Hinweisen; RENTSCH 343; RIEMER *Sachenrecht* 142.

414.2 *Konzession und Eigentum*

Ist es oben[473] fürs erste darum gegangen darzustellen, welcher Art das Eigentum an öffentlichen Sachen sei, erhebt sich jetzt die Frage nach dem Verhältnis zwischen Konzessionsrecht und Eigentumsrecht. Diese Problematik musste bereits bei der Darstellung der Rechtsnatur der Konzession gestreift werden[474].

Eine Konzession stellt auch dann, wenn sie Rechte an Grundstücken einräumt, kein dingliches Recht und damit kein sachenrechtliches Eigentum dar[475]. Die für das Konzessionsrecht vieldiskutierte Wohlerworbenheit des Rechtes[476] zielt auch in eine andere Richtung als diejenige, dem Konzessionär die Stellung eines privatrechtlichen Eigentümers zu verleihen. Sie hat vielmehr den Konzessionär vor dem Konzedenten zu schützen, insbesondere auch vor dem Konzedenten als Gesetzgeber[477]. Das begriffliche Verhältnis von Wohlerworbenheit und Eigentum liegt, denn auch auf der Ebene des verfassungsmässigen Schutzes des Konzessionärs[478]. Dabei wird in Lehre und Rechtsprechung erwogen, die dogmatische Begründung der Wohlerworbenheit sei nicht aus der Eigentumsgarantie[479], sondern - gerade etwa für die Konzessionsrechte - aus 4 BV herzuleiten, sei es aus dem verfassungs- und verwaltungsrechtlichen Vertrauensgrundsatz, sei es aus dem Rechtssicherheitsgebot[480]. Gleichwohl

---

[473] Oben S. 83 ff.
[474] Oben S. 20 ff, vgl. auch S. 26.
[475] Oben FN 148.
[476] AUGUSTIN 19, 20 ff: IMBODEN/RHINOW/KRÄHENMANN Nr. 119 B IV; KLETT 15 f; KÖLZ *Intertemporalrecht* 179; RHINOW *Rechte* 18. Es besteht die Auffassung, dass sich die Wohlerworbenheit «im allgemeinen» nur auf die vereinbarten, nicht auf die gesetzlichen (zwingenden) Teile der Konzession beziehe, SCHULTHEISS 128.
[477] Vgl. MÜLLER N 70 zu 4 BV; GRAF 22; JAAG 155 FN 57; KÄMPFER 17 ff; MOOR *II* 15 ff und *III* 129; RHINOW *Rechte* 19; RHINOW/KRÄHENMANN Nr. 122 B III. Dabei wird die Wohlerworbenheit auf die vereinbarten Bestandteile der Konzession beschränkt, BGE 113 Ia 357, 361; ZWAHLEN 583a. Auf alle Bestandteile wird sie andererseits bezogen in ZBl 90/1989 90.
[478] HUBER *Gewährleistung* 62 ff.
[479] Daran halten etwa AUGUSTIN 25 und SCHULTHEISS 147, 158 fest.
[480] BGE 117 Ia 38 f; MÜLLER N 2 zu 22ter BV und N 70 zu 4 BV mit Hinweisen; BEATI 37; KÄMPFER 22, auch zur unterschiedlichen Rechtsfolge hinsichtlich der Gesetzesbeständigkeit; KLETT 116, 189 ff; KÖLZ *wohlerw. Recht* 90, 94 und *Intertemporalrecht* 179 ff; RHINOW/KRÄHENMANN Nr. 122 B III; SALADIN 337 ff; WEBER-DÜRLER 65 f. Kritisch dazu AUGUSTIN 23 f. HUBER *Gewährleistung* 51 erklärt den Rückgriff auf die Eigentumsgarantie gar damit, dass sich das Bundesgericht (seinerzeit) nur in seiner

besteht eine Verwandtschaft zwischen privatrechtlichem Eigentumsrecht und öffentlichrechtlichem Konzessionsrecht. Das zeigt sich auch an der parallel zueinander verlaufenden Fortentwicklung des Rechtsverständnisses der beiden Institute: Sowohl für das Eigentumsrecht wie für das Konzessionsrecht wird Gewicht darauf gelegt, dass man es nicht mit einem sozusagen einseitigen Institut zu tun habe, sondern dass sie sich nur als Rechtsverhältnisse zwischen Eigentümer und Dritten[481] beziehungsweise zwischen Konzedent und Konzessionär[482] verstehen liessen. Vergleichbarkeit besteht auch insofern, als wohlerworbene Rechte nur durch formelle Enteignung, das heisst auch: gegen volle Entschädigung entzogen werden können. Wenn das Konzessionsrecht zwar nicht absolut gewährleistet ist, ist es als wohlerworbenes Recht somit doch wertmässig geschützt. Dadurch wird das Konzessionsrecht im übrigen nicht verletzlicher als das Privateigentum; vielmehr gilt der Grundsatz, dass es nicht ungehinderter als das Privateigentum durch die öffentliche Gewalt eingeschränkt werden darf, das heisst, es unterliegt im Falle einer Enteignung denselben Voraussetzungen wie die Privatrechte[483].

In jedem Fall ist aber auch festzustellen, dass dem Konzessionär im Verhältnis zur Sache ebenso wie gegenüber privaten Dritten Rechte zukommen, die mit denjenigen des Dienstbarkeitsberechtigten vergleichbar sind, nämlich unmittelbare Sachherrschaft und Ausschliessungsbefugnis[484]. Ein durch Konzession verliehenes Recht kann zudem - bei gegebenen Voraussetzungen der Selbständigkeit und Dauer - als selbständiges und dauerndes Recht in das Grundbuch aufgenommen werden. Betroffener Gegenstand ist wie beim privatrechtlichen selbständigen und dauernden Recht Grundeigentum: Mit der Verleihung von Nutzungsrechten an öffentlichem Grund zugunsten eines Privaten verfügt das Gemeinwesen über sein betrof-

---

Eigenschaft als Verfassungsgericht verwaltungsgerichtlich betätigen konnte. Ablehnend aber RHINOW *Rechte* 8, nach dessen Auffassung der Schutz des Rechts nicht auf Vertrauensposition, sondern auf Rechtserwerb beruht (vgl. weiter RHINOW *Rechte* 16 ff und, differenzierend, 18 f. Differenzierend auch MOOR *II* 17.)

[481] Dazu schon oben FN 425.
[482] Oben FN 118.
[483] FLEINER 348; GRAF 20; RHINOW *Rechte* 17.
[484] Vgl. HÄFELIN/MÜLLER 409; GYGI *Privatrecht* 8; JAAG 155 f; MUTZNER 119 sowie den Umstand, dass mit der Konzessionsverleihung auch Enteignungsrechte verbunden sein können, z.B. bei Wasserrechtskonzessionen (46 WRG) und nach Eisenbahngesetz (3 I EBG).

fenes Grundstück. Das Eigentum verbleibt indessen beim Gemeinwesen[485]. Das ergibt sich nicht nur aus dem zwingend nicht auf Eigentumsübertragung hinauslaufenden Konzessionsinhalt[486], sondern auch aus der Widerrufbarkeit[487] oder der regelmässig vorbehaltenen zeitlichen Beschränkung[488] der Verleihung. Daraus folgt beispielsweise für den Fall der Baurechtskonzession, dass die Stellung des Gemeinwesens mit derjenigen des Grundeigentümers vergleichbar ist[489].

Im Gegensatz dazu steht im Fall der Landanlagekonzession das (aufgeschüttete) Land im Privateigentum des Konzessionärs[490]. Dieses Eigentum ist aber von vornherein nicht unbeschränktes Volleigentum im Sinne von 641 ZGB. Es ist vielmehr ein mit besonderen Rücksichtspflichten zugunsten der öffentlichen Interessen beschränktes Eigentum[491]: Zum einen ist dieses Eigentum vom Bestand des Konzessionsrechtes abhängig. Formell wird die stetige Abhängigkeit etwa an der regelmässig zu entrichtenden Konzessionsgebühr ersichtlich. Zum andern machen es die Auflagen entsprechend den Allgemeinen Bedingungen für Landanlagen zu einem Recht, das, wenn zwar nur nach enteignungsrechtlichen Grundsätzen, so doch leichter entziehbar ist als volles Privateigentum: Die Bedingungen nehmen in gewisser Weise vorweg, dass bei Vorliegen bestimmter Tatbestände - sofern

---

[485] Vgl. aber auch unten S. 92.
[486] Weil die Konzession immer nur öffentlichen Zwecken dienende Sachen zum Gegenstand haben darf und die Sachen der Erfüllung des öffentlichen Zweckes eben nicht entzogen werden dürfen, ist eine Eigentumsübertragung unmöglich. (GADIENT 35 spricht vom Grundsatz der Unveräusserlichkeit öffentlicher Gewalt.) Oder anders: Die Eigentumsübertragung an öffentlichem Grund ist nur auf dem Weg über eine Entwidmung beziehungsweise eine Überführung der Sache ins Finanzvermögen möglich, was seinerseits die zwingende Anwendung von Privatrecht zur Folge hätte (vgl. ZOBL N 148 zu 884 ZGB).
[487] Diese ist nicht grundsätzlich gegeben (RHINOW *Rechte* 16), sondern nur bei Vorliegen gesetzlich normierter Voraussetzungen, so etwa von Verwirkungsgründen bei Wasserrechtskonzessionen, vgl. AUGUSTIN 50 ff, GADIENT 32, 44 ff. Der Widerruf löst Entschädigungspflicht aus, MEYER 112.
[488] Sie ergibt sich entweder direkt aus dem Gesetz, wie etwa aus 58 I WRG, oder wiederum aus dem Grundsatz, dass das Gemeinwesen auf dem Wege der Konzessionsverleihung nicht auf die öffentlichen Zwecken dienenden Sachen verzichten darf, vgl. AUGUSTIN 29. Ein Anspruch auf Erneuerung der Konzession nach deren Ablauf besteht im allgemeinen nicht: ZBl 87/1986 374.
[489] Dazu unten S. 102 ff.
[490] SINTZEL 182.
[491] BGE 102 Ia 128.

nämlich die Landanlage für eine öffentliche Anlage benötigt wird[492] - das öffentliche Interesse an einem Entzug der Konzessionsrechte überwiegt. Nach bundesgerichtlicher Praxis kann die Entschädigungspflicht je nach Ausgestaltung der Konzession sogar entfallen[493]. So behält sich der Staat Zürich regelmässig das jederzeitige Recht vor, ohne Entschädigungspflicht die Entfernung der Baute zu verlangen[494].

414.3 Behandlung der öffentlichen Nutzungsrechte im Grundbuch

Die öffentlichrechtlichen Nutzungsrechte können bei gegebenen Voraussetzungen als selbständige und dauernde Rechte in das Grundbuch aufgenommen werden, wobei das die Berechtigung begründende Konzessionsverhältnis selbst nicht ins Grundbuch eingetragen, sondern als solches nur angemerkt werden kann[495]. Das öffentliche Grundstück, dessen Nutzung mit der Konzession erlaubt wird, kann ins Grundbuch aufgenommen sein; dies ist aber für die Aufnahme des verliehenen selbständigen und dauernden Rechts nicht Voraussetzung. Über die Wirkungen der Aufnahme ins Grundbuch wird unten[496] zu sprechen sein.

415 insbesondere Baurechte

Eine Darstellung der dinglichen Rechte und damit der Eigentumsverhältnisse beim Baurecht muss differenzieren zwischen den Rechten

---

[492] Ziff. 17 f der Allgemeinen Bedingungen für Landanlagen, SINTZEL 256 f. Diese Gründe dürften für die Enteignung eines an den See anstossenden, nicht auf einer Konzession beruhenden Privatgrundes nicht ausreichen (der Fall von BGE 105 Ia 219 ff etwa betraf die Schaffung eines Seeuferweges *vor* dem Privatgrundstück, was als mit 22ter BV vereinbar beurteilt worden ist).
[493] BGE 102 Ia 124 f, vgl. aber auch BGE 113 Ib 321 f.
[494] Ziff. 16 der Allgemeinen Bedingungen für Seebauten und Bauten auf Landanlagen, SINTZEL 258. Dazu auch unten S. 104. Man beachte, dass das Fehlen einer Entschädigungspflicht Merkmal nicht-wohlerworbener Rechte ist, RHINOW/KRÄHENMANN Nr. 122 B IV.
[495] Oben S. 29.
[496] Unten S. 123 ff.

an der Baurechtsdienstbarkeit oder -konzession einerseits und den Rechten an der Baurechtsbaute andererseits.

415.1 Baurechtsdienstbarkeit

Die Baurechtsdienstbarkeit stellt nach allgemeiner Ansicht[497] die umfassendste Dienstbarkeitsart[498] dar: Im äussersten Fall verbleibt dem Grundeigentümer die nuda proprietas an seinem Grundstück, dann nämlich, wenn die Baurechtsdienstbarkeit nicht nur rechtlich das belastete Grundeigentum, sondern auch flächenmässig das beherrschte Grundstück vollständig erfasst[499]. Der Gesetzgeber hat deshalb, um gerade dieser nicht erwünschten oder sachenrechtlich sogar prinzipiell unzulässigen Reduktion der Grundeigentümerrechte auf die nuda proprietas zu steuern und dem potentiell umfassenden Inhalt einer selbständigen Baurechtsdienstbarkeit eine sozusagen ausgleichende Schranke entgegenzusetzen, mit der Novelle von 1965 eine zeitliche Begrenzung für die selbständigen Baurechtsdienstbarkeiten eingeführt: Nach 779*l* ZGB kann ein selbständiges Baurecht längstens auf 100 Jahre begründet werden. Dieses bezieht demnach heute seine rechtliche Qualifikation als beschränktes dingliches Recht wesentlich[500] aus der gesetzlichen Höchstdauer von 100 Jahren: Zwar kann es dem Berechtigten das belastete Grundstück in seinem vollen Umfang zur Verfügung stellen, womit der Grundeigentümer von jeglicher Nutzung ausgeschlossen ist; selbst wenn aber dem Grundeigentümer damit nur mehr die nuda proprietas an seinem Grundstück

---

[497] Vgl. etwa FRIEDRICH Nutzungsdienstbarkeiten 41; ISLER 27, 43 f; MOOR Baurecht 213; PFISTER 344 f. RUEDIN 86 macht geltend, eine Bauverbotsdienstbarkeit könne das dienende Grundstück bzw. seinen Eigentümer ebenso umfassend beschränken.

[498] Wenig hilfreich, selbst mit dem Zusatz «wirtschaftlich betrachtet», ist die Charakterisierung des Baurechts als «Mittelding zwischen Eigentum und Miete», wie es WILD 294 formuliert.

[499] Rechtlich belastet eine Dienstbarkeit - auch eine Baurechtsdienstbarkeit, die nur auf einem begrenzten Teil der Grundstücksfläche (auf der «assiette de la servitude»: Marginale zu 742 ZGB im französischen Gesetzestext, vgl. LIVER N 5 zu 742 ZGB und ZBGR 1991 257) ausgeübt werden darf - immer das ganze Grundstück, BGE 116 II 285 f; HAAB N 7 zu 675 ZGB; LIVER N 24 f zu 730 ZGB, N 2 zu 742 ZGB, N 17 zu 743 ZGB; BRANDENBURGER 64 f; DESCHENAUX SPR V/3 86; FREIMÜLLER 52 mit weiteren Hinweisen, ISLER 25; RIEMER 36; RUEDIN 157.

[500] RIEMER 21; a.M., jedenfalls hinsichtlich der praktischen Bedeutung, ist angesichts der langen Dauer von 100 Jahren allerdings LIVER Bericht 47. Vgl. im übrigen oben S. 81.

verbliebe - immerhin stehen ihm auch weiterhin Abwehrrechte gegen Dritte zu[501] -, wäre dies immer zeitlich begrenzt. Gäbe es keine zeitliche Beschränkung, würde hinsichtlich des selbständigen und dauernden Baurechts die Unterscheidung zwischen dinglichem Vollrecht und beschränktem dinglichem Recht eine rein dogmatische[502] oder, pragmatisch beurteilt, gar wegfallen. Aufgrund der zwingend vorgeschriebenen Höchstdauer stellt jedoch auch die selbständige und dauernde Baurechtsdienstbarkeit - vorbehältlich der Ergebnisse der Untersuchung über die Wirkungen der Grundbuchaufnahme[503] - ein beschränktes dingliches Recht dar: Als solches untersteht das Rechtsverhältnis der Baurechtsdienstbarkeit ohne weiteres den Vorschriften über die beschränkten dinglichen Rechte. Als Dienstbarkeit erfährt dieses Baurecht demnach dieselbe Behandlung im Grundbuch und kommt ihm dieselbe Stellung in einer Zwangsvollstreckung zu - sowohl in jener in das belastete Grundeigentum als auch in derjenigen gegen den Bauberechtigten - wie jeder anderen (Personal-) Dienstbarkeit auch. Insgesamt ist die Rechtsstellung des Bauberechtigten gegenüber dem Grundeigentümer des belasteten Grundstückes wie gegenüber Dritten im allgemeinen dieselbe wie diejenige anderer Personaldienstbarkeitsberechtigter[504]. Das gilt beispielsweise auch für die Möglichkeit von Verzicht und Dereliktion: Auf die Baurechtsdienstbarkeit kann zwar verzichtet werden - die Folge davon ist,

---

[501] Für BUCHER 165 f ist wesentlich, dass dem Eigentümer auch bei der weitestgehenden Beschränkung durch ein beschränktes dingliches Recht der Abwehranspruch gegen Dritte, also das absolute Element seines Rechts, erhalten bleibt.

[502] Die Dauer eines Rechts wurde übrigens auch schon als Unterscheidungsmerkmal zwischen dinglichen und obligatorischen Rechten untersucht, vgl. etwa HUBER *Erl. II* 91, 110; VON TUHR *AllgT I* 143, 147 und, bezüglich der Unverjährbarkeit des Sachenrechts, LIVER *Wasserrechte* 491. Es wird ihr indessen, zum Beispiel mit einem Hinweis auf die obligatorischen Dauerschuldverhältnisse, kein entscheidendes Gewicht beigemessen, vgl. MEIER-HAYOZ SysT N 250. Gerade für das vorgelegte Problem scheint jedoch die These überdenkenswert - jedenfalls dann, wenn man (was aufgrund von 779b ZGB rechtlich möglich, wenn wohl in der Praxis nicht anzutreffen ist) ein inhaltlich umfassendes, keinerlei Verfügungsbeschränkung unterliegendes Baurecht begründet, liegt doch einzig noch in der beschränkten Dauer ein effektives Unterscheidungsmerkmal zwischen der Dienstbarkeit und dem auf die nuda proprietas reduzierten Grundeigentum.

[503] Unten in 423 (S. 123 ff).

[504] Vgl. LEEMANN N 84 zu 779 ZGB. BUCHER 137 qualifiziert das Verhältnis als relativen Anspruch des beschränkt dinglich Berechtigten gegen den Eigentümer, nämlich als gegen den Eigentümer gerichtete Aufhebung seiner Normsetzungsbefugnis. Zu beachten ist immerhin, dass möglicherweise nur der Berechtigte eines gebuchten Baurechtes Ansprüche aus 679 ZGB gegen den Baurechtgeber geltend machen kann, BGE 111 II 236.

dass das Grundeigentum kraft seiner Elastizität von der Dienstbarkeitsbelastung befreit wird; das Baurecht kann aber nicht mit der Folge derelinquiert werden, dass es als herrenlos gewordene Sache der Okkupation offenstände[505]. Für diese Qualifikation nicht von Belang, aber doch bemerkenswert ist der Umstand, dass Baurechtsbestellungen und -veräusserungen rechtlich teilweise wie Grundstückveräusserungen behandelt werden[506].

415.2 Baurechtskonzession

Am Konzessionsrecht besteht kein sachenrechtliches Eigentum des Konzessionärs, sondern ein verfassungsmässiger Schutz vor Rechtsbeschränkung und -entzug[507]. Als Besonderheit zu erwähnen ist in diesem Zusammenhang die Möglichkeit, dass sich der Konzessionär private Grundeigentumsrechte, welche er zur Ausübung seines Rechtes benötigt, im Enteignungsweg beschaffen kann[508]. Dient das belastete Grundstück trotz Konzession dem Gemeingebrauch, so kann ein Grundstück im Eigentum des Konzessionärs stehen, sofern es der Öffentlichkeit gewidmet wird.

Anders liegen die Verhältnisse bei der Landanlagekonzession: Wie bereits dargelegt[509], schafft die Konzession für eine Seeaufschüttung nicht ein selbständiges und dauerndes Recht an einem Sachenrecht, sondern sie vermittelt dem Konzessionär Grundeigentum im Sinne von 655 II 1. ZGB. Dass das Eigentum auf einer Konzession beruht und dabei besonderen öffentlichrechtlichen Eigentumsbeschränkungen unterliegt[510], kommt im Grundbuch durch eine entsprechende Anmerkung zum Ausdruck, in welcher auch ein Hinweis auf das das Landanlagengebiet erfassende Anmerkungsprotokoll enthalten ist[511].

---

[505] BGE 118 II 118. Oben FN 436. Ausdrücklich ausgeschlossen wird die Dereliktion in 11 I ErbbV (durch Ausschluss der Anwendbarkeit von 928 BGB).
[506] Oben FN 244.
[507] Oben S. 87.
[508] TOBLER 134, vgl. auch oben S. 88. Über die Folgen im Zusammenhang mit den Bauten und Anlagen unten S. 102 f.
[509] Oben S. 24 f.
[510] Vgl. oben S. 67 und FN 379.
[511] «Anmerkung. Öffentlich-rechtliche Eigentumsbeschränkung: Konzessionsauflagen betr. Landanlage AP (Nr.) lt. Seebautenkataster.» (Beispiel aus dem Grundbuch Thal-

415.3   Eigentum an der (Baurechts-)Baute

415.31   Baute eines Baurechts nach 779 ff ZGB

Ist zwar die Baurechtsdienstbarkeit - auch als selbständige - immer ein beschränktes dingliches Recht, so kann nach 675 I ZGB die Baute selbst ihren eigenen Eigentümer haben, sobald nur die entsprechende Dienstbarkeit im Grundbuch eingetragen ist. Mit der genannten gesetzlichen Bestimmung wird das im übrigen geltende Akzessionsprinzip durchbrochen[512]. Voraussetzung dafür ist weder, dass die Dienstbarkeit als persönliche oder gar als selbständige (und dauernde) begründet worden ist, noch dass sie ins Grundbuch aufgenommen oder deren Aufnahme auch nur vorgesehen ist[513]. Vielmehr kann die Baute - ausschlaggebend ist dabei die Dienstbarkeitsvereinbarung[514] - ihren besonderen Eigentümer ebenso in den Fällen einer unselbständigen Personaldienstbarkeit oder einer Grunddienstbarkeit[515] haben: Immer ist der jeweilige Dienstbarkeitsberechtigte - und nur dieser[516] - auch der (jeweilige) Eigentümer der in Frage stehenden Baute[517]. Deshalb empfiehlt es sich für den Fall, dass

wil). Hinsichtlich der Rechtsnatur des Landanlageneigentums gl.M. SINTZEL 185 f.

[512] Diese Durchbrechung des Akzessionsprinzips (667 II ZGB) ist nach wohl überwiegend herrschender Meinung die einzige gesetzgeberische Funktion der Norm von 675 ZGB, die deshalb - obwohl für die Baurechtsdienstbarkeit geschaffen - systematisch unter dem Titel des Grundeigentums angesiedelt ist. - Anders als beispielsweise im französischen Recht (vgl. FREIMÜLLER 20; NEUENSCHWANDER 52; RUEDIN 62) gilt das Akzessionsprinzip im schweizerischen Recht strikte; dessen Aufhebung muss vom Gesetz ausdrücklich normiert werden (REY *Sachenrecht* 97; FRIEDRICH *BTJP 1968* 174 f; RUEDIN 142; TOBLER 18; vgl. auch 667 II ZGB). Der Gegensatz zum französischen Recht zeigt indessen, dass sich das Akzessionsprinzip keineswegs - wie noch im römischen Recht - zwingend «aus der Natur der Sache» ergibt, vgl. BRANDENBURGER 4 ff; FRIEDRICH *BTJP 1968* 137 und *Wiedereinführung* 16a; HUBER *Teilung* 8, 11, 31; LIVER *Miteigentum* 278 und *Geschichte* 288 ff.

[513] BRANDENBURGER 95; FREIMÜLLER 31; HITZIG 18; LIVER *Geschichte* 291; NEUENSCHWANDER 51; PILET 129; RIEMER 47.

[514] Die Vereinbarung kann auch ein blosses Nutzungsrecht zum Inhalt haben, dann erlangt der Berechtigte kein Eigentum an der Baute: HUBER *Teilung* 26, ihm folgend LEEMANN N 15 zu 675 ZGB, HAAB N 4 zu 675 ZGB und LIVER *Kellerrecht* 90.

[515] LEEMANN N 16 zu 675 ZGB. Vgl. so ausdrücklich 95 BGB.

[516] MEIER-HAYOZ N 10 zu 675 ZGB; FRIEDRICH *BTJP* 149; PILET 127 f; RUEDIN 148 mit Hinweisen. FREIMÜLLER 101: Das Eigentum an der Baute ist ein subjektiv-dingliches Recht des jeweiligen Dienstbarkeitsberechtigten.

[517] Vgl. FREIMÜLLER 32 mit Hinweisen in FN 3; STOECKLIN 3; LIVER N 21 zu 741 ZGB, insbesondere den Hinweis, dass die Praxis Eigentümerqualitäten sogar bei lediglich obligatorischer Berechtigung zuerkennt (kritisch dazu SIMONIUS/SUTTER 126), dazu

eine auf einer Dienstbarkeit beruhende Baute im Eigentum des Grundeigentümers verbleiben soll, dies zur Hinderung der aus 675 ZGB fliessenden Vermutung ausdrücklich festzuhalten[518].

Das Eigentum an der Baute entsteht originär, und zwar auch dann, wenn das Baurecht nicht eine erst zu errichtende, sondern eine schon bestehende Baute betrifft, denn es wird nicht Grundeigentum (und mit diesem kraft Akzession eine Baute) übertragen, sondern ein beschränktes dingliches Recht begründet, welches das Akzessionsprinzip durchbricht[519]. Die Rechte, welche dem Grundeigentümer bezüglich dieser Baute zugestanden haben, fallen dahin[520].

Bei alldem ist das dem Dienstbarkeitsberechtigten zustehende Eigentum an der Baute strikte an das Bestehen der Dienstbarkeit gebunden. Aus dieser Bindung ergibt sich, dass eine Verfügung über das Bauteneigentum nur in Verbindung mit dem Dienstbarkeitsrecht möglich ist. Formell kann demnach über das Eigentum an einer Baurechtsbaute entweder mittels Zession über ein nicht gebuchtes Dienstbarkeitsrecht oder durch dingliche Übertragung eines gebuchten selbständigen und dauernden Dienstbarkeitsrechts verfügt werden; im Falle einer Baurechtsgrunddienstbarkeit erfolgt die Verfügung durch eine solche über das herrschende Grundstück[521]. Entsprechend begründet die Bestellung eines Pfandrechts an der Dienstbarkeit immer auch Pfandhaft des Bauwerkes[522], und ein Verzicht auf das Eigentum an der Baute ist ohne gleichzeitigen Verzicht auf die Baurechtsdienstbarkeit nicht möglich[523]. Schliesslich erlischt das Eigentum an der Baute mit Beendigung der Dienstbarkeit, zum Beispiel durch Zeitablauf, wieder[524], und die Baute fällt kraft Elastizität des Eigentums und nach den Regeln der Akzession ins Eigentum des Grund-

---

unten S. 100 ff.
[518] TOBLER 33.
[519] FREIMÜLLER 103; ISLER 40, 50. a.M. für alle Fälle einer bereits bestehenden Baute RIEMER 47, RUEDIN 149, STOECKLIN 3 mit Hinweis auf GUHL.
[520] FREIMÜLLER 103; PILET 118.
[521] HAAB N 8 zu 675 ZGB; FREIMÜLLER 102; FRIEDRICH *BTJP* 148 f; GUHL *Verselbständigung* 60; RUEDIN 147; STOECKLIN 3.
[522] LEEMANN N 68 zu 779 ZGB; GIRSBERGER 26; GUHL *Verselbständigung* 60.
[523] RUEDIN 150.
[524] *779I* ZGB; vgl. LIVER *SPR V/1* 23; RUEDIN 150.

gentümers (zurück)⁵²⁵.

Die Verfügung über die Baurechtsbaute erfolgt somit innerhalb der Schranken, welche diesen (dem jeweiligen Baurecht zugrundeliegenden) Rechten immanent sind⁵²⁶. Die Verfügungsmacht über die Baute besteht also nicht als freie Verfügbarkeit, soweit nicht auch schon die freie Verfügbarkeit über die Dienstbarkeit gewährleistet ist. Diese ermöglicht ja das gesonderte Eigentum an der Baute gerade erst, und die Entstehung des Eigentums an der Baute vermag die Rechtsstellung des Bauberechtigten im Vergleich zu derjenigen jedes andern Dienstbarkeitsberechtigten nicht zu verbessern.

Selbst wenn nach dem originären Rechtserwerb für die Qualifikation dieses Eigentumsrechts die Rechte des Grundeigentümers nicht von besonderer Bedeutung sind, wenn dessen Eigentümerbefugnisse in dem durch das Eigentum an der Baurechtsbaute definierten Umfang gänzlich aufgehoben werden⁵²⁷ und wenn ihm schliesslich im fraglichen Rechtsverhältnis⁵²⁸ keine andere Stellung, zufällt als jedem andern Dritten, stellt das Bauteneigentum also stets ein vom Dienstbarkeitsrecht abhängiges Eigentum dar und ist damit immer nur in dieser Relation zu verstehen⁵²⁹. Es erweist sich als ein nicht selbständiges⁵³⁰ Recht an einer Sache, dem zweifellos nicht die Qualität eines dinglichen Vollrechtes im Sinne von 641 ZGB, also nicht die

---

⁵²⁵ BGE 90 I 254; BOTSCHAFT *1963* 985; HAAB N 11 zu 675 ZGB; LEEMANN N 69 zu 779 ZGB; PIOTET *SPR V/1* 594; a.M. CHRISTEN 141.

⁵²⁶ RUEDIN 150 f.

⁵²⁷ Dass das Verhältnis zwischen ihm und dem Baurechtsberechtigen persönlicher Natur sei, nämlich aufgrund des Dienstbarkeitsvertrages (RUEDIN 145), ist wohl so absolut nicht zutreffend: Durch die Dienstbarkeitsbegründung entsteht ein dingliches Rechtsverhältnis, in welches der Grundeigentümer und der Baurechtsberechtigte eingebunden sind, oben FN 404.

⁵²⁸ Vgl. oben S. 79.

⁵²⁹ Anders wäre nur zu qualifizieren, wenn das Akzessionsprinzip kein zwingender Grundsatz wäre, FREIMÜLLER 20. Vgl. im übrigen HAAB N 8 zu 675 ZGB; LEEMANN N 13 zu 675 ZGB; BRANDENBURGER 95; CHRISTEN 56 ff; FREIMÜLLER 102 f; ISLER 28, 39; VOLLENWEIDER 33 f; WITT 17. Insbesondere ist es nicht ein vom Grundeigentum abgespaltetes Eigentum, RUEDIN 147 f.

⁵³⁰ LEEMANN N 68 zu 779 ZGB. Anders als das unten S. 131 f anzusprechende Anmerkungsgrundstück besteht hier die Unselbständigkeit nicht in der Bindung des Eigentums an bestehende Eigentumsrechte an anderem Grundeigentum, sondern in der Bindung an ein beschränktes dingliches Recht. In PIOTET *SPR V/1* 594 ist die Rede vom Bauwerk als einer selbständigen Sache; das stimmt höchstens im Verhältnis zum Eigentum am belasteten Grundstück, weshalb die Formulierung nicht glücklich ist: Die Baute ist, im Gegensatz zum Recht, eben nicht selbständig (LEEMANN N 68 zu 779 ZGB). Davon geht zweifellos auch PIOTET aus (vgl. a.a.O. S. 595).

Qualität eines eigentlichen Eigentumsrechtes[531] zukommt: Zwar untersteht der Bauberechtigte der Werkeigentümerhaftung[532] und nachbarrechtlichen Eigentumsbeschränkungen[533], und er ist berechtigt, das Bauwerk zu verändern, zu nutzen (auch unter Angriff der Bausubstanz), es sogar niederzureissen[534] und neu aufzubauen[535]. Diese Rechte und Pflichten stehen ihm aber weitgehend nicht erst als dem Eigentümer der Baute[536], sondern bereits kraft Dienstbarkeitsberechtigung zu, wie er ebenfalls als Dienstbarkeitsberechtigter der Grundeigentümerhaftung unterstellt ist[537]. Das Bauteneigentum ist jedoch auch nicht ein in der Dienstbarkeit enthaltenes weiteres beschränktes dingliches Recht: Dazu würde es an einem übergeordneten Eigentum, welches es dinglich beschränken würde, fehlen.

In der Literatur wird etwa von der Baute als einer unbeweglichen Sache gesprochen, die zugleich nicht Gegenstand von Grundeigentum ist[538]. In der Tat erfährt dieses Eigentum ja selbst

---

[531] HUBER *Erl. II* 81: Es soll nach dem Entwurf des Zivilgesetzbuches nur *eine* Art von Grundeigentum geben, vgl. dazu auch unten S. 116 ff. – HAAB N 8 zu 675 ZGB bezeichnet dieses Eigentum als eine dem Baurecht inhärente, mit diesem untrennbar verbundene Berechtigung.
[532] LIVER N 38 zu 743 ZGB; FREIMÜLLER 104; SIMONIUS/SUTTER 127, 134 f.
[533] So auch im Falle eines Wasserrechts, ITEN 68 f. Dem Wasserwerkeigentümer stehen allerdings öffentlichrechtliche Mittel zur Enteignung nachbarrechtlicher Ansprüche zur Verfügung, vgl. Iten a.a.O.
[534] PILET 153 mit Hinweisen; VOLLENWEIDER 18. – Er verletzt allenfalls obligatorische Vertragsbestimmungen, RUEDIN 151.
[535] FREIMÜLLER 103; ISLER 111; vgl. MÜNCHKOMM N 4 zu 1 ErbbV. Die Zerstörung des Bauwerkes bringt nicht den Untergang der Baurechtsdienstbarkeit mit sich, weshalb einem Wiederaufbau innerhalb der festgesetzten Dienstbarkeitsdauer nichts entgegensteht; zu beachten ist, dass nach ErbbV sogar eine Wiederaufbaupflicht mit dinglicher Wirkung vereinbart werden kann, 2 2. ErbbV und MÜNCHKOMM N 20 dazu. Zumindest ungenau übrigens VOLLENWEIDER 65 f insoweit, als er die Freiheit des Bauberechtigten, das Bauwerk niederzureissen oder überhaupt erst auszuführen, auf die durch die Aufnahme des Rechtes in das Grundbuch gewonnene Freiheit des Bauberechtigten als «Grundeigentümer» zurückführt.
[536] FREIMÜLLER 103 ist dagegen der Auffassung, dass die tatsächliche Verfügungsmacht des Bauteneigentümers über diejenige des Dienstbarkeitsberechtigten hinausgeht.
[537] SIMONIUS/SUTTER 126 f – und zwar ungeachtet dessen, ob es sich um den Fall einer selbständigen oder unselbständigen Baurechtsdienstbarkeit handelt, LEEMANN N 63 zu 779 ZGB. Zum Ganzen MEIER-HAYOZ N 15 zu 675 ZGB, N 58 f zu 679 ZGB; REY SysT N 41 f; RIEMER 90 f; STEINAUER 121 sowie oben S. 73.
[538] GUHL *Verselbständigung* 59, RUEDIN 147; so auch schon BRANDENBURGER 82, 95: Die Baute ist eine unbewegliche Sache, ohne Immobilie im Sinne des Gesetzes zu sein. Nach PILET 119 f ist sie Fahrnissache. Für RUEDIN 148 f ist die Baute Akzession zum Recht; die Akzession zum Grundstück wird gleichsam ersetzt durch eine Akzession zum Recht. Ähnlich GROSSENBACHER 15; ISLER 39; LIVER *Baurechtsdienstbarkeit* 380; RIEMER 47 mit Hinweisen; kritisch dazu PIOTET *SPR V/1* 594 FN 2. BRANDENBURGER 82 spricht (unzutreffend, vgl. GUHL *Verselbständigung* 60 f und, mit Differen-

keine gesonderte grundbuchliche Behandlung: Nur das selbständige und dauernde Recht, nie die Baute selbst kann als Grundstück in das Grundbuch aufgenommen werden[539]. Es ist aber auch nicht die Dienstbarkeit, welche - als beschränktes dingliches Recht - das Eigentum an der Baute schafft[540]. Das Eigentum kann vielmehr nur dank der Durchbrechung des Akzessionsprinzips entstehen[541]: Sie ist das zur Entstehung dieses besonderen Eigentums notwendige rechtliche Institut. Die Durchbrechung des Akzessionsprinzips hat für sich aber noch nichts mit der Verselbständigung des Rechts zu tun: Auch Bauten von unselbständigen, namentlich Baurechtsgrunddienstbarkeiten fallen nach 675 I ZGB ins Eigentum des Dienstbarkeitsberechtigten. Es ist aber letztlich die Möglichkeit der Verselbständigung des beschränkten dinglichen Rechtes, welche die Eigentumsqualität für die Baute und deren zwingende Verbindung mit dem beschränkten dinglichen Recht notwendig macht! Nur die untrennbare Einheit von Bauteneigentum und verselbständigtem Dienstbarkeitsrecht[542] erlaubt es, das Recht wirklich verkehrsfähig zu machen, liegt doch der hauptsächliche Wert des Rechtes im Immobiliarwert der Baurechtsbaute[543].

Besondere Probleme ergeben sich im Zusammenhang mit Baurechten aus dem Erfordernis der Eigenständigkeit oder baulichen Selbständigkeit der Baurechtsbaute, welches auf 675 II ZGB gründet: Für ein Bauwerk kann nur dann eine Baurechtsdienstbarkeit bestellt werden, wenn jenes unabhängig von der Mitwirkung des Eigentümers des belasteten Grundstückes benutzt und baulich verändert werden kann.

zierung zwischen selbständigem und unselbständigem Baurecht, LEEMANN N 67 zu 779 ZGB) von Bestandteilsqualität; ähnlich CHRISTEN 56 ff. LIVER *SPR V/1* 187 und *Baurechte* 42 umschreibt lediglich vergleichend: «gewissermassen Bestandteile der Baurechte» bzw. (für den Fall der Grunddienstbarkeit) «des herrschenden Grundstückes», vgl. weiter ausführlich FREIMÜLLER 100 f; PILET 123 f. Für das Erbbaurecht wird vom Bestandteil des Rechtes (als einer Fiktion) gesprochen, MÜNCHKOMM N 2 zu 12 ErbbV, STAUDINGER/RING N 2 zu 12 ErbbV.

[539] LEEMANN N 68 zu 779 ZGB; GUHL *Verselbständigung* 59; PIOTET *SPR V/1* 595. Kritisch dazu HITZIG 21, der es (seinerzeit: de lege ferenda) vorgezogen hätte, die Baute, nicht das Recht zum gesondert aufzunehmenden Grundstück zu erklären. Dies ist unter anderem von HUBER ausdrücklich abgelehnt worden, PROTOKOLL 118.

[540] a.M. WILD 296.

[541] RUEDIN 150.

[542] LEEMANN N 68 zu 779 ZGB spricht von einem Vermögenskomplex, von dem Grundeigentum, Baurechtsdienstbarkeit und Baute erfasst sind.

[543] GUHL *Verselbständigung* 61, PFISTER 331.

Massgebend ist, dass 675 I ZGB zwar die Durchbrechung des Akzessionsprinzips statuiert, aber nicht den Grundsatz aufhebt, dass sich das Eigentum an einer Sache über alle seine Bestandteile erstreckt[544]. Das kann hier zunächst am Rande vermerkt werden, denn die vorhandene oder fehlende bauliche Selbständigkeit hat keinen unmittelbaren Einfluss auf die Selbständigkeit der Baurechtsdienstbarkeit, sondern auf die Möglichkeit des Sondereigentums an der Baute und insbesondere natürlich auf die Zulässigkeit des Baurechtes an sich. Als Massstab dafür kann die Verpfändbarkeit des Rechtes, die ein noch zu besprechendes wesentliches Element seiner Selbständigkeit darstellt, herangezogen werden: Im Zusammenhang mit der Verselbständigung des Rechtes ist die Eigenständigkeit des Bauwerkes insofern von Belang, als dieses für sich selbst einen verwertbaren Vermögensgegenstand abgibt. Nur dann nämlich ist es der grundpfändlichen Belastung fähig[545]. So ist es nach der Praxis, aber nicht schlechterdings unbestritten zulässig, eine Baute, deren Tragkonstruktion mit derjenigen des sie deckenden, Nationalstrassenbauwerkes konstruktiv zusammenhängt oder gar teilweise identisch ist, als selbständiges und dauerndes Recht auszugestalten, wenn die Baute selbst unabhängig genutzt und dementsprechend auch verwertet werden kann[546].

---

[544] 642 I ZGB, MEIER-HAYOZ N 19 zu 675 ZGB; das Erfordernis der baulichen Selbständigkeit der Baurechtsbaute ergibt sich dann aus dem Begriff des Bestandteils, wie er in 642 II ZGB festgehalten ist.
[545] Vgl. ZOBL N 143 ff zu 884 ZGB. Dazu unten S. 161 f.
[546] So geschehen bei der Baurechtskonzession im Nationalstrassendreieck Wallisellen. Die Problematik ist in der Literatur anhand der Baurechte für Pavillonbauten auf der Perronplatte über dem Berner Hauptbahnhof ausführlich diskutiert worden. Vgl. zum ganzen Problemkreis der baulichen Selbständigkeit BGE 111 II 139 ff (dazu LIVER in BN 1986 301 ff); EGGEN *Fragen* 210 f; FRIEDRICH *Neuordnung* 5 f, *Baurecht* 265 f und *BTJP 1968* 157 ff; ISLER 32 f; KELLENBERGER *Grenzen* 84-88 mit Hinweisen; LIVER *Baurechte* 45, 49 ff und *Pavillonbauten* passim.

415.32 Baute einer andern Dienstbarkeit

Nach LIVER[547] gilt das Sondereigentum auch für Bauten, welche zur vereinbarungsgemässen Ausübung anderer beschränkter dinglicher Rechte als ausschliesslich der Baurechtsdienstbarkeiten errichtet worden sind. Die Auffassung ist allerdings umstritten. Anderer Meinung ist etwa BRANDENBURGER, der 675 I ZGB ausschliesslich auf das Baurecht nach 779 ZGB angewendet wissen will: Die Betonung auf «eine» Dienstbarkeit in 675 I ZGB meine nur die Unterscheidung von Personal- und Grunddienstbarkeit[548]. Auch ein Urteil eines Bezirksgerichtes[549] widerspricht LIVERS Auffassung: Der von einem Wegberechtigten errichtete Weg stehe nicht im Eigentum des Dienstbarkeitsberechtigten. Man kann indessen dem Ergebnis des Urteils zustimmen, ohne damit LIVER zu widersprechen. Nach der Sachverhaltsdarstellung hat der Wegberechtigte den Weg an Zahlungsstatt, was soviel heisst wie: für den Grundeigentümer errichtet. LIVER ist aber selbst nicht der Auffassung, ein vom Grundeigentümer zur Verfügung gestellter Weg falle mit der Dienstbarkeitsbegründung zwingend ins Eigentum des Wegberechtigten. Sondereigentum an den Werken erlangt dieser nur, wenn er sie *aufgrund* der Dienstbarkeit, das heisst entsprechend der dienstbarkeitsvertraglichen Vereinbarung errichtet hat[550]. Das dürfte in einem sorgfältig abgefassten Dienstbarkeitsvertrag entsprechend formuliert werden, womit mit der Dienstbarkeit auch der Bestand des Werkes «als Dienstbarkeit in das

---

[547] LIVER N 21 zu 741 ZGB, N 37 ff zu 743 ZGB, *SPR V/1* 186 und *Geschichte* 291; ebenso FRIEDRICH *BTJP 1968* 140 f, GUHL *Verselbständigung* 59, PIOTET *SPR V/1* 59 und für das deutsche Recht 95 BGB, dazu FRIEDRICH *BTJP 1968* 139, LARENZ *AllgT* 292. Vgl. auch oben S. 35 f.

[548] LEEMANN N 2 zu 779 ZGB; BRANDENBURGER 60 f. Auch MEIER-HAYOZ N 1 zu 675 ZGB schreibt geradezu formelhaft: «(...) eine Dienstbarkeit (= Baurechtsdienstbarkeit) (...)» und geht in N 10 zu 675 ZGB davon aus, dass Eigentümer des Bauwerks «stets nur der Inhaber der Baurechtsdienstbarkeit» sein könne. Unter Baurecht ist dabei auch ein Über- oder ein Leitungsbaurecht zu verstehen, MEIER-HAYOZ N 9 zu 675 ZGB. Implizite gl.M. HAAB in seiner Kommentierung von 675 ZGB. HUBER *Erl. II* 14 lokalisiert das Baurecht schlechthin bei 675 ZGB, und die Nationalratskommission hatte sogar eine gesetzliche Verweisung auf 667 (heute 675) ZGB vorgesehen, StenBull 1906 583, 585.

[549] Bezirksgericht Gossau, SJZ 88/1992 107 ff.

[550] LIVER N 22 zu 741 ZGB. FRIEDRICH *BTJP 1968* 141 f schliesst denn auch für die Fälle von vorbestehenden Wegbauten die Möglichkeit nicht aus, an jenen durch entsprechende Dienstbarkeitsvereinbarung Sondereigentum entstehen zu lassen.

Grundbuch eingetragen» sein dürfte[551]. Eine solche Lösung ist zumindest dann nicht abwegig, wenn die Baute nur dem Wegberechtigten dient und vielleicht konstruktiv noch besonders aufwendig ist; in diesem Fall bringt sie insbesondere auch dem Grundeigentümer Vorteile, beispielsweise durch die daraus sich ergebende Grund- und Werkeigentümerhaftung des Wegberechtigten[552].

Die Vorschrift von 675 ZGB ist jedenfalls nicht wörtlich zu verstehen: Nicht der Bestand der Baute muss als Dienstbarkeit eingetragen werden - das stimmt zum einen nicht, weil der Bestand einer Baute nicht Inhalt einer Dienstbarkeit sein kann, und zum andern, weil gerade die Begründung einer Baurechtsdienstbarkeit nicht das Bestehen einer Baute erfordert. Es ist deshalb richtigerweise die Eintragung der Dienstbarkeit vorauszusetzen, auf welcher (auch) das Recht zur Errichtung oder Beibehaltung einer Baute gründet[553]. Das muss nicht im Rahmen eines Baurechts im engen Sinne erfolgen[554]. Nicht bestritten dürfte denn auch die Auffassung sein, dass Bauten eines Quellenrechts[555] unter 675 I ZGB fallen können, und ebenso wird man Bauten von wohlerworbenen ehehaften (Privat-) Rechten Sondereigentum zuerkennen. Zu denken ist aber weiter an Bauten und Anlagen bei Dienstbarkeitsrechten auf Materialgewinnung nach 781 ZGB, beispielsweise beim Recht auf Kiesausbeutung[556], und

---

[551] LIVER N 21 zu 741 ZGB; FRIEDRICH *BTJP 1968* 141.
[552] Vgl. MEIER-HAYOZ N 15 zu 675 ZGB; LIVER *SPR V/1* 187; RIEMER 90; SIMONIUS/SUTTER 127.
[553] Diese Unterscheidung hat auch rechtliche Auswirkungen auf den Gutglaubensschutz, vgl. FRIEDRICH *BTJP 1968* 167 f, PIOTET *SPR V/1* 569 f.
[554] Vgl. oben S. 35 f, 38. - Im übrigen verrät das zitierte Urteil eine gewisse Unsicherheit bezüglich der Baurechtsdienstbarkeit, wenn es sich darüber aufhält, dass der Grundeigentümer «faktisch (...) das Eigentum am Grund und Boden überhaupt nicht verkaufen könnte», soweit das Grundstück von der Baute - i.c. dem Strassenwerk - überstellt sei. Darin liegt gerade die Bedeutung von 675 ZGB: dass dadurch ein vom Eigentum an der Grundfläche verschiedenes Eigentum an der darauf errichteten Baute möglich wird. Eine solche könnte aber sogar die gesamte Parzelle überstellen.
[555] Vgl. hinsichtlich Bauten eines Quellenrechts FREIMÜLLER 37; FRIEDRICH *BTJP* 1968 140; ISLER 54 (auch zum gemischten Quellen- und Baurechtsvertrag) mit Hinweisen.
[556] Vgl. GUHL *Verselbständigung* 59, oben S. 38. Nach WIELAND N 5 zu 667 ZGB fällt alles unter 675 I ZGB, was mit Hilfe der Technik mit dem Boden dauernd verbunden wird; auf die Festigkeit der Verbindung kommt es nicht an. - Bemerkenswert scheint im übrigen, dass auch bloss eine Baute ohne den Boden enteignet werden kann (MEIER-HAYOZ N 33 zu 676 ZGB, FREIMÜLLER 31 FN 2, TOBLER 139 f), wodurch rechtlich allerdings eine wohl unselbständige (weil zeitlich unbeschränkte und weil nur durch den öffentlichen Zweck gerechtfertigte) Baurechtsdienstbarkeit zugunsten des Enteigners bestellt wird, vgl. LIVER N 19 zu 731 ZGB; REY SysT N 283; FRIED-

schliesslich fallen auch bei Unter- und Leitungsbaurechten das Bauten- und das Anlageneigentum nicht mit dem Grundeigentum zusammen[557].

Diese Gründe und die systematische Stellung der Vorschrift von 675 I ZGB, die im übrigen nicht die einzige gesetzliche Grundlage für die Durchbrechung des Akzessionsprinzips darstellt[558], sprechen für die Richtigkeit von LIVERS Auffassung. Somit kann, was die Rechtsnatur des Bauteneigentums im Falle der hier besprochenen Rechte angeht, auf das oben zu den Baurechtsdienstbarkeiten Gesagte verwiesen werden.

415.33 Baute eines Konzessionsrechts

Die Konzession kann von Gesetzes wegen oder aufgrund der Konzessionsvereinbarung Eigentum an bereits bestehenden oder in Ausübung der Konzession errichteten Bauten einräumen[559]. Dabei steht der Auffassung, dass es sich diesfalls um privatrechtliches Eigentum handle, nichts entgegen: Eine entsprechende gesetzliche Statuierung liegt ebenso in der Kompetenz des Bundes (64 II BV) wie auch, weil es sich um öffentliche Sachen handelt, der Kantone[560]. Selbst für den Fall, dass eine ausdrückliche gesetzliche Regelung fehlt, gehen Lehre und Praxis vom - privaten - Sondereigentum des Berechtigten aus[561]:

RICH Baurecht 261, 267.
[557] Abgesehen davon, dass es sich bei diesen beiden letztgenannten Rechten nicht um selbständige Rechte handelt (oben S. 35), ist hier das Eigentum nicht so sehr aufgrund der Durchbrechung des Akzessionsprinzips bestimmt als vielmehr durch das Bestandteils- und Zugehörprinzip, LIVER Pavillonbauten 220.
[558] FRIEDRICH BTJP 1968 140. Dass beispielsweise auch bei Alprechten Sondereigentum an Alphütten denkbar ist: LITSCHER 93.
[559] FREIMÜLLER 31 mit Hinweisen, FRIEDRICH BTJP 1968 146 f. - Das St. Galler Strassengesetz (StrG) vom 12. Juni 1988 beispielsweise bestimmt in 29 StrG: «Bewilligte oder konzessionierte Bauten und Anlagen sind Eigentum des Berechtigten.» Für das Wasserrecht vgl. ITEN 34, SINTZEL 74. Vgl. weiter LIVER SPR V/1 186.
[560] Vgl. oben S. 84.
[561] FLEINER 381. Nach LIVER N 40 zu 743 ZGB dürfte es unbestritten sein, dass mit einer Konzession zur Nutzung von Grundstücken des Verwaltungsvermögens Sondereigentum an den zu diesem Zweck errichteten Bauwerken entsteht. Im Zusammenhang mit dem Wasserrecht spricht LIVER N 126 zu 742 ZGB deshalb von einem öffentlichen Baurecht. JAAG 155 bezeichnet es als - allerdings nicht zwingendes - Merkmal der Sondernutzung, dass Sachen des Berechtigen in eine feste bauliche Verbindung mit der öffentlichen Sache gebracht werden. GADIENT 26 formuliert umgekehrt: Die dauernde Veränderung einer öffentlichen Sache, z.B. das Erstellen einer Staumauer, ruft immer einer Sondernutzungskonzession; die dauernde Veränderung der öffentlichen Sache sei für die Sondernutzung charakteristisch und neben der Aus-

Auch dann wird das Akzessionsprinzip durchbrochen[562], wobei im Unterschied zum privatrechtlichen Baurecht das dienende öffentliche Grundstück nicht im Grundbuch aufgenommen sein muss[563]. Gleich wie beim privatrechtlichen Baurecht ist es für die Entstehung des Bauteneigentums nicht nötig, dass das Konzessionsrecht gebucht ist. So steht etwa das Stadtzürcher Altersheim über dem Milchbucktunnel durch Verleihung, also durch hoheitlichen Akt, in städtischem Eigentum, während die Konzession selbst ausdrücklich als unübertragbares Recht ausgebildet ist.

Sowohl im Fall des übertragbaren wie des unübertragbaren Konzessionsrechtes ist das Eigentum an der Baute an das zugrundeliegende Recht, die Konzession, gebunden[564]. Dem Konzessionär kommt diesbezüglich dieselbe Stellung zu wie dem Baurechtnehmer bezüglich der Baurechtsbaute[565]. Insbesondere geht auch hier mit der Beendigung der Konzession das Bauteneigentum des Konzessionärs unter; im Falle eines aufgenommenen Rechts ist dieses wieder auszubuchen, und das Grundbuchblatt ist zu schliessen.

Ist der Boden, auf dem der Konzessionär sein Recht ausübt, dessen Eigentum[566], so kann dies zur Folge haben, dass das Anlageneigentum beim Untergang des verliehenen Rechts beim Konzessionär verbleibt, sofern die Konzession nicht zwingend den Heimfall an den Konzedenten, genauer: dessen Recht auf Aneignung[567] vorgeschrieben hat[568]. Zwar gelten auch im Fall der Konzession die Elastizität des Eigentums und das Akzessionsprinzip[569]. Solange Baute

---

schliesslichkeit der Benutzung Merkmal des Begriffs. Vgl. weiter BGE 56 III 65; AUGUSTIN 67; IMBODEN/RHINOW/KRÄHENMANN Nr. 119 B IV; ITEN 34; LIVER *SPR V/1* 186; REY *Sachenrecht* 237 f mit Hinweisen; TOBLER 132.

[562] MEIER-HAYOZ N 37 zu 667 ZGB; LÖTSCHER 146; anders nach der Lehre des öffentlichen Eigentums: Dort gilt das privatrechtlich fundierte Akzessionsprinzip überhaupt nicht, so MAYER *II 2. A.* 192 FN 22; zu beachten allerdings etwa auch FRIEDRICH *BTJP 1968* 147; WIELAND N 4 c zu 675 ZGB.

[563] Oben S. 29 f.

[564] Für die Wasserrechtsverleihung: AUGUSTIN 63 ff; ITEN 36.

[565] Vgl. LIVER *SPR V/1* 23. Vgl. auch hinsichtlich der Entschädigung für weiterverwendete Anlagen nach Ablauf der Konzession KNAPP *concessions* 143; sogar eine analoge Anwendung der Baurechtsvorschriften für den Heimfall von Wasserrechten kommt in Frage, KNAPP a.a.O. 159.

[566] Auch durch Enteignung, oben S. 93.

[567] AUGUSTIN 74 mit Hinweis.

[568] LIVER N 126 zu 742 ZGB; AUGUSTIN 70 ff, 91. HAGENBÜCHLE 60a f; ITEN 50. Auch hier ist wohl davon auszugehen, dass sich der Heimfallberechtigte ein unselbständiges Baurecht an den Anlagen aneignet, vgl. oben FN 556.

[569] TOBLER 36.

und Anlage aber Privateigentum (im Sinne von 655 II 1. ZGB) sind, kann über sie grundsätzlich nach privatrechtlichen Regeln selbständig verfügt werden[570], allerdings ohne dass damit ipso iure auch das Konzessionsrecht auf den Erwerber der Sache überginge[571].

Anderes gilt wiederum für die Bauten auf Boden, der durch eine Landanlagekonzession erworben ist: Die Landanlage steht im Privateigentum des Konzessionärs[572]. Die Errichtung von Bauten auf diesem «Konzessionsland» ist möglich, bedarf jedoch entsprechend einem Vorbehalt in der Konzession[573] der Genehmigung durch die Baudirektion[574]. Gleichwohl gehört die derart errichtete Baute - kraft des Akzessionsprinzips - ebenfalls zum Privateigentum des Konzessionärs. Allerdings steht das Bauteneigentum wie das Eigentum an der Landanlage in Abhängigkeit vom Konzessionsrecht, und die Rechte an der Baute unterliegen den Allgemeinen Bedingungen für Landanlagen, welche unter anderem die entschädigungslose Beseitigung einer Baute vorsehen[575].

415.4 Zwangsvollstreckung im Falle eines Baurechts

415.41 bei der Baurechtsdienstbarkeit

Objekt der Zwangsvollstreckung ist, obwohl sie das effektive Haftungssubstrat ausmacht, nicht die Baute, sondern das Recht[576]. Das ist grundsätzlich zu beachten. So kommt nur das selbständige Baurecht selbständig zur Verwertung; Baurechtsgrunddienstbarkeiten und die auf diesen beruhenden Bauten werden von der Zwangsvoll-

---

[570] GRAF 68; KNAPP concessions 132; TOBLER 137 und, differenzierend, VON WERRA 8 f.
[571] MOOR II 40, 42.
[572] Vgl. oben S. 89 f, auch zum Folgenden.
[573] Ziff. 9 der «Allgemeinen Bedingungen für Landanlagen», vgl. SINTZEL 187 und 255.
[574] Dieser Genehmigung kommt rechtlich ebenfalls die Natur einer Konzession zu, BGE 102 Ia 125, VB 86/0090 mit Hinweisen, a.M. noch SINTZEL 191. Die Genehmigung kann zur Wahrung allgemeiner öffentlicher Interessen verweigert werden, darf jedoch - falls sie erteilt wird - keine die ursprüngliche Konzession einschränkenden Belastungen enthalten.
[575] Vgl. oben S.89.
[576] GIRSBERGER 26. Nach WITT 112 ist das Recht mit Einschluss der Baute das zu verwertende Objekt.

streckung in das herrschende Grundstück erfasst. Im übrigen steht das Baurecht als beschränktes dingliches Recht in einer Rangordnung mit andern Rechten am gleichen Grundstück, so dass diesem Umstand entsprechend die allgemein geltenden zwangsvollstreckungsrechtlichen Regeln, beispielsweise über den doppelten Aufruf, zur Anwendung kommen[577].

415.42 bei der Baurechtskonzession

Wenn die Baurechtskonzession, welche Verwaltungsvermögen beschlägt, als nicht übertragbares Recht ausgestaltet ist, unterliegt sie einem Verpfändungs- und Pfändungsverbot. Eine Zwangsvollstreckung ist deshalb aus öffentlichrechtlichen Gründen ausgeschlossen[578]. Sind Übertragung und Verpfändung lediglich genehmigungspflichtig, so ist eine Zwangsvollstreckung möglich[579]. Auch bei der Konzession erfolgt die Zwangsvollstreckung in das Recht, welches das Haftungssubstrat darstellt[580]. Ob die Genehmigungspflicht selbst zwangsvollstreckungsfest ist, wird erst die weitere Untersuchung ergeben.

415.43 insbesondere hinsichtlich der Baurechtsbaute

Die Abhängigkeit der Rechte an der Baurechtsbaute von demjenigen Recht, welches deren Sondereigentum erst ermöglicht, gilt auch für den Fall der Zwangsvollstreckung. Wie soeben erwähnt, ist Pfand- und Pfändungsobjekt das Baurecht, nicht die Baute. Indessen erfolgt eine Zwangsvollstreckung in das Baurecht nur dann nach den (sachgerechten) Vorschriften über die Zwangsverwertung von Grundstücken, wenn es sich um ein gebuchtes Recht handelt; ist das Recht nicht in das Grundbuch aufgenommen, wird es - ungeachtet dessen, dass davon ein Bauwerk mitbetroffen ist - nach den Regeln der Zwangsvollstreckung in ein Recht verwertet[581].

---

[577] Oben S. 76 f.
[578] Oben S. 86 und LÖTSCHER 91.
[579] Geldwerte Rechte und Pflichten fallen nach Massgabe dessen, inwieweit über sie verfügt werden kann, in die Konkursmasse, MOOR *II* 41.
[580] ITEN 78.
[581] FRIEDRICH *BTJP 1968* 150; anders noch BGE 56 III 67 und HAAB N 16 zu 655 ZGB.

Eine Besonderheit ergibt sich für das Bauhandwerkerpfandrecht nach 839 ff ZGB. Dieses soll den Unternehmer, der mit seiner Arbeit zur Wertsteigerung des Bauwerks beigetragen hat, als Baugläubiger vor den für ihn negativen Folgen des Akzessionsprinzips schützen[582]. Erbringt nun der Unternehmer seine Leistung für eine Baurechtsbaute, so ist beim gebuchten selbständigen und dauernden Baurecht zweifellos dieses das Pfandobjekt. Als problematischer erweist sich indessen die Ausgangslage im Falle eines nicht gebuchten selbständigen und dauernden Baurechts, fehlt es doch trotz bestehenden Sondereigentums[583] an einem Grundstück als Pfandobjekt. Die Praxis löst die Frage jedoch pragmatisch: Der Baugläubiger ist berechtigt, die Aufnahme des selbständigen und dauernden Baurechts ins Grundbuch anzumelden und im Anschluss daran sein Pfandrecht eintragen zu lassen[584]. Was aber gilt, wenn der Bauteneigentümer nur ein unselbständiges oder ein nicht dauerndes Baurecht innehat? Handelt es sich beim unselbständigen Baurecht um eine Grunddienstbarkeit, erfolgt die Eintragung auf dem Blatt des herrschenden Grundstückes, denn die Wertsteigerung kommt diesem zu[585]. Im Fall einer unselbständigen oder nicht dauernden Baurechtspersonaldienstbarkeit fehlt es aber vollends an einem berechtigten Grundstück: Auch hier steht zwar das Bauteneigentum dem Dienstbarkeitsberechtigten zu, indessen besteht für die Baute kein zur Eintragung des Pfandrechts geeignetes Grundbuchblatt und es kann auch ein solches nicht eröffnet werden. Die Sicherung des Baugläubigers könnte deshalb nur in der Form eines Forderungspfandrechts gegen den Dienstbarkeitsberechtigten begründet werden - ein Bauhandwerkerfaustpfandrecht kennt jedoch das Gesetz nicht[586]. Dasselbe gilt schliesslich für den Fall, dass ein verliehenes Baurecht nicht selbständig und dauernd ausgestaltet worden ist: Verwaltungsvermögen ist kein Pfandobjekt für das Bauhandwerkerpfandrecht[587].

---

[582] ZOBL *Bauhandwerkerpfandrecht* 29, 49 f; PIOTET in SJZ 88/1992 215.
[583] Vgl. oben S. 94.
[584] RIEMER 69, ZOBL *Bauhandwerkerpfandrecht* 120, je mit Hinweisen.
[585] ZOBL *Bauhandwerkerpfandrecht* 133. Offen bleibt die Frage, was mit dem Pfandrecht geschieht, wenn das Baurecht endigt und die Baute kraft Akzession wieder dem Grundeigentümer des ehemals belasteten Grundstückes zufällt.
[586] Vgl. eingehend RIEMER 69 und ZOBL *Bauhandwerkerpfandrecht* 135.
[587] ZOBL *Bauhandwerkerpfandrecht* 136 f; BR 1992 105 (Nr. 184) mit Anmerkung von RAINER SCHUMACHER zu BGE 116 Ib 367; a.M. LEEMANN N 21 zu 837 ZGB.

42 Rechtsnatur der gebuchten selbständigen und dauernden Rechte

421 Herrschende Lehre

Die Rechtsauffassung, welche von der herrschenden Lehre hinsichtlich der Wirkung der Aufnahme von selbständigen und dauernden Rechten in das Grundbuch vertreten wird, ist zusammengefasst schon in der Einleitung[588] vorgetragen worden: Die Rechtsnatur eines selbständigen und dauernden Rechts wird mit der Aufnahme in das Grundbuch nicht verändert. Insbesondere erfolgt mit der Aufnahme ins Grundbuch kein qualitativer Sprung von einem beschränkten dinglichen Recht zu einem dinglichen Vollrecht[589]. Die Aufnahme ins Grundbuch hat einzig zum Zweck und auch lediglich die Wirkung, die Übertragbarkeit des beschränkten dinglichen Rechtes den (Form-) Vorschriften des Grundeigentums zu unterstellen[590]. Die Aufnahme hat demnach insbesondere zur Folge, dass die Übertragung des Rechts nicht mehr durch Zession, allenfalls verbunden mit Schuldübernahme, vollzogen wird[591]. In dieser beschränkten Formulierung allerdings wird diese Auffassung auch von der herrschenden Lehre nicht vertreten. Unbestritten und von zweifellos eigenständiger Bedeutung ist insbesondere, dass das selbständige und dauernde Recht durch die Grundbuchaufnahme wie ein Grundstück belastet werden kann, und zwar mit Grundpfandrechten, mit Dienstbarkeiten und mit Grundlasten sowie - im Falle von Baurechten - insbesondere mit

---

[588] Oben S. 2 f.
[589] Vgl. die Hinweise oben in FN 3.
[590] Vgl. die Hinweise oben in FN 4. Anders übrigens das Erbbaurecht, vgl. STAUDINGER/RING N 47 zu 1 ErbbV.
[591] HAAB N 13 zu 655 ZGB; LEEMANN N 48 zu 779 ZGB; HAGENBÜCHLE 59a, 62a f; LIVER *Formen* 67; PIOTET *SPR V/1* 568; RIEMER 28 f; SIMONIUS/SUTTER 56 f und, für das Baurecht, 143; TOBLER 59. Vgl. differenziert und unter Voraussetzungen bejahend zur Frage, ob nicht allein Zession, sondern auch Schuldübernahme erfolge: ENGEL 327 f. - Folgen ergeben sich auch im Zusammenhang mit dem Vormundschafts- und dem Erbrecht, vgl. FREIMÜLLER 106. (Zu beachten ist in diesem Zusammenhang, dass über Bergwerke - im Unterschied zu den Rechten nach 655 II 2. ZGB - nicht verfügt werden kann, solange sie nicht Aufnahme ins Grundbuch gefunden haben, HAAB N 27 zu 655 ZGB.)

Unterbaurechten[592]. Ebenso können Kaufs-, Vorkaufs- und Rückkaufsrechte zu Lasten des Rechtes vorgemerkt[593] und Legalservitute[594] auf das Baurecht gelegt werden. Umgekehrt ist es möglich, zugunsten des aufgenommenen selbständigen und dauernden Rechts Dienstbarkeiten - und zwar Grunddienstbarkeiten[595] - zu begründen, und die Praxis anerkennt auch einen Anspruch des Baurechtnehmers aus Grundeigentümerhaftung (679 ZGB) gegenüber seinem Baurechtgeber[596]. Schliesslich lässt sich ein solches Recht wie ein Grundstück veräussern, und es unterliegt auch, falls entsprechend belastet, der Betreibung auf Grundpfandverwertung und dabei den besonderen Vorschriften über die Zwangsverwertung von Grundstücken[597].

Problematisch für das Thema der vorliegenden Untersuchung ist allerdings die Aussage, auf das selbständige und dauernde Recht würden mit der Aufnahme ins Grundbuch keineswegs materielle Grundeigentumsvorschriften anwendbar. Daraus wird dann auch gefolgert, dass Beschränkungen der selbständigen und dauernden Rechte mit dinglicher Wirkung aus dem argumentum a maiori ad minus immer zulässig seien: Weil das Recht immer beschränkt sei, könne der begebende Grundeigentümer das Mass der Beschränkung privatautonom bestimmen[598]. Solche Beschränkungen sind etwa denkbar als Genehmigungsvorbehalt für Veräusserungen oder Belastungen des Rechts oder als Beschränkung des zulässigen Erwerberkreises[599]. Dies sei im folgenden eingehender untersucht.

---

[592] BGE 92 I 539; ZBGR 31/1950 208; BOTSCHAFT *1963* 994; HAAB N 14 zu 655 ZGB; MEIER-HAYOZ N 36 ff zu 655 ZGB; OSTERTAG N 5 zu 943 ZGB; REY SysT N 231 ff und *Sachenrecht* 230; BRANDENBURGER 97 und CHRISTEN 109 (die das Unterbaurecht allerdings noch als nicht zulässig erachten); DESCHENAUX *SPR V/3* 87 f mit Hinweisen; FREIMÜLLER 109; FRIEDRICH *Neuordnung* 6 und *BTJP 1968* 169 ff; GUHL *Verselbständigung* 96; ISLER 67; ITEN 72, 75 f, 78, 85 (für das Wasserrecht); LÖTSCHER 60; PIOTET *SPR V/1* 547 f, 569, 647; RIEMER 32 ff, 78; VOLLENWEIDER 72 ff; ZURBRIGGEN 32. Über die Zulässigkeit des Verbotes von Unterbaurechten im Bestellungsvertrag vgl. unten in 515.3 (S. 162 ff).
[593] Für das Baurecht FREIMÜLLER 111; STOECKLIN 21.
[594] FREIMÜLLER 117.
[595] ITEN 74; LIVER *Miteigentum* 242.
[596] BGE 111 II 236.
[597] Vgl. oben S. 105 f und 1 I VZG; LEEMANN N 93 zu 779 ZGB; ZOBL SysT N 320; DESCHENAUX *SPR V/3* 88; STEINAUER 21.
[598] FRIEDRICH *BTJP 1968* 149, FREIMÜLLER 64.
[599] Beispiele oben S. 68.

Die herrschende Lehre ist als gefestigt zu bezeichnen[600]. Sie geht im wesentlichen auf LIVER zurück, dessen Abhandlungen zu dieser Frage in Literatur und Praxis regelmässig als Beleg angerufen werden[601]. Begründet wird diese Auffassung mit Grundsätzen des Sachenrechts, nämlich den Grundsätzen, dass die schweizerische Rechtsordnung geteiltes Eigentum nicht kenne[602], dass das Eigentum - im Gegensatz zum selbständigen und dauernden Recht - unbeschränkt, auch zeitlich unbegrenzt[603] sei, dass nur eine Sache, nicht auch ein Recht Gegenstand des Eigentums sein könne beziehungsweise dass das selbständige und dauernde Recht nicht eine Sache sei[604].

Der herrschenden Lehre widerspricht nun zumindest der Wortlaut von 655 ZGB[605]: Gegenstand des Grundeigentums sind die Grundstücke (655 I ZGB). Grundstücke im Sinne des Zivilgesetzbuches[606] sind die Liegenschaften, die in das Grundbuch aufgenommenen selbständigen und dauernden Rechte, die Bergwerke und die Miteigentumsanteile an Grundstücken (655 II ZGB). Von der Sprachlogik her ist klar, dass die selbständigen und dauernden Rechte als Grundstücke im Sinne des Zivilgesetzbuches Gegenstand des Grundeigentums sind[607]. Unter diesem Marginale werden sie auf

---

[600] Nach STOECKLIN vertreten noch RUEDIN 98 ff und (allerdings nur bezüglich der umfassenderen Anwendung der Eigentumsrechte) WITT 90 die gegenteilige Auffassung. Bei VOLLENWEIDER 62 f gehen die Überlegungen auch in die Richtung der Eigentumsidentität. Das Kantonsblatt Basel-Stadt allerdings veröffentlicht beispielsweise Handänderungen bei Baurechten oder Bestellungen und Löschungen von Baurechten ebenfalls mit dem Titel «Eigentum», z.B.: «Baurecht. S I BRP 2720, 4800 m², Flughafenstrasse 225. Eigentum: Zentralwäscherei Basel AG, in Basel. (BRP an P 418, Eigentum: Bürgerspital Basel).» (Kantonsblatt vom 21. 5. 1991, 629). Auch das BGer schreibt im vielzitierten BGE 72 I 236 zur Begründung der Übertragbarkeit des Baurechts, es gehöre «zum Begriff des Eigentums (...) grundsätzlich das Merkmal der Übertragbarkeit», dazu unten S. 151.
[601] Etwa ISLER 23, 91.
[602] FREIMÜLLER 40 mit Hinweisen.
[603] LIVER Baurechtsdienstbarkeit 380.
[604] LIVER Einl. N 21, Verzicht 360, SPR V/1 123; FREIMÜLLER 104; NEUENSCHWANDER 9; PILET 57 f; RUEDIN 94 ff; VOLLENWEIDER 29. MEIER-HAYOZ N 11 zu 641 ZGB betont ebenfalls, dass man an Rechten kein (sachenrechtliches) Eigentum haben könne; als Ausnahme davon bezeichnet er es aber in N 13 zu 641 ZGB, dass gebuchte selbständige und dauernde Rechte an Grundstücken vom Gesetz als Objekte des Eigentums ausdrücklich anerkannt würden.
[605] Ebenso RUEDIN 94.
[606] An der Klarheit des Wortlautes ändert sich auch nichts, wenn man, wie im Vorentwurf oder von der Expertenkommission geschehen, in 655 ZGB «im Sinne dieses Gesetzes» weglässt; vgl. PILET 178, der darauf zu Unrecht Gewicht legt.
[607] Eine Entsprechung findet sich im Grundbuchrecht: Nach 963 I ZGB erfolgen die Eintragungen in das Grundbuch aufgrund einer schriftlichen Erklärung des Eigentü-

gleicher Ebene mit den Liegenschaften genannt, an welchen unstreitig Grundeigentumsrechte bestehen. Ginge man also von der primären Auslegungsregel aus, wonach eine Gesetzesbestimmung mit klarem und eindeutigem Wortlaut keiner weiteren Auslegung bedürfe[608], müsste sich die Ansicht STOECKLINS gegen diejenige von LIVER und gegen die herrschende Lehre ohne weiteres durchsetzen. Über selbständige und dauernde Rechte, die in das Grundbuch aufgenommen worden sind, könnte man demnach gestützt auf 641 I ZGB in Verbindung mit 655 II 2. ZGB grundsätzlich frei verfügen; Beschränkungen der Verfügungsfreiheit über diese Rechte unterständen den strengen Regeln der Eigentumsfreiheit und den Formen der Sacheigentumsbeschränkungen. Indessen hat der Wortlaut, auch wenn er klar und eindeutig ist, unter anderem dann hinter das Ergebnis einer (richtigen) Auslegung zurückzutreten, wenn er nicht den wahren Sinn der fraglichen Bestimmung wiedergibt[609].

Es ist in den vorangehenden Abschnitten im einzelnen dargelegt worden, dass die als selbständig und dauernd ausgestalteten Rechte - zunächst ungeachtet ihrer allfälligen Aufnahme in das Grundbuch - beschränkte Rechte und keine dinglichen Vollrechte sind[610], und ebenso, in welchem Verhältnis diese beschränkten Rechte zu dem ihnen jeweils übergeordneten Eigentumsrecht stehen[611]. Im folgenden sei nun, ausgehend vom Wortlaut von 655 I und II ZGB, geprüft, welche eigentumsrechtliche Qualifikation den *gebuchten* selbständigen und dauernden Rechten allenfalls beigemessen werden könnte und welche Qualifikation ihnen beizumessen ist.

---

mers des Grundstückes, auf das sich die Verfügung bezieht - und die Aufnahme eines selbständigen und dauernden Rechts erfolgt aufgrund der Anmeldung des Berechtigten (7 I GBV).

[608] Dass eine Vorschrift mit klarem Wortlaut weder auslegungsbedürftig noch der Auslegung überhaupt zugänglich sei - vgl. die Hinweise bei HÄFELIN 116 - ist zweifellos nicht richtig, vgl. BGE 116 Ia 367 f; GYGI *Rechtsfindung* 206 f; HÄFELIN 116, 118 f; IMBODEN/RHINOW/KRÄHENMANN Nr. 21 B I.

[609] Vgl. HÄFELIN 112, 114 f, 131 sowie knapp, aber aussagekräftig IMBODEN/RHINOW/KRÄHENMANN Nrn. 20 und 21, insbesondere Nr. 21 B IV. Zu beachten ist auch die bewusste Knappheit der Zivilgesetzbuch-Artikel (MEIER-HAYOZ N 187 zu 1 ZGB). Im Zusammenhang mit 655 II 2. ZGB meint VOLLENWEIDER 29 lapidar: 655 II 2. ZGB wörtlich auszulegen hiesse die Evidenz negieren.

[610] Oben S. 72 f.
[611] Oben S. 78 ff.

422 Eigentum und Konzession im Verhältnis zu den gebuchten selbständigen und dauernden Rechten

Der Wortlaut von 655 II 2. ZGB lässt den Schluss zu, das gebuchte selbständige und dauernde Recht sei ein Grundeigentumsrecht. Es scheint deshalb für eine unvoreingenommene Prüfung der Verfügungsmöglichkeiten bei ins Grundbuch aufgenommenen selbständigen und dauernden Rechten nicht schlechthin entbehrlich, die Eigentumsfrage noch einmal aufzuwerfen[612].

422.1 Eigentum und gebuchtes selbständiges dauerndes Recht

Selbst wenn man davon ausgeht, dass der Begriff des Eigentums unwandelbar feststeht, sind jedenfalls die Objekte beziehungsweise der mögliche Inhalt von Eigentum von der Rechtsordnung selbst gesetzt[613]. So ist etwa der in der schweizerischen Rechtsordnung geltende Grundsatz, dass Objekte des Eigentums[614] körperliche Sachen sein müssten, keineswegs zwingend, und er hat auch nicht in allen Rechtsordnungen Gültigkeit[615]. Und wenn nach schweizerischem Recht beispielsweise die Abgegrenztheit einer Sache, welche ein zwingendes Merkmal der Sache im Rechtssinn darstellt[616], im Falle der Grundstücke durch Parzellierung erst geschaffen[617] und die Einheit des Grundstückes auch jederzeit, etwa durch Abparzellierung,

---

[612] Vgl. RUEDIN 51 f: Man kann die Rechtsnatur von Eigentum und Baurechtsdienstbarkeit nicht erfassen, ohne das je andere zu kennen, vgl. auch LIVER Einl. N 56.
[613] Auf die Kontroverse um den Eigentumsbegriff wird auch hier - vgl. oben FN 281 - nicht grundsätzlich eingegangen, man vergleiche dazu LIVER *SPR V/1* 3 ff. Gerade in der Unterscheidung von (durch die einzelnen Rechtsordnungen positivrechtlich bestimmtem) rechtsinhaltlichem und (nur die in allen Rechtsordnungen anzutreffenden Merkmale enthaltendem) rechtsformalem Eigentumsbegriff (bei BUCHER 37 ff, 161, 164-167) liegt eine elegante und praktikable Lösung des (Schein-) Problems.
[614] Des sachenrechtlichen, anders beim konstitutionellen, vgl. oben S. 49.
[615] Vgl. LIVER *SPR V/1* 11; GMÜR *Rechtsame* 25, 32; REY *Sachenrecht* 21; RUEDIN 166.
[616] MEIER-HAYOZ SysT N 120; bei dieser Frage handelt es sich um eine nach dem Eigentumsinhalt, nicht nach dem Eigentumsbegriff, LIVER *SPR V/1* 3.
[617] MEIER-HAYOZ SysT N 123; DESCHENAUX *SPR V/3* 70.

neu definiert werden können, wird klar: Das Recht vermag sich die von ihm selbst statuierten Voraussetzungen im Bedarfsfall zu fingieren[618]. Auch der Sachbegriff und der Begriff des Gegenstandes des dinglichen Rechts sind, soweit es um deren rechtliche Relevanz geht, Rechtsbegriffe, wobei der Sachbegriff für das Recht nicht so sehr nach der physischen Beschaffenheit der Sache, als sehr viel stärker von deren wirtschaftlichen Funktion her bestimmt wird[619]. Wenn also die herrschende Lehre selbständige und dauernde Rechte zwar nicht als Eigentum anerkennt, so ist dies doch dogmatisch nicht von vornherein undenkbar[620]. Dabei kann jedenfalls, was die behauptete Unmöglichkeit der Eigentumsqualität von gebuchten selbständigen und dauernden Rechten betrifft, nicht ausschlaggebend sein, dass *Rechte* nicht Gegenstand von (Sach-) Eigentum sein könnten[621]. Diese Argumentation liesse ausser acht, dass es sich auch bei einem selbständigen und dauernden Recht um ein - allerdings dem Umfang nach beschränktes - dingliches, inhaltlich eben doch unmittelbar auf die Sache[622] gerichtetes Herrschaftsrecht[623] handelt.

[618] FRIEDRICH *Wiedereinführung* 16a; RUEDIN 161 mit Hinweis auf HAAB Einl. N 19.
[619] FRIEDRICH *BTJP 1968* 137 mit Hinweisen; RUEDIN 162 f; vgl. auch STAUDINGER/RING N 2 zu 12 ErbbV.
[620] PILET 57. Vgl. auch CANARIS 425, der festhält, die Rechtsordnung könne eine Rechtsposition grundsätzlich beliebig mit dinglichen Charakteristika ausstatten und so auch Mischformen zwischen dinglichen und obligatorischen Rechten schaffen.
[621] Vgl. oben S. 109.
[622] Vgl. LIVER N 5 zu 730 ZGB, N 5 zu 737 ZGB; REY SysT N 27; FRIEDRICH *Nutzungsdienstbarkeiten* 39; NEUENSCHWANDER 484; nach PIOTET *SPR V/1* 525 «hat das beschränkte dingliche Recht immer die Sache selbst zum Gegenstand». Daran ändert nichts, dass sich diese Sachherrschaft auch qualitativ von derjenigen des Vollrechts unterscheidet (oben S. 72 f). Für ZOBL *Inhalt* 36 FN 25 liegt gerade im Umstand, dass das Baurecht ein dingliches Recht auf Benützung der Bodenfläche darstellt, die Voraussetzung für die Zulässigkeit einer Begründung von Unterbaurechten (vgl. dazu neben vielen RIEMER 33 f). Das deutsche Erbbaurecht wird als Sache, nicht als Recht behandelt, WESTERMANN 6.A. II 46. GMÜR *Rechtsame* 13 spricht von Objekten des Sachenrechts, die nicht körperlicher Art sind, sondern die Rechtsnatur von Rechten oder Rechtskomplexen haben, jedoch wie Immobilien behandelt werden. - Mindestens beachtenswert scheint, dass HUBER *Erl. II* 30 die Nutzniessung und die Pfandrechte an Forderungen als der Einfachheit wegen wie Sachenrechte behandelt wissen will, für die selbständigen und dauernden Rechte aber jedenfalls implizite von einem (fingierten) Sachbegriff i.e.S. auszugehen scheint. Dazu gleich unten. — Es darf im übrigen nicht übersehen werden, dass die Rechtsordnung mit dem Eigentum nicht das Haben der Sache, sondern die Eigentums*rechte* an der Sache schützt, vgl. etwa MÜLLER N 1 zu 22ter BV. Auch der Besitz, der als tatsächliches Beherrschen einer Sache umschrieben wird, ist rechtlich nur insofern relevant, als an dieses tatsächliche Innehaben als eine *faktische* Gegebenheit *Rechts*folgen geknüpft werden, vgl. BUCHER 173.
[623] Auch wenn das dingliche Recht letztlich gleichwohl kein Recht gegenüber der

Durch die Eintragung der Dienstbarkeit im Grundbuch ist an die Stelle eines Vertragsverhältnisses ein dingliches Rechtsverhältnis getreten[624]. Die Dienstbarkeit ist gerade kein relatives Recht, an welchem sachenrechtliches Eigentum von vornherein nicht möglich wäre.

Unter diesen Umständen ist es - auch im Blick auf die vom Gesetzgeber aus wirtschaftlichen Gründen geschaffene Möglichkeit der Verselbständigung von Baurechten[625] - zumindest nicht abwegig, das selbständige und dauernde Recht als dingliches Vollrecht zu fingieren[626]. Man beachte in dieser Hinsicht etwa die Formulierung im Entwurf zum Zivilgesetzbuch, der das Grundeigentum als «das Eigentum an unbeweglichen Sachen (Grundstücken)» bezeichnet[627]. Unbewegliche Sachen aber «sind» nach dem Entwurf die Liegenschaften, die in das Grundbuch aufgenommenen selbständigen und dauernden Rechte, wie namentlich Wasserrechte, Baurechte und die Bergwerke[628]. Im Parlament hat Ständerat HOFFMANN als Kommissionsberichterstatter hervorgehoben, dass man den Begriff des Grundeigentums nicht mit «unbeweglicher Sache» gleichsetzen könne, weil neben dem Eigentum an unbeweglichen Sachen auch Rechte an Liegenschaften bestünden, deren Einbezug «unter den Begriff des Grundeigentums ein wirtschaftliches Bedürfnis» darstelle[629]. Darauf, dass heute ebenso der Begriff «Grundstück» nicht mit demjenigen der «unbeweglichen Sache» verwechselt werden dürfe, wird auch in der gegenwärtigen Literatur hingewiesen[630]. EUGEN HUBER hat zwar den Begriff des Grundstücks als praktikablen, weil kürzeren und bewegli-

---

Sache, sondern - wie alle Rechte - ein Recht gegenüber Personen ist, PAWLOWSKI 402, vgl. oben S. 79.

[624] Oben FN 404. Dies ist übrigens mitunter als Verselbständigung - des dinglichen Rechts - bezeichnet worden ist: PFISTER 370.

[625] BGE 106 II 57 formuliert lapidar: «(...) dient das Baurecht gleichen Zwecken wie das Eigentum am Grundstück selber, auf dem es eingeräumt wurde, und verleiht insofern auch gleiche Befugnisse.»

[626] Gänzlich ausschliessen würde eine solche Fiktion wohl LIVER, vgl. seine Bemerkungen zum Sondereigentum nach deutschem Stockwerkeigentumsrecht in: *Miteigentum* 277.

[627] 658 I VEzZGB. Die nationalrätliche Kommission hatte Entsprechendes («Unbewegliche Sachen, Grundstücke im Sinne dieses Gesetzes sind») für den Ingress von 649 II (heute 655 II) ZGB vorgeschlagen, StenBull 1906 525.

[628] 658 II VEzZGB; vgl. dazu PROTOKOLL 22 und HUBER *Erl. II* 30 und 607 f.

[629] StenBull 1906 1261; HOFFMANN spricht auch ausdrücklich von einem Eigentumsrecht an einem Felsenkeller.

[630] DESCHENAUX *SPR V/3* 70.

cheren Synonymbegriff für «unbewegliche Sache» verstanden[631]. Gleichwohl wurde seinerzeit im Parlament unwidersprochen einer Gleichsetzung der selbständigen und dauernden Rechte mit dem Grundeigentum das Wort geredet. So hat etwa ROSSEL als französischer Berichterstatter im Nationalrat betont, das Baurecht sei nicht ein Recht an fremder Sache, sondern Eigentum[632]. In der Tat ist ja auch die absolute Auffassung, es handle sich beim selbständigen und dauernden Recht *nur* um ein Recht, jedenfalls bei der Baurechtsdienstbarkeit nicht in ganzer Reinheit zu halten, betrifft doch beispielsweise die Verfügung über das Recht immer auch die Sache, nämlich die Baute, mit allen ihren Bestandteilen und Zugehör[633]. Schliesslich scheint von seinem Wortlaut her auch der Entwurf für die selbständigen und dauernden Rechte Eigentum fingieren zu wollen, und zwar über den Bereich des blossen Rechtsverkehrs hinaus[634]. Zu beachten ist auch, hätte die grundstücksgleiche Behandlung in der Tat für die selbständigen und dauernden Rechte ausschliesslich in der Anwendbarkeit der grundbuchlichen Regeln über den Rechtsverkehr mit Grundeigentum bestehen sollen, dass eine blosse Verweisung im Gesetz - man vergleiche etwa 731 I ZGB - je-

---

[631] StenBull 1906 527.

[632] «Le droit de superficie de l'art. 667 n'est pas une servitude sur la chose d'autrui, mais un véritable droit de propriété, perpétuel de sa nature, et qui rentre dans la circulation comme tout autre propriété immobilière.» (StenBull 1906 538).

[633] FRIEDRICH *BTJP 1968* 168 f.

[634] «Alle Grundstücke unterliegen dem Grundbuchrecht, alles, was dem Grundbuchrecht unterliegt, ist Grundstück,» und: «Dass die Baurechte dabei ausserdem als Belastung eines wirklichen Grundstückes im Grundbuch eingetragen worden sind, hat keine verwirrende Folge.» (HUBER *Erl. II* 78). «Soweit die Belastung einer in das Grundbuch aufgenommenen Bodenfläche die Grundlage eines solchen Rechts bildet, kommt dieses alsdann in zwei verschiedenen Gestalten im Grundbuche vor. Einerseits unter dem Eintrage als dingliches Recht an einem aufgenommenen Grundstücke und andererseits als Grundstück selbst. Schwierigkeiten können dadurch nicht entstehen, denn die zwei Aufzeichnungen stehen miteinander in gar keinem andern Zusammenhang, als dass die erstere die Grundlage der letzteren bildet.» (HUBER *Erl. II* 421). Vgl. weiter HUBER *Erl. II* 90, es könne das Baurecht «zu einem eigenen Eigentumsobjekte dadurch erhoben werden», dass es in das Grundbuch aufgenommen werde; oder: Es ständen «den Dienstbarkeiten gleich die Rechte an den herrenlosen und öffentlichen Sachen, soweit sie nicht als eigentumsgleiche Berechtigungen in Frage kommen», HUBER *Erl. II* 137. Auffallend ist auf der andern Seite die dezidiert andere Auffassung hinsichtlich der Quellenrechte, vgl. HUBER *Erl. II* 108 f, wie es im übrigen auch Stellen gibt, in welchen die Rechtsnatur des Baurechts als einer Dienstbarkeit betont wird, etwa HUBER *Erl. II* 138. Ebenso ist das Verständnis in der Botschaft zum Zivilgesetzbuch offenbar ein anderes, wird danach doch mit dem Grundstücksbegriff nichts anderes bestimmt als der Umstand, dass es sich dabei um aufnahmefähige (Sachen-) Rechte handelt, BOTSCHAFT *1904* 62.

denfalls nicht undenkbar gewesen wäre.

Indessen ist in dogmatischer Hinsicht zu beachten, dass es für die richtige Auslegung letztlich keinen Unterschied macht, ob der Gesetzgeber Grundeigentum im engen Sinne, also mit der Folge vollumfänglicher Anwendbarkeit der Grundeigentums- und Eigentumsvorschriften, habe fingieren wollen, oder ob er nur die analoge Anwendung der Eigentumsvorschriften vorgesehen habe: Einerseits ist auch bei Vorliegen einer Fiktion im einzelnen zu prüfen, inwiefern die mit der Fiktion wirksam werdenden Vorschriften direkt oder sachangemessen, das heisst eben: analog anzuwenden sind; und andererseits kann die Anweisung, die Referenzvorschriften - vorliegendenfalls die Grundeigentumsvorschriften - seien analog anzuwenden, in letzter Konsequenz dazu führen, dass diese vollumfänglich zur Anwendung kommen[635]. Deshalb liegt auch kein Widerspruch in der Aussage, durch die Grundbuchaufnahme werde für das Baurecht Grundstücksqualität fingiert, ohne dass sich damit aber der Inhalt des Rechts ändere[636], und es ist grundsätzlich wenig gewonnen mit der Feststellung, dass die einen Autoren von einer Fiktion[637], die andern von analoger Rechtsanwendung[638] sprechen: Die Auslegung ist damit noch nicht vorweggenommen.

Nach der in der Schweiz seit je herrschenden Lehre hat der Gesetzgeber - auch wenn das aus der nur teilweise von Laien bestrittenen Gesetzgebungsarbeit nicht unzweifelhaft hervorgeht - mit der Möglichkeit einer Grundbuchaufnahme jedenfalls für das Baurecht keine Fiktion im engen Sinne schaffen wollen. Dies wird

---

[635] Vgl. dazu LARENZ *Methodenlehre* 262 ff. Richtigerweise wird man hier von einer definitorischen Fiktion sprechen müssen (vgl. den Hinweis auf ESSER in LARENZ a.a.O. 263 FN 22): Weil es beim Sachenrechtsbegriff letztlich um eine gesetzgeberische Definition gehen muss, liegt bereits in der Auffassung, es werde mit 655 II 2. ZGB eine «gewollte Gleichsetzung eines als ungleich Gewusstes» (Fiktionsumschreibung bei LARENZ a.a.O. 262) vorgenommen, eine Definition, die nur dem Gesetzgeber zusteht (ihm aber auch freisteht!): Dass nämlich ein beschränktes dingliches Recht kein dingliches Vollrecht sein könne (vgl. dazu oben S. 72 f).

[636] So HAAB in N 1 und N 12 zu 655 ZGB.

[637] So etwa BGE 118 II 118; LEEMANN N 24 zu 655 ZGB und N 67 zu 779 ZGB; DESCHENAUX *SPR V/3* 86 f; ITEN 57 für die in das Grundbuch aufgenommenen Wasserrechtskonzessionen. Nur selten erfolgt eine ausdrückliche Gleichsetzung, so insbesondere durch RUEDIN 98 ff und, jedenfalls hinsichtlich der Anwendbarkeit der Grundeigentumsvorschriften, STOECKLIN 21, 51 und WITT 89 f. Nach GMÜR *Rechtsame* 32 schliesslich stellen Rechtsame und Gerechtigkeiten - dazu oben S. 13 - Eigentum dar.

[638] Beispielsweise GUHL *Verselbständigung* 94; LIVER *Baurechtsdienstbarkeit* 378.

nicht zuletzt damit begründet, dass dadurch das Eigentum am beherrschten Grundstück geteilt würde. Teilung von Eigentum sei im schweizerischen Recht jedoch nicht vorgesehen[639]. Dem ist im folgenden nachzugehen.

Geteiltes Eigentum im weiten Sinn liegt dann vor, wenn dem Berechtigten für seinen Teil ein selbständiger und dinglich wirkender Herrschaftsbereich zusteht. Das geschieht entweder dadurch, dass man die Sache selbst, den Eigentumsgegenstand, teilt, oder dadurch, dass man das dingliche Herrschaftsrecht an einer identisch bleibenden Sache zwischen verschiedenen Rechtssubjekten aufteilt[640]. Sieht man vom Fall der unumstritten zulässigen[641] körperlichen[642] Teilung des Eigentumsobjektes ab, kennt das schweizerische Recht im Unterschied zu früheren[643] oder zu ausländischen Rechtsordnungen[644] in der Tat als Formen des gemeinschaftlichen, «geteilten»

---

[639] FREIMÜLLER 40.

[640] HUBER *Teilung* 6.

[641] LIVER N 1 ff zu 743 ZGB; RAISER 169; VON TUHR *AllgT I* 237. Vorausgesetzt ist aber, dass die Sache durch die Teilung in ihrem Wert nicht zerstört wird, MEIER-HAYOZ SysT N 189. - Nicht weiter zu verfolgen ist in dieser Untersuchung die Frage, ob auch selbständige und dauernde Rechte körperlich geteilt werden können, vgl. dazu LIVER N 13 f zu 743 ZGB.

[642] HUBER *Teilung* 6 und 20 nennt daneben noch die Funktions- und die Wertteilung, vgl. auch LIVER Einl. N 11, VOLLENWEIDER 19.

[643] Vgl. etwa das gemeinrechtliche Institut des condominium pro diviso als eine eigentliche Teilung des (rechtlichen) Eigentums an einer (tatsächlich) einzigen Sache, oder die Unterscheidung in Ober- und Nutzungseigentum (dazu HUBER *PR IV* 693) bzw. diejenige in Ober- und Untereigentum des 19. Jh. (RIEGEL 414, WESTERMANN *Zulässigkeit* 27). Für frühere kantonale Rechte vgl. BRANDENBURGER 32, 34 und zum Ganzen schliesslich MEIER-HAYOZ SysT N 350 ff und (auch zur Pflanzensuperficies) LIVER *Geschichte*.

[644] Neben vielen: FREIMÜLLER 40 mit Hinweisen, PILET (zur Rechtsgeschichte) 15. Nach FREIMÜLLER 15 f ist etwa die italienische superficie nicht wie im schweizerischen Recht ein beschränktes, sondern ein dingliches Vollrecht, womit eine eigentliche Teilung des Eigentums am Boden und demjenigen an der Baute entstehe (m.E. ist allerdings die Einheit von Eigentum am Boden und an den darauf stehenden Bauten wiederum eine auf dem Akzessionsprinzip beruhende Konstruktion, die von der Rechtsordnung gewollt, aber nicht schlechterdings zwingend, letztlich also fingiert ist). Ähnlich im übrigen der österreichische Versuch, im Falle des Baurechts geteiltes Eigentum nicht nur der Sache, sondern dem Recht nach anzunehmen, dazu FREIMÜLLER 13, WITT 18 mit Hinweisen. Vgl. weiter, dass im französischen Recht das droit de superficie volles Eigentum am Bauwerk ist und neben dem Eigentum des Grundeigentümers am Grundstück Bestand hat (FREIMÜLLER 21 f; PILET 17 f; RUEDIN 51, 60 ff, 100 f; WITT 20 f; vgl. auch NEUENSCHWANDER 42). Auf der andern Seite kennt auch das deutsche Recht - entgegen WESTERMANN *5.A.* 116, dazu oben FN 393 - keine Teilung des Eigentums: PAWLOWSKI 408; SONTIS 993 f, insbes. FN 45; WESTERMANN *Zulässigkeit* 26 f; WESTERMANN *6.A. I* 169, 182. Dass allerdings das Erbbaurecht dem Eigentumsrecht

Eigentums nur die Institute des Miteigentums und des Gesamteigentums[645]. Das Eigentumsrecht ist nach schweizerischer Rechtsauffassung einheitlich[646], auch dann, wenn verschiedene Rechtssubjekte - nämlich (und zwar ausschliesslich) als Miteigentümer oder Gesamthandseigentümer - je unterschiedliche Berechtigungen an einer Sacheinheit haben können[647]. Diese Auffassung beruht auf dem Begriff des Eigentums als eines unbeschränkten und ausschliesslichen Herrschaftsrechtes über eine Sache. Die Teilung dieses Rechts würde dem widersprechen[648]. Eigentum an anderem Eigentum müsste dieses vollständig verdrängen, weshalb eben dingliche Rechte an jemandes andern Eigentum immer nur beschränkte dingliche Rechte sein können[649].

Lehnt die herrschende Meinung die Möglichkeit einer Teilung des Eigentums grundsätzlich ab, so sind doch in Einzelfällen abweichende Auffassungen anzutreffen. So wird etwa nach VON TUHR/ESCHER[650] der Übergang des Besitzes und des Eigentums gegenüber Dritten, beispielsweise den Mietern, erst mit der Anzeige an diese wirksam und besteht vor der Anzeige doppeltes Eigentum in dem Sinn, dass der Veräusserer im Verhältnis zum Dritten (zum Mieter) Eigentümer bleibt, in allen andern Beziehungen aber der Käufer bereits Eigentümer geworden ist[651]. Eine andere Art der Tei-

---

sehr nahe kommt (und demnach auf dem betreffenden Grundstück faktisch eine Teilung von Eigentum stattfindet): FREIMÜLLER 9 mit Hinweisen. Vgl. im übrigen LIVER Einl. N 11 f, ISLER 21 f.

[645] Vgl. dazu etwa MEIER-HAYOZ SysT N 354; BRANDENBURGER 7, 22; FRIEDRICH *Wiedereinführung* 14a; REY *Sachenrecht* 141 mit Hinweis. Dass Rechte an sich (wie Sachen) teilbar sind und das positive Recht lediglich, aber immerhin, Regeln über die Rechtsausübung der Teilberechtigten aufstellen muss, vgl. BUCHER 23.

[646] HAAB N 19 zu 641 ZGB; LIVER Einl. N 6-11 und *SPR V/I* 18; HUBER *Erl. II* 42; gl.M. mit Hinweisen auf die deutsche Lehre GEORGIADES 154 f.

[647] MEIER-HAYOZ SysT N 354. Beispielsweise ist das Stockwerkeigentum nach schweizerischem Recht eine Form von Miteigentum - mit Sonderrechten an ausgeschiedenen Teilen (neben vielen MEIER-HAYOZ/REY Vorbem. zu 712a-712t ZGB, passim, mit Hinweisen, FREIMÜLLER 32; man spricht von mehrfacher Zuständigkeit des Eigentums an derselben Sache, LIVER *Verzicht* 362, 365 mit Hinweis auf HAAB) -, nach deutschem Recht jedoch geteiltes Volleigentum, WESTERMANN *5.A.* 341 (umstritten, vgl. MEIER-HAYOZ/REY a.a.O. N 30).

[648] Vgl. die rechtshistorische Abhandlung von WIEGAND und weiter BUCHER 155, 169 f (der dies auf alle absoluten Rechte bezieht); MENGIARDI 25 f; PAWLOWSKI 408; RAISER 177 (kritisch und differenziert); RUEDIN 57, 89; SONTIS 987.

[649] BUCHER 169 f; DULCKEIT 785.

[650] VON TUHR/ESCHER 198.

[651] LIVER bezeichnet dies moderat als «eine höchst sonderbare Figur», VON TUHR/ PETER/ESCHER 33.

lung von Eigentum liesse sich etwa durch die Annahme zweier verschiedener Eigentumsbegriffe vornehmen: Das Eigentum in der einen Begrifflichkeit würde dann einem anderen Träger zugeordnet als das Eigentum (an derselben Sache) in der andern Begrifflichkeit[652]. Zu denken ist dabei an die in der Bundesrepublik Deutschland in den 1970er Jahren im Rahmen eines Vorschlags zu einer Bodenrechtsreform getroffene Unterscheidung zwischen Verfügungs- und Nutzungseigentum[653]. Danach wäre das bisherige Grundeigentum in ein Verfügungseigentum der öffentlichen Hand übergeführt worden, und das Gemeinwesen hätte dann vertraglich kündbares und auch befristetes Nutzungseigentum daran an Private abgeben sollen[654]. Für die Gebäude wäre das Akzessionsprinzip aufgegeben worden. Diese wä-

[652] RAISER 170. Eine andere Art begrifflicher Teilung ist diejenige nach Funktionen, z.B. landwirtschaftliches Eigentum, gewerbliches Eigentum usw., vgl. LIVER *Eigentumsbegriff* 162 ff und *Servitut* 303 f; PAWLOWSKI 400; REY *Sachenrecht* 9 f. Die französische Lehre unterscheidet das Privateigentum vom Verwaltungseigentum, vgl. MEYER 31, und auch nach schweizerischem Recht wäre ein vom Privateigentum verschiedenes öffentliches Eigentum zulässig (oben S. 84).

[653] Vgl. dazu BODENRECHTSREFORM 128-131; BADURA *Möglichkeiten* 137 ff; REY *Eigentum* 73 f; RIEGEL 412 f; VOGEL 1546; WESTERMANN *6.A. I* 167 und *Zulässigkeit* 17. In die gleiche Richtung zielten eine nicht zustandegekommene Volksinitiative der Sozialdemokratischen Partei der Schweiz im Jahr 1975 (BOTSCHAFT *1986* 153 ff, insb. 161, dazu KALLENBERGER 90 ff) und ein Reformmodell der Schweizerischen Gesellschaft für ein neues Bodenrecht (dazu KALLENBERGER 354 ff) Auch heute noch ist das Modell als Utopie, dass es am Boden nur Nutzungsrechte, aber keine Rendite geben sollte (M. LEUENBERGER im Zürcher Tages-Anzeiger 28. 3. 1991 17), nicht ohne Anhänger. – Wenn im übrigen nur das «Nutzungseigentum» (nicht auch das «Verfügungseigentum») nicht als Eigentum, sondern lediglich als beschränktes dingliches Recht bezeichnet wird (vgl. WESTERMANN *Zulässigkeit* 73), erscheint diese Unterteilung auch nach schweizerischem Recht nicht gänzlich undenkbar: Es handelte sich dann nämlich nicht um ein Aufsplitten eines einheitlichen Eigentumsrechtes, vielmehr bestände das Nutzungsrecht als qualitativ selbständiges Recht neben dem Verfügungsrecht, mit welchem es kollidiert (SONTIS 993). Als ein Problem der Rechtspolitik, nicht der strukturellen Logik schliesslich bezeichnet RAISER 177 f die Frage, ob es «Neben-Eigentümer» geben könne.

[654] Ähnliche dogmatische Versuche in der Bundesrepublik und in Italien werden von LIVER *Eigentumsbegriff* 162 ff genannt. Vergleichbar auch der Versuch, das Obereigentum - in der Hand des Staates - und das Untereigentum mit positiv normierten Befugnissen - in der Hand der Privaten - wieder einzuführen, vgl. SONTIS 981 f. Eine andere Art von Teilung wiederum nimmt der Kommissionsberichterstatter im Ständerat, HOFFMANN, in Anlehnung an EUGEN HUBER in PROTOKOLL 20, vor: Selbständige und dauernde Rechte haben nach ihm «passiv gesprochen Servitutscharakter, sie werden ins Grundbuch eingetragen auf der belasteten Liegenschaft; aktiv dagegen bilden sie ein selbständiges Recht, das veräussert und verpfändet werden kann." (StenBull 1906 1269). Eine gleiche Konstruktion findet sich für das alte bernische Zivilrecht, allerdings auch unter ausdrücklicher Bezugnahme auf das damals entstehende schweizerische Zivilgesetzbuch, bei GMÜR *Quellenrecht* 61, 67 f. Für die Qualifizierung eines Immobiliareigentums sui generis im Sinne eines getrennten Eigentums spricht sich de lege ferenda WITT 115 f aus.

ren zu selbständigen, veräusserlichen, verpfändbaren und vererbbaren Volleigentumsrechten geworden[655]. Man könnte dies als eine Trennung von formellem und materiellem Eigentum bezeichnen[656]. Eine ähnliche unterscheidende Betrachtungsweise wendet KUNZ in seiner Untersuchung über das gemeinschaftliche Eigentum an[657], wenn er zwischen der rein formalen Rechtszugehörigkeit und der materiellen Verfügungsmacht unterscheidet[658]: Auch hier wird zwischen einem formellen und einem materiellen Recht an einer Sache unterschieden, welche je andern Rechtsträgern zugeschrieben werden können[659].

Anhand der Unterteilung des Eigentums in ein Verfügungs- und ein Nutzungseigentum als eines gedanklichen Gebildes - das im seinerzeitigen Vorschlag allerdings gesamtheitlicher, nämlich die Eigentumsordnung als solche verändernd, und damit auch radikaler gedacht war[660] - liesse sich untersuchen, ob dem selbständigen und dauernden Recht alles beziehungsweise was ihm fehlt, um Eigentum im hergebrachten Sinn zu sein. Die Verwandtschaft ist unverkennbar[661], und dem Vorschlag ist seinerzeit bezeichnenderweise entgegengehalten worden, seinen Intentionen werde bereits das geltende Erbbaurecht - erst noch besser - gerecht[662]. Im Falle des selbständigen und dauernden Rechtes im allgemeinen wäre dieses als Nut-

---

[655] VOGEL 1546 f. Rein faktisch kann übrigens beispielsweise eine weitreichende Mieterschutzgesetzgebung auch eine Trennung von Verfügungs- und Nutzungs«eigentum» herbeiführen. Dasselbe gilt allenfalls hinsichtlich der Eigentumsdetermination durch die Raumplanungs- und Umweltschutzgesetzgebung (vgl. REY *Eigentum* 74), welcher Hinweis hier ohne Wertung angeführt sei.
[656] Unter formellem Eigentum wird sonst auch das fiduziarische Eigentum verstanden, HAAB N 23 zu 641 ZGB.
[657] Vgl. etwa KUNZ 34 f.
[658] Letztlich wird damit, dass zwischen der Vermögenszuständigkeit einerseits und der Zuständigkeit zu Nutzungs-, Verwaltungs- und Verfügungshandlungen andererseits unterschieden wird (vgl. LIVER *Gem. Eigentum* 267), eine Zweiteilung des Eigentums konstruiert; vgl. dazu die Kritik bei LIVER a.a.O. 268, MENGIARDI 27 und, ohne Bezugnahme auf KUNZ, RAISER 177. Spricht man jedoch davon, dass mit dem Baurecht wirtschaftlich betrachtet eine Trennung des Eigentums vorliege (WESTERMANN 5. A. 333), wird nicht zugleich eine rechtliche Teilung des Eigentums behauptet.
[659] Vgl. zum Wiederaufleben der Konstruktion von geteiltem Eigentum als rechtshistorischem Phänomen WIEGAND 154 f.
[660] Es hätte nur noch die öffentliche Hand Verfügungseigentum halten können, vgl. RIEGEL 414. Im Blickwinkel der Eigentumsgarantie wäre dies als Verletzung der Institutsgarantie zu qualifizieren, WEBER 174. - Auch das Ober- und Untereigentum des gemeinen Rechts stellte im übrigen eine Teilung von Verfügungs- und Nutzungseigentum dar, vgl. BRANDENBURGER 7 mit Hinweis.
[661] BODENRECHTSREFORM 129; RAISER 171.
[662] WESTERMANN *Zulässigkeit* 37, 72.

zungseigentum und das Eigentum am dienenden Grundstück als Verfügungseigentum zu bezeichnen. Als Gründe, weshalb nun das Nutzungseigentum nicht wirklich Eigentumsqualität aufweise, werden etwa die beschränkte Dauer und die wiederkehrende Verpflichtung zu einer Geldleistung an den Verfügungseigentümer (und, weil für das deutsche Recht von Bedeutung, die fehlende Privatnützigkeit) genannt[663]. Ausgehend von der hier vertretenen Auffassung, dass die Rechtsordnung selbst bestimme, was wenn nicht unter den Begriff, dann zumindest unter den Inhalt des Eigentums falle, spricht indes keines dieser fehlenden Merkmale für die Unmöglichkeit, auch ein gebuchtes selbständiges und dauerndes Recht als Eigentum zu fassen. So ist die Dauer eines Rechts nicht als aussagekräftiges Unterscheidungsmerkmal zwischen dinglichen und relativen Rechten anerkannt[664], insbesondere stellt es aber kein taugliches Mittel zur Unterscheidung zwischen dinglichem Vollrecht und beschränktem dinglichem Recht dar: Eine Grunddienstbarkeit kann ebensosehr wie Grundeigentum auf Dauer bestehen. Fraglich ist auch die Brauchbarkeit des Kriteriums der wiederkehrenden Entgeltlichkeit als differentia specifica für Nichteigentum: Der Baurechtszins etwa ist nicht ein Essentiale des Baurechts(vertrages)[665].

Gerade in bezug auf die Baurechtsdienstbarkeit wird im übrigen die Auffassung vertreten, es erfolge eine Teilung des Grundeigentums zwischen dem Baurechtgeber und, für den überbauten Grundstücksteil, dem Bauberechtigten[666]. Insbesondere hat EUGEN HUBER[667] die Begründung von selbständigen und dauernden Rechten als Beispiel für die Teilung von Eigentum hervorgehoben. Die Ernsthaftigkeit der entsprechenden Vortragspassage wird allerdings angezweifelt[668]. In der Tat schreibt auch HUBER an anderer Stelle[669] lediglich davon, dass *für den Rechtsverkehr* die eigentumsgleiche Behandlung solcher Rechte möglich sei.

---

[663] WESTERMANN *Zulässigkeit* 36.
[664] Oben FN 502.
[665] ISLER 44 ff.
[666] BRANDENBURGER 81 mit Hinweis auf die Auffassung von WIELAND (vgl. dort N 7 zu 779 ZGB), der er sich aber nicht anschliesst; RUEDIN 147 FN 1.
[667] HUBER *Teilung* 13, ihm folgend VOLLENWEIDER 16 ff; GUHL *Verselbständigung* 91 zitiert die diesbezüglich «ausserordentlich luziden Ausführungen» HUBERS.
[668] FREIMÜLLER 41.
[669] HUBER *Erl. II* 42, vgl. aber oben S. 114.

Hinsichtlich der Frage, ob das gebuchte selbständige und dauernde Recht als Eigentum gelte *und damit* verpöntes geteiltes Eigentum geschaffen werde, ist jedoch folgendes wesentlich: Das Problem der Teilung von Eigentum (als Teilung der Eigentumsherrschaft) stellt sich überhaupt nur bezüglich einer einzigen, eine Einheit bleibenden Sache beziehungsweise, in unserem Fall eben, eines einzigen, eine Einheit bleibenden Rechts[670]. Teilung des Eigentums durch Teilung des Eigentumsgegenstandes hingegen ist ohne weiteres möglich und zulässig[671]. Wie bereits erwähnt, liegt nun aber mit dem selbständigen und dauernden Recht, jedenfalls was die Verfügung darüber angeht, gar kein mit dem Eigentum am belasteten Grundstück identisches Recht vor: Das Eigentum ist das Recht am *Grundstück*, das selbständige und dauernde Recht aber ein Recht am *Eigentumsrecht* (und das Eigentum an der *Baurechtsbaute* liegt unbestritten allein beim Baurechtnehmer[672]) - es geht deshalb nicht darum, dass zwei Berechtigte Eigentum am identischen Objekt haben[673], was zwar nicht schlechthin, wohl aber nach schweizerischem Recht unzulässig wäre[674]. Das selbständige und dauernde Recht hat allerdings die unmittelbare Sachherrschaft auf das Grundstück zum Inhalt und kann im Falle einer Baurechtsdienstbarkeit in seiner Auswirkung faktisch mit dem belasteten Eigentumsrecht zur Deckung gelangen, wenn es das belastete Grundstück in seiner räumlichen Ausdehnung vollständig beschlägt[675]. Dies ist jedoch eine Frage des Inhaltes beziehungs-

---

[670] HUBER *Teilung* 16.
[671] Oben FN 641.
[672] Oben in S. 94 f.
[673] Deshalb stellt sich das Problem der Teilung von Eigentum *nicht direkt* für das Eigentum an der Baurechtsbaute: Die auf 675 I ZGB beruhende Durchbrechung des Akzessionsprinzips bewirkt unabhängig davon, ob man das Bauteneigentum als dingliches Vollrecht qualifiziert oder nicht (vgl. oben S. 96 ff), eine Teilung des Eigentumsobjektes: Mit der Baute nach 675 I ZGB und dem Grundstück (655 II 1. ZGB) liegen zwei verschiedene Sachen vor (FREIMÜLLER 21). Die Problematik rührt vielmehr daher, dass das Bauteneigentum vollumfänglich vom Baurechtsdienstbarkeit belastet ist, verfügen kann, dazu schon oben S. 82.
[674] Oben S. 117.
[675] Rechtlich belastet ein beschränktes dingliches Recht an einem Grundstück dieses immer vollumfänglich, vgl. oben FN 499. Die Problematik ist indessen ungeachtet des inhaltlichen Umfangs des jeweiligen selbständigen und dauernden Rechtes eine einheitliche. - WESTERMANN 5.A. 333 schliesst aus diesem Umstand, dass wirtschaftlich eine auf Zeit beschränkte Teilung des Eigentums angenommen werden müsse, auch wenn rechtlich mit dem Erbbaurecht ein beschränktes Recht an einem fremden Grund-

weise des Umfanges, nicht der Qualität des Rechts.

Davon geht HUBER aus: Die Bestellung eines selbständigen und dauernden Rechtes bringt keine - unzulässige - Teilung der Eigentumsherrschaft, sondern stellt eine - zulässige - Teilung des Eigentumsgegenstandes dar[676]. Dabei hat HUBER allerdings in erster Linie die Baute selbst im Auge, wenn er schreibt, der eine Berechtigte habe das Grundeigentum an der Bodenfläche mit allen seinen Konsequenzen, der andere aufgrund der Verselbständigung seines Dienstbarkeitsrechtes ein eigentumsgleiches Recht am Bauwerk (sic!), womit er auch Eigentümer der Baute selbst sei. Immerhin trennt HUBER das selbständige und dauernde, aufnahmefähige Recht deutlich von der unselbständigen Dienstbarkeit, die als Teilung lediglich der Benutzungsbefugnis eben nicht selbständig und nicht «dem Eigentum parallel» sei[677]. Ganz offensichtlich lässt er sich demnach von einer ganzheitlichen Betrachtung von Bauteneigentum (Durchbrechung des Akzessionsprinzipes) und Verselbständigung leiten[678], spricht in diesem Zusammenhang dann aber auch uneingeschränkt von «Grundeigentumsrecht»[679]. Hält man sich das vor Augen und kommt gleichzeitig zurück auf die Frage, ob der Gesetzgeber mit der Aufnahme der selbständigen und dauernden Rechte in die Vorschrift von 655 II ZGB Eigentumsrecht habe fingieren wollen, wird man sich die Frage nach der Wirkung der Grundbuchaufnahme stellen müssen.

---

stück vorliege.

[676] HUBER *Teilung* 14 f, ähnlich allgemein zum Dienstbarkeitsrecht RIEMER *Sachenrecht* 32.

[677] HUBER *Teilung* 20 f, vgl. auch ebd. S. 6.

[678] So spricht HUBER etwa auch davon, dass sich die Bauten (!) «als eine eigene Art von dinglicher Belastung des Bodens darstellen und im Grundbuch als eine Dienstbarkeit eingetragen sind» (HUBER *Erl. II* 90). Für das Wasserrecht betont ITEN 58 die enge, «natürliche» Verbindung zwischen Wasserwerk und Konzession und rechtfertigt damit die Gleichbehandlung von gebuchtem Wasserrecht und Grundstück (vgl. auch HUBER *Erl. II* 356). Bestand oder Nichtbestand des Wasserwerks haben folgerichtig auch Einfluss auf den Umfang der Anwendbarkeit von Sachenrechtsnormen auf das Wasserrecht, ITEN 60.

[679] HUBER *Dingl. Rechte* 50.

422.2 Konzession und gebuchtes selbständiges dauerndes Recht

Die Konzession ist kein dingliches Recht[680], weshalb sich hier die Frage nach der Teilbarkeit von Eigentum nicht in gleichem Masse stellt wie bei der Dienstbarkeit als beschränktem dinglichem Recht. Gleichwohl kann man auch da die Sachenrechtsprinzipien geltend machen, wonach etwa Rechte keine Sachen sein könnten und damit auch keine Grundstücke. Wenn sich demnach zwar das Problem der Teilung von Eigentum nicht stellt, so bleibt doch die Frage dieselbe, ob nämlich das gebuchte selbständige und dauernde Recht, basierend auf einer Verleihung, Grundstück im Sinne des Zivilgesetzbuches sein könne und demnach wie Eigentum zu behandeln sei. Wenn oben[681] davon die Rede war, es trete durch die Grundbuchaufnahme eine Konzession gleichsam ins Zivilrecht ein, und soeben wiederholt worden ist, es werde die Konzession dadurch nicht zu einem dinglichen Recht, so ist nunmehr die Frage zu beantworten, inwiefern denn das Zivilrecht durch diese Grundbuchaufnahme für die Konzession massgebend werde. Es stellt sich, wie für das privatrechtliche selbständige und dauernde Recht, die Frage nach der Wirkung der Grundbuchaufnahme.

423 Die Wirkung der Aufnahme in das Grundbuch

An dieser Stelle soll nicht mehr über die allgemein anerkannten Wirkungen der Aufnahme selbständiger und dauernder Rechte in das Grundbuch[682], sondern darüber gehandelt werden, welche Wirkung die Grundbuchaufnahme auf die Natur dieser Rechte zeitigt.

Zunächst scheint der von den einen bestrittene und von den andern verfochtene qualitative Sprung des selbständigen und dauernden Rechtes vom beschränkten zum Vollrecht, wenn überhaupt, dann durch die Aufnahme in das Grundbuch möglich zu werden: Zumindest

---
[680] Oben FN 148.
[681] Oben S. 34.
[682] Oben S. 107 f.

gesetzessystematisch betrachtet tritt damit das selbständige und dauernde Recht aus dem Dienstbarkeitsrecht in das Eigentumsrecht über, nämlich von der Zweiten Abteilung («Die beschränkten dinglichen Rechte») in die Erste Abteilung («Das Eigentum») des Sachenrechts des Zivilgesetzbuches (655 II 2. ZGB). Für die Konzessionen kann man analog von einem Schritt vom öffentlichen ins Privatrecht sprechen. Diejenigen Autoren, welche die in das Grundbuch aufgenommenen selbständigen und dauernden Rechte als Eigentum im Rechtssinne auffassen, stützen sich denn auch auf diese Vorschrift von 655 II 2. ZGB. Danach sind die in das Grundbuch aufgenommenen selbständigen und dauernden Rechte als Grundstücke im Sinne des Zivilgesetzbuches Gegenstand des Grundeigentums. Indessen lässt sich aus der zitierten Bestimmung weder vom Wortlaut noch von der Gesetzessystematik her etwas über die Rechtswirkung der Aufnahme dieser Rechte in das Grundbuch ableiten, und zwar weder in der einen noch in der andern Richtung: Sie spricht sich nämlich über die Wirkung der Grundbuchaufnahme gar nicht aus, sondern setzt diese gleichsam als Tatbestand voraus[683]. Auch das Marginale zu 655 ZGB spricht vom «Gegenstand» des Grundeigentums. Die Grundbuchaufnahme wird nur im Zusammenhang mit den selbständigen und dauernden Rechten genannt und hat da lediglich beschreibende Funktion: Der Hinweis dient einer positiven Enumeration in dem Sinne, dass nur diejenigen selbständigen und dauernden Rechte «Grundstücke im Sinne dieses Gesetzes» seien, welche in das Grundbuch Aufnahme gefunden hätten. Dass der Vorschrift jedenfalls keine Aussage bezüglich einer eigentumsbildenden Wirkung der Grundbuchaufnahme entnommen werden kann, zeigt sich im übrigen daran, dass auch die Liegenschaften und die Miteigentumsanteile an Grundstücken aufgeführt sind: Die Liegenschaften werden ebenfalls in das Grundbuch aufgenommen, erlangen aber zweifellos nicht erst mit dieser Aufnahme die Qualität der eigentumsfähigen Immobiliarsache[684]. Zwar ist nur eine abgegrenzte körperliche Sache Gegenstand des Eigentums. Die Aufnahme ins Grundbuch hat jedoch bezüglich des Rechts keine materielle Wirkung[685] und ist auch für die

---

[683] Vgl. HUBER *Erl. II* 78.
[684] Vgl. BUSER *Baupolizeirecht* 91 mit Hinweis auf GUHL.
[685] HUBER *Erl. II* 403 f.

Abgegrenztheit eines Grundstückes nicht konstitutiv[686]. Nur so lässt sich auch eine - vom Gesetz in 662 ZGB ausdrücklich vorgesehene - Ersitzung von Eigentum rechtlich begründen[687]. Eine Ersitzung aber ist auch an Dienstbarkeiten[688], mithin an selbständigen und dauernden Rechten möglich, und zwar auch als Extratabularersitzung[689]; andererseits ist eine Ersitzung von Bergwerken, Wasserrechten und öffentlichen Sachen ausgeschlossen[690]. Der Umstand, dass die Aufnahme ins Grundbuch für eine grundbuchliche Verfügung über das Eigentum erforderlich ist, weil nur so eine konstitutiv wirkende Eintragung[691] von dinglichen Rechten erfolgen kann, ändert daran nichts, selbst wenn das Eigentum erst durch die Aufnahme als (Sachen-) Rechtsverhältnis bestehen kann[692]. Die Miteigentumsanteile an Grundstücken schliesslich sind nach 655 II 4. ZGB auch dann Grundstücke, wenn sie weder selbständig noch ins Grundbuch aufgenommen sind[693].

Zu keinem andern Ergebnis gelangt man durch das Heranziehen von 943 ZGB: Danach werden die Liegenschaften, die selbständigen und dauernden Rechte an Grundstücken, die Bergwerke und die Miteigentumsanteile an Grundstücken «als Grundstücke» in das Grundbuch aufgenommen - nicht nur die Aufzählung, auch die in der Vorschrift enthaltene materielle Aussage («als Grundstücke») deckt sich mit derjenigen in 655 II ZGB[694]. Aus der Kongruenz der beiden Vorschriften ergibt sich im übrigen, dass *alle* in das Grundbuch aufgenommenen Rechte - nach dem Wortlaut von 655 II ZGB -

---

[686] Vgl. HUBER *Erl. II* 51.
[687] DESCHENAUX *SPR V/3* 86, vgl. auch LIVER N 105 zu 731 ZGB.
[688] LIVER N 91 ff zu 731 ZGB; REY N 145 ff zu 731 ZGB.
[689] BGE 97 II 33 mit Hinweisen.
[690] MEIER-HAYOZ N 7 zu 661 ZGB, N 10 zu 662 ZGB.
[691] Die Eintragung des Rechts wirkt für dieses zwar konstitutiv - die Eintragung ist aber nicht mit der Aufnahme zu verwechseln (oben S. 75) und erfolgt im übrigen mit derselben konstitutiven Wirkung sowohl für dingliche Vollrechte wie für beschränkte dingliche Rechte.
[692] Vgl. HUBER *Erl. II* 79 f.
[693] LIVER *Anmerkung* 14.
[694] Die Vorschrift von 943 ZGB ist allerdings dem formellen Grundbuchrecht zuzuordnen, weshalb sie wohl eine materielle Aussage zitieren, aber nicht eigenständig zum Inhalt haben kann, vgl. OSTERTAG N 1 zu 943 ZGB: 943 ZGB wiederholt lediglich die Aufzählung von 655 ZGB. Eine umgekehrte Sichtweise findet sich bei REY *Sachenrecht* 226, wonach der Grundstücksbegriff des Zivilgesetzbuches wesentlich «durch die grundbuchtechnische Behandlung der verkehrsfähigen Objekte auf dem Gebiet des Immobiliarsachenrechts» geprägt sei.

Grundstücke im Sinne des Zivilgesetzbuches darstellen. Schliesslich hilft auch 958 ZGB nicht weiter: Wohl bestimmt diese Vorschrift, dass das Eigentum und die beschränkten dinglichen Rechte im Grundbuch eingetragen werden[695], sie gibt aber keine Auskunft darüber, welche Rechte dingliche Vollrechte und welche beschränkte dingliche Rechte darstellen.

Somit bleibt festzuhalten, dass sich aus dem Schritt der Aufnahme eines Rechtes in das Grundbuch nichts bezüglich seiner Rechtsqualität ableiten lässt. Mit andern Worten, es verändert die Grundbuchaufnahme eines Rechtes nichts an dessen Rechtsnatur. Dies gilt nicht nur für die beschränkten dinglichen, sondern insbesondere auch für die verliehenen Rechte[696]. Die Aufnahme hat jedoch auch bei verliehenen Rechten formelle Folgen, wie insbesondere die Belastbarkeit mit Pfandrechten[697], und die Zwangsvollstreckung ist eine solche in das Recht[698], von welchem eine allfällige Baute miterfasst wird.

Mit diesem, angesichts der herrschenden Lehre allerdings nicht überraschenden Ergebnis ist indessen noch nicht ausgeschlossen, dass die *Möglichkeit* der Aufnahme eines Rechtes ins Grundbuch Auswirkungen auf die Rechtsnatur des betreffenden Rechtes haben könnte. Mit andern Worten: Der Umstand, dass ein Recht in das Grundbuch aufgenommen werden *kann*, vermag eine Reflexwirkung auf die Qualität des selbständigen und dauernden Rechtes auszuüben, in dem Sinne, dass dieses Recht eine bestimmte, nämlich mit den Anforderungen einer Grundbuchaufnahme übereinstimmende Struktur aufweisen muss. Als massgebend erscheint im Zusammenhang mit den selbständigen und dauernden Rechten die Selbständigkeit dieser Rechte.

Diese Verbindung von Grundbuch und Selbständigkeit hat eine dogmatische Ursache: Erst die Schaffung des Grundbuches bestimmt einerseits den Eigentümer der Bodenfläche - und nicht bei-

---

[695] Die Vorschrift enthält im übrigen die materiellrechtlich bedeutsame Aussage, dass die eingetragenen Rechte an der negativen Rechtskraft des Grundbuches teilnehmen.
[696] Vgl. oben FN 148. - Zur Besonderheit der Landanlagekonzession oben S. 89 f.
[697] Das Grundbuch verleiht aber keinen öffentlichen Glauben hinsichtlich des Konzessionsrechtes, HOMBERGER N 31 f zu 943 ZGB.
[698] Wobei die Zwangsvollstreckung unter den mit der Verleihung statuierten öffentlichrechtlichen Vorbehalten steht, HOMBERGER N 32 zu 943 ZGB.

spielsweise den Bauteneigentümer - zum Grundeigentümer, und erst diese Bindung des Grundeigentums an die Bodenfläche weckt andererseits das Bedürfnis, Träger verselbständigter Rechte «an» dieser Bodenfläche wie Grundeigentümer zu behandeln[699]. Eine formelle Folge dieses Zusammenhangs von Selbständigkeit und Grundbuch und der angesprochenen Reflexwirkung ist die Vorschrift von 779a ZGB, wonach es zur Begründung jedes - auch des nicht zur Grundbuchaufnahme vorgesehenen - selbständigen und dauernden Baurechts der öffentlichen Beurkundung bedarf[700]. Im Verlaufe des Gesetzgebungsverfahrens ist im übrigen auch erwogen worden, die Veräusserlichkeit und Vererblichkeit des Baurechts an die Aufnahme des Rechts in das Grundbuch zu knüpfen[701]. Dass dies nicht Gesetz geworden ist, bedeutet nun klarerweise, dass nicht die Grundbuchaufnahme über die Rechtsnatur jedenfalls des Baurechts, wohl aber ebensowenig über diejenige jedes andern selbständigen und dauernden Rechtes entscheidet.

Die qualitative Zäsur - da sich die Rechtsnatur nicht ändert, sei hier nicht mehr von einem qualitativen Sprung gesprochen - ist demnach nicht zwischen der noch nicht erfolgten und der erfolgten Aufnahme des Rechts in das Grundbuch anzusiedeln, sondern sie liegt im Unterschied zwischen dem selbständigen und dem unselbständigen Recht[702]. Angesichts der Bedeutung der Selbständigkeit des Rechtes drängt es sich auf, dieser in einem gesonderten Abschnitt nachzugehen[703] und das dazu bereits Erörterte[704] zu vertiefen.

Für die Frage der Rechtsnatur eines gebuchten selbständigen und dauernden Rechtes scheint indessen die Dauer beziehungsweise die zeitliche Begrenztheit des Rechtes nicht von Bedeutung zu sein[705].

---

[699] Vgl. HUBER *Teilung* 10 f, 20; ebenso beim Quellenrecht, HUBER a.a.O. 22 f.
[700] FRIEDRICH *Baurecht* 263 f und *Neuordnung* 8.
[701] BRANDENBURGER 72 ff, der deshalb das nicht aufgenommene Baurecht als unübertragbar betrachtet.
[702] So auch FREIMÜLLER 30. WIELAND *Wasserrecht* 59 schliesst gerade aus dem Umstand, dass das (Wasser-) Recht nicht ins Grundbuch aufgenommen werden *muss*, dass die Buchung am Recht selbst nichts ändert.
[703] Unten in 43 (S. 131 ff).
[704] Oben in 21 (S. 8 ff)
[705] Der Umstand der Befristung allein würde auch nicht gegen den möglichen Eigentumscharakter des selbständigen und dauernden Rechts sprechen - es gibt solches

Zum einen ist die gesetzliche Mindestdauer willkürlich festgesetzt und entfällt bei selbständigen und dauernden Rechten, die auf unbestimmte Zeit begründet werden, ganz[706]. Die Vorschrift über die Mindestdauer erscheint demnach, wenn nicht als ein blosses Missbrauchsverbot, so doch vor allem als - wenn man so sagen will - Ernsthaftigkeitsklausel[707]. Sie ist deshalb von geringem Aussagewert. Zum andern stellt die Höchstdauer wohl eine Möglichkeit dar, die Auswirkung des beschränkten dinglichen Rechtes auf die Rechte des Eigentümers des belasteten Grundstückes in den notwendigen, nämlich die Aushöhlung dieses Eigentums verhindernden Schranken zu halten: Das beschränkte dingliche Recht bedeutet von seinem Begriff her eine Beschränkung des ihm übergeordneten Eigentumsrechts, welche nie so weit gehen kann, dass das Eigentumsrecht völlig aufgehoben wäre[708]. Diese Schranke wird jedoch im Verhältnis zum Umfang des in Frage stehenden beschränkten dinglichen Rechtes erforderlich[709], und nicht nach dem Kriterium, ob dieses Recht selbständig sei oder nicht.

Zwar weist das Zivilgesetzbuch in eine andere Richtung, wie sich im Falle der Baurechtsdienstbarkeit zeigen lässt: Das selbständige und dauernde Baurecht darf auf höchstens 100 Jahre errichtet werden (779*l* I ZGB); eine denselben Inhalt aufweisende Grunddienstbarkeit und auch die unselbständigen Rechte unterliegen dieser Beschränkung jedoch nicht[710]. Nach LIVER[711] ist indessen eine solche gesetzlich ausdrücklich vorgeschriebene Schranke für Bau-

Eigentum beispielsweise beim Vorerben, vgl. LIVER N 67 zu 730 ZGB.
[706] ZR 21/1922 Nr. 81 (S. 203); HAAB N 8 zu 655 ZGB; PIOTET *SPR V/1* 569.
[707] ITEN 52 f meint denn auch, es komme nicht so sehr auf die tatsächliche Dauer als vielmehr auf die grundsätzliche Dauerhaftigkeit des Rechtes an. Aus 56 SchlTzZGB schliesst er allerdings darauf, dass ein Recht, das nicht wenigstens 30 Jahre daure, nicht aufgenommen werden könne. Das gilt anerkanntermassen für die Wasserrechte.
[708] LIVER N 7 zu 730 ZGB, vgl. oben S. 81.
[709] FREIMÜLLER 60.
[710] FREIMÜLLER 61; a.M. ISLER 44, ZURBRIGGEN 154 und, zurückhaltend, REY N 33 zu 730 ZGB. Zu eng scheint jedenfalls die Definition des beschränkten dinglichen Rechts bei REY SysT N 46 - «Dingliche Rechte, (...) bei denen die Ausübung der unmittelbaren Sachherrschaft (...) umfangmässig und zeitlich begrenzt ist (...)» -, sofern das *und* in «umfangmässig und zeitlich» kumulatives Erfordernis ausdrücken soll. FRIEDRICH *Nutzungsdienstbarkeiten* 47 f sieht eine zwingende Balance zwischen Inhaltsumfang eines Dienstbarkeitsrechts und dessen Dauer.
[711] LIVER N 14 f zu 730 ZGB, im Anschluss an LEEMANN N 17 zu 730 ZGB und N 44 zu 779 ZGB; ebenso BOTSCHAFT *1963* 990, vgl. auch FRIEDRICH *Neuordnung* 9 f und *Wiedereinführung* 46a und unten den Hinweis in FN 719.

rechtsgrunddienstbarkeiten entbehrlich, da nach 730 I ZGB eine Grunddienstbarkeit immer nur bestimmte Eingriffe in das Eigentumsrecht des Dienstbarkeitsbelasteten erlaubt oder dieses lediglich nach gewissen Richtungen einschränkt. Folgerichtig kann LIVER deshalb seine vielfach zitierte Auffassung, eine Baurechtsdienstbarkeit nach 779 ZGB könnte von der Sachenrechtsordnung her gar nicht begründet werden, sähe sie nicht die Spezialnorm von 779 ZGB vor[712], auf die Baurechtspersonaldienstbarkeit beschränken. Daraus ist scheinbar abzuleiten, dass zwischen der Dauer eines beschränkten dinglichen Rechtes und dem Ausmass seiner Selbständigkeit eine zwingende Relation bestände. Dies trifft aber nicht zu. So bleibt unbeachtet, dass eine 730 I ZGB entsprechende positivrechtlich normierte Schranke eben auch für die *unselbständigen* Baurechtsdienstbarkeiten zugunsten von juristischen Personen fehlt, gründen doch auch diese auf 779 ZGB und nicht etwa auf 781 ZGB [713]. Baurechte in der Form von Grunddienstbarkeiten oder von unselbständigen Personaldienstbarkeiten zugunsten von juristischen Personen könnten demnach auch bei diesen zur unerwünschten Reduktion der Grundeigentümerrechte auf die nuda proprietas führen, insbesondere weil auch da ein umfassender Inhalt zeitlich unbegrenzt möglich ist[714]. In beiden Fällen nämlich nützt dem Grundeigentümer der Ausschluss der Übertragbarkeit, die Unselbständigkeit des Rechtes, reichlich wenig: Die Grunddienstbarkeit ist zeitlich allein an die nach menschlichem Ermessen fortwährende Existenz des herrschenden Grundstückes gebunden, und auch die «Lebensdauer» einer juristischen Person ist rechtlich unbegrenzt und führt auf lange Sicht faktisch ebenso zu einem Wechsel der (über die juristische Person) berechtigten Subjekte[715]. Ein solcherart umfassendes Recht widerspräche indessen dem Institut der Dienstbarkeit als eines beschränkten dinglichen Rechts. PIOTET[716],

---

[712] Oben FN 220.
[713] Vgl. oben S. 37 f.
[714] FREIMÜLLER 61; PIOTET *SPR V/1* 553, der diese Folge an die Adresse des Gesetzgebers kritisiert; a.M. ISLER 44 und ZURBRIGGEN 154. Zu beachten ist aber, dass das Gesetz an anderer Stelle die Lebensdauer juristischer Personen durchaus bedacht hat: Diese können *ausdrücklich* höchstens 100 Jahre Nutzniesserinnen sein (749 II ZGB). Es ist deshalb nicht von vornherein abwegig, hinsichtlich der unselbständigen Rechte von einem qualifizierten Schweigen auszugehen.
[715] FRIEDRICH *Nutzungsdienstbarkeiten* 45.
[716] PIOTET *SPR V/1* 553 f.

der im Ergebnis wohl mit LIVER übereinstimmt[717], geht deshalb davon aus, dass nicht allein 730 I ZGB, sondern die Sachenrechtsprinzipien selbst eine Reduktion des Grundeigentums auf die nuda proprietas durch jede Art von (Baurechts-)Dienstbarkeit ausschliessen. Unter dieser Einschränkung aber gebe es keine Unterschiede bezüglich des zulässigen Baurechtsdienstbarkeitsinhaltes, ob es sich bei diesen nun um selbständige oder unselbständige Grund- oder Personaldienstbarkeiten handle[718]. So betrachtet, erweist sich die lediglich auf die selbständigen und dauernden Baurechtspersonaldienstbarkeiten anzuwendende gesetzliche Höchstdauer von 100 Jahren als eine Besonderheit. Das mag eben darauf hindeuten, dass nicht bloss im potentiell umfassenden Umfang einer Baurechtsdienstbarkeit, sondern insbesondere in der Selbständigkeit und damit in der freien Verfügbarkeit über eine umfassende Baurechtsdienstbarkeit eine erhöhte Gefahr für das belastete Grundeigentum gesehen worden ist[719]. Die Beschränkung der Dauer ist dann die einzige, welche das Recht als beschränktes dingliches Recht qualifiziert und so vom Eigentumsrecht abgrenzt[720].

---

[717] Vgl. LIVER N 15 zu 730 ZGB und das von RIEMER 64 f herangezogene und teilweise zitierte Gutachten LIVERS an das EJPD aus dem Jahr 1963.
[718] Vgl. BOTSCHAFT *1963* 990 f; a.M. FRIEDRICH *Nutzungsdienstbarkeiten* 41; TOBLER 87. Auch ISLER 43 f vertritt deshalb de lege lata die Auffassung, dass im Einzelfall entschieden werden müsse, ob und in welchem Rahmen auch eine unselbständige Baurechtsdienstbarkeit zeitlich beschränkt sein müsse. Vgl. auch EGGEN *Baurecht* 275, RIEMER 24. – Auf der andern Seite ist es fraglich, ob die zwingende Begrenzung des Rechtes auch dann sinnvoll sei, wenn das Baurecht nur einen kleinen Teil des belasteten Grundstückes beschlägt und der Baurechtsbaute eine völlig untergeordnete Bedeutung zukommt. Belastet das Recht nämlich das übergeordnete Eigentum kaum, könnte es auch als vollkommen selbständiges Recht auf unbeschränkte Dauer begründet werden, ohne dass es das Eigentumsrecht aushöhlen könnte, vgl. FRIEDRICH *Nutzungsdienstbarkeiten* 49.
[719] Vgl. fast ausdrücklich so BOTSCHAFT *1963* 991. Eine ähnliche Problematik besteht auch bei der Baurechtsgrunddienstbarkeit, die aber nach dem Gesagten keinen umfassenden Inhalt aufweisen kann: Die Verfügung über das herrschende Grundstück schliesst immer auch die vom Baurechtgeber nicht zu verhindernde Verfügung über die Dienstbarkeit ein; vgl. dazu HAAB N 8 zu 675 ZGB.
[720] Vgl. FRIEDRICH *Nutzungsdienstbarkeiten* 47, 49 f und oben S. 92.

43 Selbständige Rechte

431 Verselbständigung von Privatrechten

431.1 Begriff und Arten der Verselbständigung

Als selbständig kann dasjenige Recht bezeichnet werden, welches für sich frei übertragen und - wo es zugunsten einer natürlichen Person eingeräumt ist - vererbt werden kann[721]. Es gilt dasjenige Recht als selbständig, welches sein eigenes rechtliches Schicksal haben kann[722]. Für die vorliegende Untersuchung gilt das Interesse ausschliesslich der Verselbständigung dinglicher Rechte beziehungsweise, im Zusammenhang mit den Konzessionsrechten[723], allgemeiner der Verselbständigung von Rechten an Immobilien.

Der Begriff der Verselbständigung bezieht seine Bedeutung aus der Negation des Begriffes der Selbständigkeit: Nur unselbständige Rechte lassen sich verselbständigen. Im Bereich des Sachenrechts bedeutet dies, dass die Verselbständigung nicht das Eigentum als dingliches Vollrecht betreffen kann, denn dieses ist von seinem Begriff her immer ein selbständiges Recht[724]. Daran ändert die Möglichkeit der Schaffung von sogenannten Anmerkungsgrundstücken[725] nichts, wonach das Eigentum an einem Grundstück - dem «Anmerkungsgrundstück» - subjektiv-dinglich mit dem Eigentum an einem andern Grundstück - dem «Haupt-» oder «berechtigten Grundstück» - verbunden wird: Wohl wird ein solches Grundstück in dem Sinne unselbständig, als nur der jeweilige Eigentümer des Hauptgrundstückes durch Verfügung über dieses Hauptgrundstück über das Anmerkungs-

---

[721] Oben S. 6. MEIER-HAYOZ N 20 zu 655 ZGB. ITEN 55 spricht nur von «grundsätzlich übertragbar», weshalb für ihn ein Recht auch dann selbständig ist, wenn die Übertragbarkeit «beschränkt, aber nicht ausgeschlossen» ist. Vgl. auch oben FN 13-15 und die Begriffsumschreibung S. 16 sowie unten S. 138 ff.
[722] ZOBL N 77 zu 884 ZGB mit Hinweis; LÖTSCHER 47.
[723] Unten S. 137 f.
[724] So auch LÖTSCHER 98.
[725] LIVER *SPR V/1* 44 mit Hinweisen; DESCHENAUX *SPR V/3* 417; LÖTSCHER 104 f; SCHNEIDER *Probleme* 7 und *Miteigentumsrecht* 279 f.

grundstück verfügen kann[726]. Weil überdies in der Regel[727] Anmerkungsgrundstücke nur als Grundstücke im *Mit*eigentum der jeweiligen Eigentümer *mehrerer* anderer Grundstücke gebildet werden (eine Wegparzelle beispielsweise gehört den jeweiligen Eigentümern der anstossenden Grundstücke[728]), liegt es nicht vollauf in der Macht des Eigentümers eines der Hauptgrundstücke, das Abhängigkeitsverhältnis aufzulösen und über das (vorherige Anmerkungs-) Grundstück frei zu verfügen[729]. Insbesondere entzieht 650 I ZGB für den Fall einer dauernden Zweckbindung den Miteigentümern das Recht, die Aufhebung des Miteigentums zu verlangen[730]. Gleichwohl ist es richtig zu behaupten, das Eigentum sei von seinem Begriff her ein selbständiges Recht: Das Anmerkungsgrundstück (mit ihm aber nicht auch das Hauptgrundstück[731]) ist durch einen Rechtsakt[732] unselbständig geworden. Es handelt sich demnach um einen im Vergleich zum vorliegend interessierenden umgekehrten Vorgang: Ein selbständiges Eigentumsrecht wird ein unselbständiges[733] - die Beschränkbarkeit von Eigentum durch den Willen des Eigentümers steht nicht im Widerspruch zum Eigentumsbegriff. Die Rückgewinnung der Selbständigkeit im Falle von Anmerkungs- und Hauptgrundstück ist dann letztlich eben eine Folge der Elastizität des Eigentums und stellt nicht die Verselbständigung eines unselbständigen Rechtes dar. An der grundsätzlichen Selbständigkeit des Eigentums ändert schliesslich auch nichts, dass beim Grundeigentum diese Selbständigkeit im Rechtsverkehr wegen der im Vergleich zum Fahrniseigentum anderen Verwirklichung des Publizitätsprinzips schwerfällig und in einen

---

[726] Unselbständiges Eigentum stellt nach ausländischen Rechtsordnungen auch das Sondereigentum des Stockwerkeigentümers dar, LIVER *Miteigentum* 244 f; in der Schweiz ist das Stockwerkeigentum als Miteigentum mit Sondernutzungsrechten ausgestaltet, oben FN 647.
[727] Oder zwingend, LÖTSCHER 111 f, SCHNEIDER *Probleme* 9.
[728] LIVER *Anmerkung* 15, 17 trifft allerdings eine Unterscheidung zwischen einem unselbständigen Miteigentumsgrundstück und einer Anmerkungsparzelle. Die genannte Wegparzelle ist keine Anmerkungsparzelle, sondern ein unselbständiges Miteigentum. Vgl. zu dieser Problematik eingehend LÖTSCHER 106 ff mit zahlreichen Hinweisen.
[729] Mit dem Argument der Entscheidungsfreiheit (vgl. KELLENBERGER *Probleme* 5) lässt sich deshalb nicht Selbständigkeit des Anmerkungsgrundstückes behaupten, vgl. LÖTSCHER 112.
[730] LIVER *Anmerkung* 15.
[731] LÖTSCHER 110 f.
[732] Ein solcher kann auch in der Begründung einer öffentlichrechtlichen Eigentumsbeschränkung liegen, LÖTSCHER 112.
[733] Vgl. ZBGR 50/1969 93; LÖTSCHER 99.

formell engen Rahmen eingebunden ist: Materiell lässt sich auch das Grundeigentum frei übertragen[734].

Verselbständigung von dinglichen Rechten hat demnach immer beschränkte dingliche Rechte zum Gegenstand[735]. Im Terminus des «selbständigen beschränkten» dinglichen Rechts scheint nun zwar eine contradictio in adjecto zu liegen. Indessen ist dem nicht so: Wohl trifft die Verselbständigung lediglich ein beschränktes dingliches Recht. Es ist jedoch das (gegenüber dem Volleigentum zwar beschränkte) Recht als Ganzes selbständig - nicht die Übertragbarkeit des Rechts also, sondern lediglich das (übertragbare) Recht selbst ist beschränkt.

GUHL[736] unterscheidet drei Gruppen von verselbständigten dinglichen Rechten: Für eine erste Gruppe erkennt er die Verselbständigung in der Zulassung der Rechte zum Verkehr. Bereits die Zedierbarkeit oder die Verpfändbarkeit, wie es für die Bau-, Quellen- und irregulären Dienstbarkeiten zutrifft, sind demnach Merkmale der Verselbständigung. In der Zulassung zum Verkehr kann auch geradezu der Zweck eines Instituts liegen, wie beim Grundpfand, insbesondere beim Schuldbrief und der Gült. Einer weiteren Gruppe können diejenigen dinglichen Rechte zugeteilt werden, welche sich der Eigentümer als von seinem Eigentum verselbständigte Rechte gleichsam vorbehält: Die Eigentümerdienstbarkeit, der Rangvorbehalt, die Eigentümergrundpfandtitel[737]. In der dritten Gruppe schliesslich fasst GUHL die selbständigen und dauernden Rechte zusammen, bei welchen sich die Selbständigkeit «am auffallendsten» zeige, würden doch damit gewisse Teile des Eigentumsrechtes, beispielsweise einzelne Benutzungsbefugnisse, mit Hilfe des Grundbuches selbst wieder zum Gegenstand des Grundeigentums[738].

---

[734] Die Selbständigkeit wäre auch nicht davon betroffen, wenn das Grundeigentum in einem Wertpapier verkörpert wäre, wie das bei den Vorarbeiten zum Zivilgesetzbuch einmal ins Auge gefasst worden war, vgl. GUHL *Schuldbrief* 3: Davon wäre lediglich der formelle Vorgang der Übertragung betroffen.

[735] Deshalb sind die in 655 II 4. ZGB genannten Miteigentumsanteile auch keine selbständigen und dauernden Rechte im Sinne von 655 II 2. ZGB. Bei diesen handelt es sich vielmehr um (selbständige) Eigentumsrechte, MEIER-HAYOZ SysT N 351. Sie gehören deshalb vorliegend auch nicht zum Untersuchungsgegenstand.

[736] GUHL *Verselbständigung* 56 f.

[737] 733 ZGB, 813 II ZGB, 859 II ZGB.

[738] GUHL *Verselbständigung* 92 spricht sogar davon, die Verselbständigung eines dinglichen Rechtes komme «mit der Eröffnung eines besonderen Grundbuchblattes zum Ausdruck».

Aus dieser Kategorisierung GUHLS ist, was in den bisherigen Erörterungen bereits festgestellt worden ist oder aus ihnen erkennbar war, folgendes besonders hervorzuheben: Zum einen trifft der Vorgang der Verselbständigung - wie auch das Merkmal der Selbständigkeit - nicht nur diejenigen Rechte, welche nach 655 II 2. ZGB ins Grundbuch aufgenommen werden können[739]. Zum andern stellen sowohl die gebuchten wie die nicht gebuchten selbständigen und dauernden Rechte verselbständigte Rechte dar. Indessen zeigt sich, nach GUHL, die Verselbständigung bei den gebuchten Rechten besonders deutlich. Beides wird bei der Bestimmung des Begriffes der Selbständigkeit zu berücksichtigen sein[740].

431.2 Zweck der Verselbständigung

Vom Zweck her sollte die Verselbständigung von dinglichen Rechten schon immer ein Mittel zur Mobilisierung von Grundeigentumswerten oder, pointiert und scheinbar widersprüchlich ausgedrückt, die Mobilisierung immobiler Sachwerte bewirken[741]. Diese Mobilisierung hat einerseits den wirtschaftlichen Wert der dinglichen Rechte zum Gegenstand. Diesem Zweck dienen beispielsweise die Grundpfandtitel, insbesondere der Schuldbrief und die Gült. Der Grundeigentümer kann damit den Wert seines Rechtes in einen Geldwert umsetzen und diesen einer Verwendung zuführen, die mit dem Grundeigentum in überhaupt keinem Zusammenhang steht. Die Mobilisierung des dinglichen Rechts kann andererseits auch der Einflussnahme auf dessen Verfügbarkeit dienen. Das kann etwa mit der Begründung von Rechten an eigener Sache, beispielsweise einer Eigentümerdienstbarkeit oder -grundlast, oder von Stockwerkeigentum geschehen[742]. Schliesslich kann der Nutzwert der Sache durch Vergabe an Dritte in Geldwert umgesetzt werden. Das ist der Fall bei den selbständigen und dauernden Rechten, wobei der Berechtigte seinerseits wieder in den Genuss des Geldwertes der Sache kommen kann: Das verselbständigte Recht selbst lässt sich - was insbesondere für die Bau-

---

[739] Oben FN 15.
[740] Unten S. 138 ff.
[741] Vgl. GUHL *Verselbständigung* 55.
[742] Vgl. GUHL *Verselbständigung* 64 - die Errichtung von Stockwerkeigentum war zur Zeit der Abhandlung GUHLS nicht zulässig.

rechte gilt - mit weiteren dinglichen Rechten, insbesondere auch kreditverschaffenden Pfandrechten belasten.

Es liegt nach dem Gesagten auf der Hand, dass der Zweck der Verselbständigung ganz besonders in deren wirtschaftlichem Aspekt zu suchen ist[743]. Vom Zweck der Verselbständigung her betrachtet erscheint jedenfalls auch die Aussage, die Grundbuchaufnahme eines selbständigen und dauernden Rechtes habe lediglich formelle Folgen für den Verkehr mit dem Recht, in anderem Licht: Diese Funktion der Grundbuchaufnahme kann man nicht nur einschränkend, sondern auch positiv ausweitend verstehen, indem gerade erst durch die Unterstellung unter die formellen Vorschriften über den Verkehr mit Grundeigentum den Erfordernissen von Rechtssicherheit und Publizität im Zusammenhang mit mobilisierten Rechten an Grundstücken Genüge getan wird[744]. Es lassen sich denn auch Hinweise anführen, wonach nicht (wie heute behauptet) eine «blosse» Unterstellung unter die Vorschriften über den Rechtsverkehr mit Grundeigentum im Sinn des Gesetzgebers gelegen hatte. So hat etwa EUGEN HUBER im Nationalrat die Wirkung der Verselbständigung als Möglichkeit für den Bauberechtigten umschrieben, «dass er sein Recht in das Grundbuch aufnehmen lassen und es dann veräussern oder verpfänden kann, *kurzum* in Verkehr bringen kann wie Grundeigentum *überhaupt*»[745].

431.3 Wirkung der Verselbständigung

Mit der Verselbständigung eines beschränkten dinglichen Rechtes wird - davon wurde bereits gehandelt - nicht das Eigentumsrecht an einer Sache geteilt, sondern es wird die rechtliche Verfügungsbefugnis über einen Teil der Sache (genauer: einen Teil des Rechts an der Sache) übertragen, das heisst, sie wird dem Eigentümer teilweise zugunsten des zwar nur beschränkt dinglich Berechtigten, aber vollumfänglich (und zwar ebenfalls dinglich) Verfügungsberechtigten entzogen, oder anders formuliert: Das beschränkte dingliche Recht, das nicht als ein Bestandteil des Eigentums, sondern als von diesem

---

[743] LIVER *SPR V/1* 187.
[744] Vgl. FRIEDRICH *BTJP 1968* 167; GUHL *Verselbständigung* 93.
[745] StenBull 1906 536 (Hervorhebungen durch den Verfasser), vgl. auch oben FN 634.

völlig verschiedenes Sachenrecht an der Sache besteht, wird durch die Verselbständigung der Verfügungsbefugnis des beschränkt dinglich Berechtigten unterstellt. Das lässt sich beispielhaft am Baurecht zeigen: Der Bauberechtigte verfügt über seine Baute unabhängig vom Eigentumsrecht des Grundeigentümers. Dies kann er aber nicht in erster Linie wegen der Durchbrechung des Akzessionsprinzips und auch ungeachtet einer allfälligen Aufnahme des Rechts in das Grundbuch, sondern vor allem weil das beschränkte dingliche Recht, an welches das Bauteneigentum zwingend geknüpft ist, verselbständigt worden ist[746].

Ist oben nach der Wirkung der Grundbuchaufnahme hinsichtlich der Rechtsnatur des beschränkten dinglichen Rechts gefragt worden, so ist hier mit Bezug auf die Selbständigkeit festzustellen, dass auch diese durch die Buchung des Rechts keine Änderung erfährt[747]. So besteht das nur für die selbständigen (und dauernden) Baurechte geltende gesetzliche Vorkaufsrecht ungeachtet einer Grundbuchaufnahme[748]. Darin liegt auch der Grund, weshalb die Grundbuchanmeldung durch den Berechtigten (7 I GBV), nicht durch den Eigentümer des belasteten Grundstückes[749] erfolgen kann: Nicht weil sich mit der Aufnahme ins Grundbuch nichts an der Rechtsnatur des verselbständigten als eines beschränkten dinglichen Rechts verändert[750], sondern weil die Selbständigkeit selbst als das qualitativ entscheidende Kriterium bereits vor der Grundbuchaufnahme gegeben ist. (Umgekehrt kann ein Recht dann nicht als selbständig gelten, wenn der Bestellungsvertrag dessen Aufnahme ins Grundbuch ausschliesst.) Die Grundbuchaufnahme macht die Selbständigkeit des Rechtes jedoch gleichsam augenfällig[751], was sich auch im Gutglaubensschutz hinsichtlich des Verfügungsrechtes des eingetragenen Berechtigten deutlich zeigt: Ein solcher besteht nicht für den Berechtigten

---

[746] Oben S. 98, wo bereits auf die Erkenntnis GUHLS hingewiesen worden ist, es habe das Bauteneigentum nach 675 I ZGB seinen Rechtsgrund in der Verselbständigung des Rechts.
[747] VOLLENWEIDER 14 f.
[748] 682 II ZGB, ISLER 64 f.
[749] Wie es der Regel entspräche: 963 I ZGB.
[750] FREIMÜLLER 105, RIEMER 31 f.
[751] Vgl. VOLLENWEIDER 15 und oben bei FN 699. Zu erinnern ist aber doch auch an das Moment der Wechselwirkung zwischen Verselbständigung und Möglichkeit zur Grundbuchaufnahme, oben S. 98, 126 f.

eines nicht aufgenommenen Rechtes[752].

Es ergibt sich also eine Sonderstellung des mit einem selbständigen Recht ausgestatteten beschränkt dinglich Berechtigten im Rechtsverhältnis des betroffenen Eigentums. Anders als der Träger eines nicht selbständigen Rechtes verfügt er nicht nur tatsächlich über die Sache (indem er sie nutzen kann), sondern - in beschränktem Umfang - auch rechtlich, indem er neben der reinen Sachnutzung auch über den wirtschaftlichen Wert der Sache zu verfügen berechtigt ist.

432 Verselbständigung von Konzessionsrechten

Aus dem Umstand, dass ein Recht in das Grundbuch aufgenommen werden *kann*, ist oben[753] gefolgert worden, dass dieses Recht eine bestimmte, nämlich mit den Anforderungen einer Grundbuchaufnahme übereinstimmende Struktur aufweisen müsse, wobei massgebendes Kriterium im Falle der selbständigen und dauernden Rechte die Selbständigkeit dieser Rechte sei. Für die verliehenen, dem öffentlichen Recht entstammenden Berechtigungen scheint das nicht in gleicher Weise zu gelten: Die Anwendbarkeit von 655 II 2. ZGB ist für sie nur ein Einfallstor in das private Grundbuch- und insbesondere Grundpfandrecht. Auch besteht ein auffälliger Unterschied zwischen beiden Rechten darin, dass das private selbständige Recht grundsätzlich übertragbar, das verliehene (öffentliche) Recht aber grundsätzlich unübertragbar ist. Gleichwohl sind für die verliehenen Rechte, die als selbständige in das Grundbuch Aufnahme finden sollen, dieselben Überlegungen anzustellen. Zwar ist eine Konzession, nicht eine sachenrechtliche Verfügung nach Zivilgesetzbuch die Rechtsgrundlage für die Einräumung eines selbständigen und dauernden Rechtes an den Konzessionär; davon betroffen ist aber, weil in der Schweiz nicht nur das Finanz-, sondern auch das Verwaltungsvermögen privatrechtliches Eigentum darstellt[754], Grundeigentum im Sinne des

---

[752] Oben FN 553.
[753] Oben S. 126.
[754] Oben S. 83 ff.

Zivilgesetzbuches. Auch hier werden also Rechte an Grundeigentum, die trotz öffentlichrechtlicher Natur der Konzession privatrechtlicher Natur sein können[755], abgegeben; und auch hier ist die Mobilisierung von Grundeigentumswerten Motiv für die Verliegenschaftung dieser Rechte. Nicht zuletzt ist von besonderer Bedeutung, dass sich Begriff und Inhalt der öffentlichen Sachen nach dem Privatrecht bestimmen[756]. Es stellen sich deshalb die gleichen Fragen nach dem Umfang der Verfügungsmacht des Konzedenten und des Konzessionärs[757].

433 Begriff der Selbständigkeit

Aus dem Vorstehenden ergibt sich folgendes: Den Umschreibungen des Begriffes der Selbständigkeit ist das Moment der freien Übertragbarkeit gemeinsam. Rechtswirksame Übertragung setzt Verfügungsmacht voraus[758]. Greifen wir auf diesen Begriff zurück, lässt sich das selbständige Recht auch definieren als dasjenige, über welches eine einheitliche, das heisst von der Verfügungsmacht über andere, rechtssystematisch über- oder nebengeordnete Rechte unabhängige Verfügungsmacht besteht. Mit andern Worten: Steht die Verfügungsmacht über ein (Sachen-) Recht einer Person - Person im Rechtssinne - zu, welche nicht notwendigerweise noch die Verfügungsmacht über ein weiteres, dieselbe Sache weiter gehend erfassendes, systematisch übergeordnetes Recht oder über ein anderes Recht, zum Beispiel an einem Drittgrundstück, innehaben muss, so ist das

---

[755] TOBLER 57.
[756] Oben FN 358.
[757] Der Umstand, dass eine Konzession ihrem Träger eine eigentümerähnliche Rechtsstellung einräumt (einerlei, ob die Rechtsgrundlage dafür in den verfassungsrechtlichen Grundsätzen der Eigentumsgarantie oder derjenigen von Treu und Glauben liegt, vgl. dazu oben S. 87 f), ist wohl für eine allfällige Entziehung des Rechtes von Bedeutung, nicht aber für die Stellung des Trägers des selbständigen und dauernden Rechtes. Man vergleiche im übrigen, dass nicht nur die konstitutionelle (oben S. 49), sondern ebenso die sachenrechtliche Eigentumsfreiheit neben dem Eigentum (als dinglichem Vollrecht) auch die beschränkten dinglichen Rechte schützt, vgl. MEIER-HAYOZ N 57, 91 und 93 zu 641 ZGB.
[758] Oben S. 47.

in Frage stehende Recht als selbständiges zu qualifizieren[759]. Oder prägnant, wenn vielleicht auch etwas verkürzt, nochmals anders formuliert: Zum Wesen der Selbständigkeit gehört, dass die Verfügungsmacht des am selbständigen Recht Berechtigten unabhängig ist von der Verfügungsmacht eines Dritten.

Der so umschriebene Begriff der Selbständigkeit orientiert sich somit am rechtlichen Verhältnis des Berechtigten zur Sache beziehungsweise zum Sachenrecht, an dessen Verfügungsmacht also, die ihrerseits dem Inhalt ebendieses verselbständigten Rechts zuzuordnen ist[760]. Der Begriff der Selbständigkeit ist ebenso wie derjenige des Eigentums[761] ein Zuordnungsbegriff: Über die Selbständigkeit bestimmt sich, wem die Verfügungsmacht über das selbständige (und dauernde) Recht zukommt. Diesem an die Verfügungsmacht des Berechtigten gebundenen Begriff der Selbständigkeit widerspricht die allgemein anzutreffende, nach ihrem blossen Wortsinn allein auf das Sachenrecht bezogene Umschreibung des selbständigen Rechtes - selbständig ist das für sich frei übertragbare Recht[762] - nur scheinbar: Gerade und nur im Umstand, dass der Träger des selbständigen Rechts über dieses frei verfügen kann, gründet die Fähigkeit des selbständigen Rechts zu seinem eigenen rechtlichen Schicksal[763]. Die Unselbständigkeit eines Anmerkungsgrundstückes[764] etwa zeigt sich nicht daran, dass das Grundstück als Sache nur zusammen mit einem anderen, dem Hauptgrundstück veräussert werden kann, sondern vielmehr daran, dass nur der Berechtigte des Hauptgrundstückes als Berechtigter des Anmerkungsgrundstückes über dieses verfügen kann. Das ist auch der Grund, weshalb sowohl eine Grunddienstbarkeit - deren Berechtigter immer auch der Eigentümer des herrschenden Grundstückes sein muss - als auch eine Anmerkungsparzelle aus-

---

[759] Die ausschliessliche Verfügungsbefugnis ist wesentliches Merkmal des Eigentumsrechts, RIEGEL 419.
[760] Oben S. 48.
[761] Vgl. GEORGIADES 152, 162.
[762] Oben S. 131.
[763] Eine Sache - besser: ein Sachenrecht - kann rechtlich überhaupt nur in der Beziehung zu ihrem Träger erfasst werden. Zwar lässt sich der Sachbegriff unabhängig vom Verhältnis der Sache zum dinglich oder obligatorisch an ihr Berechtigten definieren; rechtlich relevant wird die Sache aber erst in dieser Relation, in diesem Rechtsverhältnis eben, vgl. etwa ZULLIGER 119. Dass für den Begriff der Selbständigkeit die Verfügungsmacht, nicht die Sachverbindung massgebend ist, vgl. auch ITEN 55 und zum Ganzen OSTERTAG N 6 zu 943 ZGB und oben S. 78 f.
[764] Oben S. 131 f.

schliesslich unselbständige Rechte sind, wie jedes Recht, das als Berechtigten den «jeweiligen Eigentümer» eines bestimmten Grundstückes bezeichnet[765]. Es kann deshalb ein Baurecht, dessen Berechtigter durch das Eigentum an einer Drittparzelle bestimmt wird (32 GBV), nicht als selbständiges Baurecht bezeichnet werden, auch nicht mit der Begründung, das Baurecht diene in einem solchen Falle nicht dem herrschenden Grundstück, sondern einer Person[766] - das ist immer der Fall bei Dienstbarkeiten, auch bei einer Grunddienstbarkeit[767]. Diese Auffassung scheint das im schweizerischen Recht nicht geltende[768] Prinzip der Utilität einer Dienstbarkeit mit der Frage nach der Selbständigkeit eines Rechts zu vermengen. Im übrigen hilft auch der Umstand nicht weiter, dass die Person des Berechtigten mit dem Verkauf des Hauptgrundstückes wechsle, weil dann nämlich zwingend wiederum deren Eigentümer zum Bauberechtigten wird. Auch das ist bei einer - unbestrittenermassen immer unselbständigen - Grunddienstbarkeit nicht anders. Massgebend ist vielmehr, dass das Eigentum an der Baurechtsparzelle zwingend mit dem Recht am Hauptgrundstück verbunden ist, was das Baurechts- oder Anmerkungsgrundstück insbesondere in der Zwangsvollstreckung an das Schicksal des Hauptgrundstückes bindet: Das ist mitunter Merkmal des unselbständigen Rechts[769].

Nun gibt es allerdings auch Verfügungsmacht an fremdem Recht[770]. Diese Verfügungsmacht ist indessen immer verliehene Verfügungsmacht. Sie kann vom primär Berechtigten, sofern sie nicht kraft Gesetzes an den Dritten übergegangen ist[771], entzogen werden[772]. Die

---

[765] Unzutreffend deshalb das BGer in ZBGR 19/1938 44, vgl. die Kritik dazu bei LIVER N 33 f zu 730 ZGB; EGGEN *Fragen* 209.
[766] DESCHENAUX *SPR V/3* 73 FN 12a.
[767] PIOTET *SPR V/1* 552.
[768] LIVER Vorbem. zu 730 ZGB N 8 f.
[769] Lehre und Praxis sind in der Frage allerdings gespalten, vgl. eingehend LÖTSCHER 106 ff und die dort nicht zitierte Äusserung von H. H. (HANS HUBER) in ZBGR 53/1972 220; a.M. insbesondere bezüglich des Baurechts (Fernheizungsanlage) LIVER *Baurechte* 49 f und, ihm mit wenig überzeugender Begründung folgend, EGGEN *Fragen* 216 f. Es sei demgegenüber daran erinnert, dass die Verwertbarkeit Voraussetzung für eine Verpfändung ist, und die (grundbuchliche) Verpfändbarkeit wiederum Motiv für die Verselbständigung von Rechten war.
[770] Vgl. oben S. 48.
[771] ZOBL N 747, 750 zu 884 ZGB.
[772] ZOBL N 738, 748 zu 884 ZGB.

Verfügungsmacht über das selbständige und dauernde Recht ist aber nicht in dieser Weise übertragene Verfügungsmacht: Sie kann nämlich vom Eigentümer des belasteten Grundstückes nicht entzogen werden, ausser bei gegebenen Voraussetzungen durch einen vorzeitigen Heimfall. Ein solcher ist aber nur möglich, wenn er - wie im Falle der Baurechtsdienstbarkeit - gesetzlich vorgesehen ist. Auch in diesem Licht betrachtet ist das selbständige Recht als dasjenige zu bezeichnen, an welchem dem Berechtigten die Verfügungsmacht unabhängig davon zusteht, wer die Verfügungsmacht über das dem beschränkten dinglichen Recht übergeordnete dingliche Recht innehat.

Wird mit der Begründung eines selbständigen Rechts die Verfügungsmacht zugeordnet[773], so kann diese nur noch durch Gesetz näher bestimmt werden beziehungsweise nur auf gesetzlicher Grundlage eine Abänderung durch Vereinbarung erfahren[774].

44   Ergebnis

Bis dahin hat sich gezeigt und im Blick auf die herrschende Lehre bestätigt, dass die selbständigen und dauernden Rechte, soweit sie Sachenrechte sind, beschränkte dingliche Rechte sind und auch nach ihrer Aufnahme in das Grundbuch beschränkte dingliche Rechte bleiben. Wenngleich es nicht ausgeschlossen wäre, diese Rechte als dingliche Vollrechte nicht nur für den Rechtsverkehr, sondern ganz generell als solche zu fingieren, ist festzustellen, dass dies in der schweizerischen Rechtsordnung nicht vollzogen worden ist. Insbesondere hat gerade die Aufnahme dieser Rechte in das Grundbuch nicht die Wirkung, dass die vor der Buchung zweifellos lediglich beschränkten Rechte zu Vollrechten würden. Die Aufnahmemöglichkeit ist vielmehr Konsequenz aus der Verselbständigung der beschränkten dinglichen Rechte, welche die Mobilisierung der Bodenwerte ermöglichen soll: Erst die Eröffnung eines eigenen Grundbuchblattes macht des

---

[773] Dem entspricht der Wortlaut von 7 II 1. GBV («weder zugunsten eines herrschenden Grundstücks noch ausschliesslich zugunsten einer bestimmten Person errichtet»).
[774] Vgl. oben S. 48 und GEORGIADES 152, 162 im Zusammenhang mit dem Immanenzstreit (dazu oben FN 281).

Recht vollumfänglich zum Grundeigentumsverkehr fähig. Die Aufnahme ins Grundbuch wirkt sich deshalb nicht als rechtlicher Akt, sondern vor allem als gesetzlich angebotene Möglichkeit auf die Rechtsnatur der selbständigen und dauernden Rechte aus: Weil jedes selbständige und dauernde Recht als Grundstück in das Grundbuch aufgenommen werden kann, muss es schon bei seiner Errichtung die Anforderungen erfüllen, die an ein grundstücksgleiches Recht gestellt werden. Wie gesehen[775], kann dabei der Dauer, die ohnehin eine lediglich grundsätzliche, von der Grundbuchverordnung relativ willkürlich auf mindestens dreissig Jahre festgeschriebene Dauerhaftigkeit darstellt, kein besonderes qualitätsbestimmendes Gewicht beigemessen werden. Demgegenüber ist die Selbständigkeit dasjenige Merkmal, welches das selbständige und dauernde beschränkte dingliche Recht letztlich als grundstücksgleiches Recht im Sinne von 655 II 2. ZGB definiert. Selbständigkeit ist als die von anderer Verfügungsmacht unabhängige, auf eine Sache bezogene Verfügungsmacht erkannt worden. Selbständigkeit bedeutet damit nicht die lediglich grundsätzlich freie, sondern die (schlechthin) freie Übertragbarkeit eines Rechts.

Das Ziel der Bodenmobilisierung ist demnach über die Verselbständigung zu erreichen, und es bedarf der Fiktion des selbständigen und dauernden Rechts als eines Eigentums nicht, auch wenn dies dogmatisch nicht undenkbar ist. Geht man also davon aus, dass das selbständige und dauernde Recht kein Grundeigentumsrecht ist und deshalb die Vorschriften über das Grundeigentum nur analog anzuwenden sind, so erhebt sich die Frage nach dem Mass der analogen Anwendung. Dieses wird durch die Selbständigkeit bestimmt, welche Merkmal ist sowohl des von seiner Natur her grundsätzlich selbständigen Eigentumsrechts als auch des verselbständigten beschränkten dinglichen Rechts: Erfolgt die analoge Rechtsanwendung bei beschränkten *dinglichen* Rechten und dinglichen Vollrechten nach Massgabe der Dinglichkeit[776], so ist für die analoge Rechtsanwendung bei *selbständigen* beschränkten dinglichen Rechten und Vollrechten deren Selbständigkeit entscheidend.

Die Selbständigkeit des Rechts verändert den Umfang der

---

[775] Oben S. 127 ff.
[776] REY SysT N 38.

Sachherrschaft nicht, denn sie bezieht sich nicht auf die Sache, sondern auf das Recht. Zwischen der Ungleichheit von beschränktem dinglichem Recht und Eigentumsrecht und der Gleichheit von selbständigem beschränktem dinglichem Recht und dinglichem Vollrecht besteht demnach kein Widerspruch.

Das einmal als selbständiges (und dauerndes) Recht begründete beschränkte dingliche Recht ist während seines Bestehens jederzeit der Aufnahme ins Grundbuch zugänglich. Das Merkmal der Selbständigkeit ist deshalb dinglicher Natur. Weil sie wie die Verfügungsmacht die Rechtszuständigkeit am Recht bestimmt, ist sie und mit ihr die Übertragbarkeit des Rechts nur beruhend auf einer gesetzlichen Grundlage mit dinglicher Wirkung zu beschränken.

Demnach ist in Analogie zu den beim Eigentum entwickelten Begriffen davon auszugehen, dass die Selbständigkeit grundsätzlich umfassend ist - als solche findet sie ihre Stelle im Gesetz in 655 II 2. ZGB -, aber durch das Gesetz Beschränkungen erfahren kann. Indessen wird, wie die gesetzlichen Beschränkungen des Eigentums dieses als Vollrecht nicht beeinträchtigen, auch die Selbständigkeit durch die gesetzlichen Beschränkungen nicht aufgehoben. Das trifft insbesondere für die öffentlichrechtlichen Beschränkungen zu: Ein Baurecht beispielsweise, das wegen der (noch) geltenden Vorschriften des Bewilligungsgesetzes[777] von Ausländern nicht frei von Voraussetzungen erworben werden kann, verliert deshalb noch nicht seine (privatrechtliche) Selbständigkeit[778]. Gleiches gilt für die gesetzlichen privatrechtlichen Beschränkungen eines selbständigen Rechts.

---

[777] Oben FN 327. 4 I a. BewG sieht ausdrücklich vor, dass auch Baurechtsbestellungen dem Gesetz unterworfen sind.
[778] Aus diesem Grund lässt sich die Zulässigkeit einer Beschränkung der Übertragbarkeit oder Verpfändbarkeit nicht damit begründen, dass auch Grundstücke (im Sinne von 655 II 1. ZGB) mit gesetzlichen Beschränkungen belastet sein können (LÖTSCHER 98), gehen doch beispielsweise die gesetzlichen Beschränkungen auch dann auf den Ersteigerer über, wenn sie nicht ins Lastenverzeichnis aufgenommen worden sind (JAEGER N 14 zu 138 SchKG).

5 WIRKUNGEN VON VERFÜGUNGSBESCHRÄNKUNGEN BEI SELBSTÄNDIGEN UND DAUERNDEN RECHTEN

Abschliessend ist zu prüfen, welche Bedeutung den bis dahin gewonnenen Erkenntnissen für die verschiedenartigen selbständigen und dauernden Nutzungsrechte beizumessen ist.

In Umkehrung des bisherigen Vorgehens wird die These zunächst anhand der Baurechtsdienstbarkeit überprüft: Die Baurechtsdienstbarkeit ist dasjenige potentiell selbständige und dauernde Recht, das wie kein anderes eine ins einzelne gehende gesetzliche Regelung erfahren hat. Es ist auch ein Dienstbarkeitsrecht, für das die gesonderte Norm von 779b ZGB Möglichkeit und Umfang der Ausgestaltung des dinglich wirkenden Dienstbarkeitsinhaltes ausdrücklich bestimmt. Die genannte Vorschrift war schon in der zu Beginn[779] zitierten Auseinandersetzung die Schlüsselstelle und ist diese auch für das Thema dieser Untersuchung, soweit es die Baurechtsdienstbarkeit betrifft. Die Besonderheit der detaillierten gesetzlichen Regelung ruft der Frage nach der Qualität dieser Vorschrift im Verhältnis zu den andern Dienstbarkeits- und insbesondere den andern selbständigen und dauernden Rechten: Ob sie lex specialis oder deklaratorische, ohne weiteres auch für die anderen genannten Rechte geltende Vorschrift sei.

51 bei den Baurechtsdienstbarkeiten nach 779 ff ZGB

511 Die Bedeutung von 779b ZGB

Nach herrschender Lehre und Rechtsprechung ist die Beschränkung der Selbständigkeit von selbständigen und dauernden Baurechtsdienstbarkeiten mit dinglicher Wirkung möglich, solange damit nicht die

---

[779] Oben S. 2 f, vgl. auch S. 107 f.

Selbständigkeit als solche aufgehoben wird. Als Begründung wird etwa angeführt, aus der Rechtsnatur der Baurechtsdienstbarkeit als einem in jedem Fall beschränkten dinglichen Recht folge die Kompetenz des Grundeigentümers, den Umfang dieser von der Rechtsordnung grundsätzlich vorgegebenen Beschränkung im Dienstbarkeitsvertrag im einzelnen festzulegen. Es sei ihm deshalb auch möglich, einen beschränkten Erwerberkreis für das selbständige Recht zu bestimmen oder einen Genehmigungsvorbehalt für Übertragungen des Rechts zu statuieren. Aus denselben Gründen soll auch das vereinbarte Verbot einer Verpfändung oder einer Belastung mit Unterbaurechten mit dinglicher Wirkung zulässig sein[780].

Seitdem die Baurechtsdienstbarkeit mit der Gesetzesnovelle von 1965 eingehend geregelt ist, werden derartige Beschränkungen unter die Bestimmung von 779b ZGB subsumiert[781]. Diese Vorschrift hat indessen nach allgemeiner Auffassung keine materielle Änderung des bis dahin geltenden Rechtes gebracht[782]. Sie bestimmt, welche Vereinbarungen der Dienstbarkeitsparteien zum Dienstbarkeitsinhalt gehören. Dabei könnte die Formulierung von 779b ZGB in die Irre führen: Nach dem Wortlaut stellen die unter diese Vorschrift fallenden Vereinbarungen lediglich Realobligationen[783] dar, womit sie wohl zwischen den jeweiligen Eigentümern des dienenden und des herrschenden (Baurechts-) Grundstückes, aber nicht auch absolut gegen Dritte Geltung beanspruchen könnten[784]. Diese Auslegung ist jedoch unzutreffend[785]. Mit der Vorschrift soll lediglich klargestellt sein, dass alles, was nach Massgabe der Vereinbarung zur Ausübung der Dienstbarkeit notwendig ist, zum Dienstbarkeitsinhalt gehört[786]. Was aber zum Inhalt eines dinglichen Rechtes zählt, gehört zum Recht selbst, und es kommt ihm demnach dingliche Wir-

---

[780] Zur Verpfändung: MEIER-HAYOZ N 36 zu 655 ZGB; ISLER 158 mit Hinweisen. Zum Unterbaurecht: FRIEDRICH *BTJP 1968* 170.
[781] Beispielsweise von FRIEDRICH *Baurecht* 285, *BTJP 1968* 149 f und *Neuordnung* 15.
[782] BOTSCHAFT *1963* 984; EGGEN *Baurecht* 271, der sich generell auf die Baurechtsdienstbarkeit bezieht; FRIEDRICH *Baurecht* 267 und *Neuordnung* 7; FREIMÜLLER 51; ISLER 94; LIVER *Bericht* 34; RIEMER 67, 78; RUEDIN 115.
[783] Zum Begriff der Realobligation vgl. oben FN 315.
[784] So BOLLA 263; EGGEN *Baurecht* 274; zumindest unklar PLATTNER 260 f.
[785] FREIMÜLLER 51; ISLER 94 f; RIEMER 78; RUEDIN 115 f.
[786] BOTSCHAFT *1963* 981 (allerdings ebenfalls missverständlich) und 984, FRIEDRICH *Baurecht* 267.

kung zu. Die Funktion der ausdrücklichen Normierung wird deshalb auch darin gesehen, die Dienstbarkeitsrubrik im Grundbuch von Ballast zu befreien: Im Falle der Baurechtsdienstbarkeit nehmen die Belege am öffentlichen Glauben des Grundbuches teil, ohne dass auf deren Inhalt im einzelnen hingewiesen werden müsste[787]. Immerhin könnte aber dieselbe Wirkung auch mit einem aussagekräftigen Zusatz - etwa «selbständiges und dauerndes Baurecht für Wohnbauten» - erreicht werden[788], und es ist in der Praxis durchaus üblich und im Sinne der Grundbuchklarheit auch wünschenswert, die Baurechte entsprechend zu kennzeichnen.

Damit, dass «die vertraglichen Bestimmungen über den Inhalt und Umfang des Baurechts» zum dinglichen Recht als solchem gehören, ist indessen noch nicht gesagt, es könne auch alles als Inhalt der Baurechtsdienstbarkeit vereinbart werden[789]. Die Bestimmung von 779b ZGB enthebt deshalb nicht von der Beantwortung der Frage, was denn der Inhalt einer Baurechtsdienstbarkeit sei und sein könne. In der Literatur finden sich verschiedene Angaben. So wird etwa nach einem Inhalt im engeren und einem solchen im weiteren Sinne unterschieden[790]. Jener erfasst nur die Beziehung des Berechtigten zur Sache, also das rein dingliche Element des Dienstbarkeitsrechtes, während zu diesem der gesamte Inhalt des Dienstbarkeitsvertrages zu rechnen ist, soweit er ins Grundbuch aufgenommen werden darf und damit dingliche Wirkung entfaltet. Diese Umschreibung hilft allerdings vorliegend nicht weiter, weil die entscheidende Frage durch den einschränkenden Nebensatz gerade offengelassen wird. Nach anderer Formulierung ist das dem Inhalt des Baurechts zuzuordnen, was sein Wesen ausmacht. Dazu werden die räumliche Ausdehnung und die zeitliche Geltung des Rechts sowie die Art des zu erstellenden Bauwerks gezählt[791]. Genannt werden auch Lage und Stellung

---

[787] SIMONIUS/SUTTER 131 f.
[788] LIVER *Baurechtsdienstbarkeit* 384; STOECKLIN 35 ff.
[789] Unzutreffend SIMONIUS/SUTTER 38, sofern sie die Bemerkung, es könne der Inhalt der Dienstbarkeit von den Beteiligten frei festgelegt werden, absolut verstehen (die Bemerkung ist ja nicht gleichbedeutend mit der zutreffenden Aussage a.a.O., es bestehe bezüglich des Dienstbarkeitsinhaltes kein numerus clausus), vgl. beispielsweise FREIMÜLLER 52 ff.
[790] PFISTER 329.
[791] KLÖTI 37; LIVER *Baurechtsdienstbarkeit* 383; RUEDIN 130 ff.

des Gebäudes, Höhe der Baute, Art der baulichen Ausführung, Zweckbestimmung der Baute, Bestimmung der nicht überbauten Grundstücksteile[792]. Bereits wurde auch die Formulierung zitiert, es bestimme sich der Dienstbarkeitsinhalt danach, was zur Ausübung des Rechtes notwendig sei.

Auf alle Fälle lässt sich mit den Dienstbarkeitsvorschriften das Baurecht sehr weitgehend spezifizieren, können doch bestimmte Nutzungen ausgeschlossen, Lage und Ausmasse der Bauwerke bestimmt, Bepflanzungs- und Baugestaltungsvorschriften aufgenommen werden. Der Grundeigentümer kann sogar die Pläne für die Bauten selbst vorgeben oder sich ein entsprechendes Zustimmungsrecht vorbehalten[793]. Auch die Verpflichtung, eine vertragsgemässe Baute zu errichten, sie zu unterhalten und, im Falle der Zerstörung, wieder aufzubauen, gehören zum möglichen Dienstbarkeitsinhalt[794]. Dagegen werden etwa Vereinbarungen über die Gestaltung der Mietzinse oder die Pflicht zur Vermietung von Wohnungen an bestimmte Kreise ebenso wie diejenige, die Baute innert Frist zu erstellen, nicht zum Dienstbarkeitsinhalt gezählt; solche Vereinbarungen können, wie übrigens alle auf (nicht nebensächliche) positive Leistungen gerichteten Vereinbarungen, nur mit obligatorischer Wirkung getroffen werden[795].

Kommen wir auf die Frage zurück, welche dieser Untersuchung zugrunde liegt - ob nämlich einer Beschränkung der freien Verfügbarkeit eines gebuchten selbständigen und dauernden Rechtes dingliche Wirkung zukomme -, so erweist sie sich nach dem, was soeben zum Dienstbarkeitsinhalt festgestellt worden ist, und insbesondere aufgrund der bisherigen Ergebnisse gar nicht als eine nach der Vor-

---

[792] Vgl. den Wortlaut von 779b ZGB; GIRSBERGER 27; ähnlich BOTSCHAFT *1963* 984 f. Weiter FREIMÜLLER 52 f; LIVER *Bericht* 8, 34 und *Erläuterungen* 4; PIOTET *SPR V/1* 596. Nach deutscher Lehre wird eine minimale Bestimmtheit des Inhalts verlangt, MÜNCHKOMM N 12 zu 1 ErbbV.
[793] BOTSCHAFT *1963* 984; AEMISEGGER/STÜDELI 16; FREIMÜLLER 51; FRIEDRICH *Baurecht* 283; LIVER *Bericht* 34 und *Gutachten 1978* 16; a.M. wohl SIMONIUS/SUTTER 132.
[794] LEEMANN N 56 zu 779 ZGB; a.M. betreffend Erstellungspflicht offenbar LACHAVANNE/WILD 28, SIMONIUS/SUTTER 132.
[795] 730 I ZGB; AEMISEGGER/STÜDELI 17; FREIMÜLLER 53; FRIEDRICH *Baurecht* 288; LIVER *Bericht* 8 f; PIOTET *SPR V/1* 596; RIEMER 83. - Sie lassen sich aber allenfalls durch Vorgabe entsprechender Baupläne und Nutzungsverbote prädisponieren. Anders verhält es sich im deutschen Recht, vgl. MÜNCHKOMM N 16 zu 2 ErbbV.

schrift von 779b ZGB zu beantwortende Frage:

Mit Übertragungsbeschränkungen soll der Einfluss des Grundeigentümers auf die Wahl der berechtigten Person gewährleistet werden. Die Person des Berechtigten gehört aber nicht zum Dienstbarkeitsinhalt und gibt insbesondere auch keine Auskunft darüber, wie und ob beispielsweise die Baurechtsbaute vertragskonform genutzt werde. Wird etwa verlangt, die Baurechtsbauten hätten Sozialwohnungen aufzuweisen, so ist die vertragskonforme ebenso wie die vertragsverletzende Errichtung der Bauten grundsätzlich unabhängig von der Person des Bauberechtigten möglich[796]. Dabei mag die Sicherung eines dem Baurechtgeber genehmen Vertragspartners wohl in jenes Interesse liegen - zur Dienstbarkeitsausübung notwendig ist sie jedoch nicht.

Die Selbständigkeit des Rechtes ergibt sich denn auch nicht aus einer vertraglichen Vereinbarung über den Dienstbarkeitsinhalt, sondern aus der Wahl der Parteien unter den nach dem Grundsatz der geschlossenen Zahl dinglicher Rechte (numerus clausus) möglichen Ausformungen der Baurechtsdienstbarkeiten. Unter diesen ist das selbständige Baurecht eine unter anderen. Nach getroffener Wahl - sie stützt sich auf 779 II ZGB[797] - wird die Selbständigkeit nicht durch die Parteien definiert; sie bestimmt sich vielmehr durch die Rechtsordnung, mitunter nach der Vorschrift von 655 II 2. ZGB[798], und findet sich für die Baurechtsdienstbarkeit in der genannten Vorschrift von 779 II ZGB wieder.

Das bedeutet, dass durch die Vereinbarung von Übertragbarkeit oder beschränkter (beziehungsweise ausgeschlossener) Übertragbarkeit des Rechtes nicht der Umfang der Beschränkung des Rechts, sondern dieses selbst zum selbständigen oder unselbständigen Recht bestimmt wird. Der gesetzliche Inhalt, den die Vertragsparteien nach 779b ZGB im einzelnen festlegen können, ist nämlich für das selbständige Baurecht identisch mit demjenigen für das unselb-

---

[796] Vgl. etwa ZBGR 31/1950 206.
[797] Vgl. LEEMANN N 50 zu 779 ZGB. Zutreffend deshalb LGVE 1989 I Nr. 7 S. 14, wonach es aufgrund von *779 II ZGB* im Belieben der Parteien steht, die Veräusserlichkeit und Vererblichkeit des Baurechts zu beschränken oder auszuschliessen (auf S. 15 wird dann allerdings offengelassen, ob *779b ZGB* die Dinglichkeit entsprechender Klauseln begründe).
[798] Oben S. 143.

ständige[799]. Mit einem entsprechenden Vorbehalt wird denn auch nicht das *Herrschaftsrecht* über die betroffene *Sache* - an welcher der Berechtigte ein beschränktes dingliches Recht innehat - beschränkt, sondern die *Selbständigkeit* dieses beschränkten dinglichen *Rechts*. Und diese hat ihren Ort, wie gesagt, in 779 II ZGB in Verbindung mit 655 II 2. ZGB.

Darauf, dass unter dem Titel der Selbständigkeit, nicht unter demjenigen des beschränkten dinglichen Rechts die Antwort auf die Frage nach der Zulässigkeit von Verfügungsbeschränkungen zu suchen ist, deuten auch diejenigen Literaturstellen, welche der hier vertretenen Auffassung widersprechen: Sie stützen sich unter anderem auf einen Entscheid des Bundesgerichts[800], wonach eine Beschränkung des Erwerberkreises die *Selbständigkeit* des Baurechtes dann nicht beeinträchtige, wenn die Zahl möglicher Erwerber eine gewisse Grösse nicht unterschreite, das heisst, wenn dem verkaufswilligen Bauberechtigten eine gewisse Auswahl offenbleibe.

Nun wird allerdings auch die Meinung vertreten, Dauer und Selbständigkeit des Baurechts und dessen Belastung mit Drittrechten stellten Wesenselemente des Baurechts dar und gehörten deshalb zu dessen Inhalt[801]. In der Tat lässt sich zwar die Baurechtsdauer durch Vereinbarung bestimmen, und es trifft auch zu, dass diese Dauer zum Recht selbst gehört und deshalb mit dinglicher Wirkung bestimmt wird. Aber niemand stösst sich daran, dass ein unter einer Dauer von dreissig Jahren angelegtes Baurecht keine Aufnahme ins Grundbuch finden kann, obwohl auch darin bloss eine weiter gehende Beschränkung des ohnehin beschränkten dinglichen Rechtes gesehen werden könnte. In bezug auf die Selbständigkeit liegt der Unterschied darin, dass auf der Grundlage der gesetzlichen Festsetzung einer Mindest- und einer Höchstdauer des selbständigen Baurechts die im Einzelfall geltende Baurechtsdauer innerhalb des vorgegebenen Zeitrahmens vereinbart werden kann, hinsichtlich der Selbständigkeit des Rechts jedoch keine Wahlfreiheit besteht: Entweder ist das Recht selbständig oder es ist unselbständig[802]. Ist das Recht aber selbstän-

---

[799] FREIMÜLLER 49; vgl. auch KLÖTI 37.
[800] BGE 72 I 233 ff.
[801] FRIEDRICH *Baurecht* 267 und *Neuordnung* 15; ISLER 94.
[802] gl.M. LEEMANN N 50 zu 779 ZGB; BRANDENBURGER 113; a.M. ISLER 94.

dig, so steht dem Berechtigten die Verfügungsmacht darüber zu, und diese lässt sich nur beschränken, soweit das Gesetz es vorsieht[803].

Nach der hier vertretenen Auffassung findet eine Beschränkung der Selbständigkeit in der Bestimmung in 779b ZGB keine Grundlage. Eine entsprechende Bestimmung ist zumindest im schweizerischen Recht auch entbehrlich, hat doch der Gesetzgeber durch bestimmte Kautelen - wovon noch die Rede sein wird - dafür gesorgt, dass das Baurecht die Rechte des Grundeigentümers nicht vollständig zurückdrängt. Diesbezüglich unterscheidet sich die schweizerische Baurechtsdienstbarkeit auch wesentlich vom deutschen Erbbaurecht. Dieses kann beispielsweise mit allen Konsequenzen auch als ewiges Erbbaurecht, also unbefristet bestellt werden[804]. Weiter ist nach deutschem Recht eine Dienstbarkeit immer ein unselbständiges Recht, ist das Erbbaurecht, wiederum im Gegensatz zum Zivilgesetzbuch, zwingend selbständig[805], und ebenso zwingend erfolgt dessen Aufnahme ins Grundbuch[806]. Anders als nach schweizerischem Recht hat deshalb der Grundeigentümer im Falle eines Erbbaurechts keine Möglichkeit, zu seiner Absicherung vor unerwünschten Erbbauberechtigten auf ein unselbständiges Recht auszuweichen. Unter diesen Umständen besteht offensichtlich ein anderes Bedürfnis nach verstärkter Wirkung von vertraglichen Abreden. Die Erbbauverordnung normiert deshalb in 2 und 5 ErbbV, dass bestimmte Vereinbarungen zum Inhalt des Erbbaurechts gehören, insbesondere diejenige eines Zustimmungsvorbehaltes für Veräusserung und Belastung (5 ErbbV). Ungeachtet dessen aber, ob solche Klauseln im eigentlichen Sinn Inhalt des Rechts sein und damit dinglich wirken können[807], ist auf den entscheidenden Umstand Nachdruck zu legen, dass diese Beschränkungen im

---

[803] Oben S. 54 und 140 f.
[804] MÜNCHKOMM N 70 zu 1 ErbbV.
[805] Vgl. MÜNCHKOMM N 60, 66 zu 2 ErbbV; STAUDINGER/RING N 25 f zu 1 ErbbV; WESTERMANN 5. A. 332, 334, dazu auch FREIMÜLLER 31 und LIVER *Bericht* 33.
[806] 14 I ErbbV, vgl. STAUDINGER/RING N 2 f zu 14 ErbbV.
[807] Jedenfalls hinsichtlich 2 ErbbV wird dies von FREIMÜLLER 72 und LIVER *Bericht* 18 und *Realobligation* 278 bezweifelt. Auch STAUDINGER/RING N 5 zu 2 ErbbV setzen «dinglich» in Anführungszeichen und betonen, dass es sich weiterhin um schuldrechtliche Beziehungen handle. Man wird sie als Realobligationen qualifizieren dürfen. Die Skepsis ist aber auch gegenüber 5 ErbbV angezeigt (a.M. mit ausführlicher Begründung STAUDINGER/RING N 12 zu 5-7 ErbbV). Zweifellos ist nach schweizerischem Recht ein voraussetzungsloses Zustimmungserfordernis nicht zulässig, LIVER *Baurechtsdienstbarkeit* 388, dazu sogleich unten.

deutschen Recht (richtigerweise) gesetzlich positiv normiert sind.

Will man von der erwähnten bundesgerichtlichen Praxis ausgehen, die eine nicht zu enge Begrenzung des Erwerberkreises oder auch den Vorbehalt einer (allerdings nur bei Vorliegen wichtiger Gründe zu verweigernden) Genehmigung einer Baurechtsübertragung als zulässig erachtet, ist auf ein Zweifaches hinzuweisen:

Zum einen beschränkt sich diese Praxis auf einen einzigen, noch heute - meist ohne Hinterfragung - als *leading case* zitierten Entscheid[808]. Dabei ist die vorliegend wesentliche Passage ein obiter dictum, hatte doch das Bundesgericht nur zu beurteilen, ob ein *genereller* Genehmigungsvorbehalt mit dinglicher Wirkung vereinbart werden könne. Diese Frage hat es zu recht verneint[809]. Darüber hinaus sind aber die Erwägungen dogmatisch zweifellos nicht in die Tiefe gegangen. Hält man sich LIVERS Abhandlungen zum Thema und insbesondere seine Besprechung von STOECKLINS Monographie[810] vor Augen, muss es erstaunen, dass ein Bundesgerichtsentscheid weiterhin als geradezu abschliessende Antwort auf die Frage nach der Beschränkbarkeit von selbständigen und dauernden Baurechten herangezogen wird, der mit Bezug auf ein solches *Recht* den Satz enthält[811]: «Zum Begriff *des Eigentums* gehört grundsätzlich das Merkmal der Übertragbarkeit.», ein Entscheid also, der letztlich dogmatisch gerade so argumentiert, wie es LIVER und in dessen Nachfolge das spätere Schrifttum STOECKLIN vorwerfen[812].

Zum andern ist dieser Bundesgerichtsentscheid unter altem Recht ergangen. Die Novelle von 1965 hat für die selbständigen und dauernden Baurechte unter anderem die zwingende Höchstdauer von 100 Jahren (779*l* ZGB) und, wie für die anderen Baurechte nach 779 ff ZGB auch, ein gesetzliches Vorkaufsrecht für den Grundeigentümer und den Bauberechtigten (682 II ZGB) sowie eine gesetzliche Regelung des Heimfalls, insbesondere des Rechts auf vorzeitigen

---

[808] BGE 72 I 233 ff, angerufen unter vielen anderen von DESCHENAUX *SPR V/3* 74; EGGEN *Baurecht* 274; FRIEDRICH *Baurecht* 286, *Neuordnung* 15; ISLER 155; LIVER *Baurechtsdienstbarkeit* 388 f und *Gutachten 1978* 12; SCHNYDER in BR 1990 105; WITT 77; ZBGR 60/1979 234.
[809] Dasselbe gilt für das Erbbaurecht, WITT 77. Auf die Folgen, welche dieser Entscheid für die Praxis gehabt hat, ist oben S. 68 ff bereits hingewiesen worden.
[810] Oben S. 2.
[811] BGE 72 I 236 (Hervorhebung durch den Verfasser).
[812] Dass übrigens (jedenfalls unter der von BUCHER geübten normlogischen Betrachtungsweise) die Übertragbarkeit für das Eigentum nicht zwingend ist, vgl. BUCHER 166.

Heimfall (779*f* - 779*h* ZGB), eingeführt. Dem wird in der Literatur bezüglich der Verfügungsbeschränkungen allerdings kein eigenständiges Gewicht beigemessen[813] - zu Unrecht: Die Baurechtsdienstbarkeit ist zwar ein beschränktes dingliches Recht, aber von potentiell umfassendem[814] Inhalt, der sich zum einen aus der Möglichkeit herleitet, die ganze Grundstücksfläche als Baurechtsfläche zu nutzen, und zum andern aus dem Umstand, dass dieses Recht als selbständiges, das heisst als für sich frei übertragbares ausgestaltet werden kann. Die Gefahr, die es für den Gesetzgeber zu bannen galt, bestand demnach darin, die Beschränkung des Baurechtgebers auf die nuda proprietas, das heisst letztlich den Entzug des Eigentums schlechthin[815] zu verhindern. Diesem Ziel dienen die zwingende zeitliche Begrenzung[816], das gesetzliche Vorkaufsrecht und das Heimfallsrecht ganz zweifellos. Gerade wenn man bedenkt, dass die Baurechtsdienstbarkeit als Institut durch die Novelle 1965 im wesentlichen unverändert geblieben ist[817], darf die Auslegung der materiell «unveränderten» Baurechtsnormen nicht einfach an der gesetzgeberischen Verbalisierung dessen, was für das Baurecht schon immer gegolten hat, vorbeisehen.

Weiter ist folgendes zu beachten: Zwar haben die Motive der Revision ursprünglich vor allem darin gelegen, dem Schutzbedürfnis der Grundeigentümer durch Sicherung des Baurechtszinses und Gewährleistung einer vertragskonformen Rechtsausübung durch den Baurechtnehmer gerecht zu werden; später ist der Wunsch dazugekommen und stärker geworden, auch den Baurechtnehmer gegenüber baurechtsfremden Begehren des Grundeigentümers zu schützen, ihn vor allem vor einem ungerechtfertigten Entzug des Baurechts zu bewahren[818]. Auch unter diesem Aspekt darf aber nicht ausser acht fallen, dass mit der Novelle letztlich das Institut seinem ursprünglichen Zweck, nämlich der Mobilisierung des Bodens, wieder (oder

---

[813] Vgl. etwa SCHNYDER in BR 1990 105.
[814] Oben S. 91 f.
[815] Vgl., dass die vollständige Widmung eines Privatgrundstückes, also der Entzug der Verfügungs- und der Nutzungsbefugnisse - allenfalls ohne die Veräusserungsbefugnisse - eine Enteignung darstellt: RIEGEL 415 f.
[816] Oben S. 129 f; vgl. auch LIVER *Fragen* 337.
[817] Oben FN 782.
[818] BOTSCHAFT *1963* 975, 979; FRIEDRICH *Baurecht* 259 f mit Hinweisen, *Neuordnung* 3 f; LIVER *Bericht* passim; für die Erbbauverordnung STAUDINGER/RING N 5 der Einl.

endlich?) wirklich dienstbar gemacht werden sollte. Diese Mobilisierung ist nur durch die Verselbständigung des Rechtes überhaupt denkbar geworden[819]. In diesem Zusammenhang ist daran zu erinnern, dass in einer solchen wirtschaftlichen Mobilisierung von Grundeigentum letztlich eine Förderung der Eigentumsidee gesehen werden kann[820]. Insgesamt erscheint es folgerichtig, Bestimmungen über die Beschränkung von selbständigen und dauernden Rechten zu Gunsten der Selbständigkeit restriktiv auszulegen[821].

512 Die Höchstdauer des selbständigen Baurechts (779*I* I ZGB)

Die Bedeutung der Höchstdauer von 100 Jahren für das selbständige und dauernde Baurecht ist bereits abgehandelt worden[822]. Die Ausführungen sind hier nicht im einzelnen zu wiederholen. Wichtig bleibt, dass die zeitliche Beschränkung des selbständigen und dauernden Rechts offenbar als wirksames, aber auch als ausreichendes Mittel dafür angesehen worden ist, die Dezimierung des Grundeigentums auf die nuda proprietas für den Fall einer Baurechtsbegebung zu verhindern[823]. Der Gesetzgeber hat aber mit der Statuierung eines gesetzlichen Vorkaufsrechts und der Regelung des vorzeitigen Heimfalls ein mehreres getan.

---

[819] Oben S. 135.
[820] LENDI *Funktionswandel* 13 f. Kritisch zur Konzeption LENDIS: WEBER 178 – und doch wiederum ähnlich auf S. 187.
[821] Vgl. im Zusammenhang mit dem Baurecht etwa REY *Eigentum* 79.
[822] Oben S. 91 f und 127 ff.
[823] LIVER *Fragen* 337.

513 Das gesetzliche Vorkaufsrecht (682 II ZGB)

Das gesetzliche Vorkaufsrecht[824] ist schon früh, nämlich im Bericht der Studienkommission an die Schweizerische Vereinigung für Landesplanung von 1950 mit dem Ziel vorgeschlagen worden, die Nachteile, die dem Grundeigentümer durch die freie Übertragbarkeit entstehen, zu mildern[825]. Bezeichnenderweise hatte man das Vorkaufsrecht auch schon als Schutz des Grundeigentümers - und als Ersatz für einen Genehmigungsvorbehalt[826] - gesehen und empfohlen[827], als es noch nicht als gesetzliches statuiert worden war. Der entscheidende Unterschied zum früheren Recht liegt nun darin, dass das seit 1965 geltende gesetzliche Vorkaufsrecht in 682 II ZGB für die gesamte Dauer des Dienstbarkeitsverhältnisses gilt[828]. Im gesetzlichen Vorkaufsrecht wurde deshalb auch ein wirksames Mittel zugunsten des Grundeigentümers gesehen, einen allfälligen Erwerber zur Übernahme der obligatorischen Bestimmungen des Baurechtsvertrages zu bewegen[829].

Die Revision des Zivilgesetzbuches hat den Vorschlag der Studienkommission erklärtermassen übernommen[830]. Am Vorkaufsrecht zugunsten des Baurechtnehmers wurde im übrigen auch ausdrücklich festgehalten, obwohl es mit Rücksicht auf öffentlichrechtliche Baurechtgeber bekämpft worden war[831]. Mit der Einführung des

---

[824] Die Revision unter anderem der Bestimmungen des Vorkaufsrechts vom 4. Oktober 1991 ändert für das Baurecht materiell nichts (vgl. BBl 1991 III 1563 ff, dazu BOTSCHAFT *1988* 1075; STEINAUER *préemption* 11 ff): Die aufgehobene Bestimmung von 682 III ZGB wird als 681*b* I revZGB weiterhin gelten, und das Gesetz enthält in 681 I revZGB fest, was für das Vorkaufsrecht von Baurechtnehmer und -geber schon bis anhin gegolten hat (51 I i.V.m. 60*a* VZG), dass es nämlich zwangsvollstreckungsfest ist.

[825] BOTSCHAFT *1963* 976; LACHAVANNE/WILD 38. Die Mängel erkannt und dieselbe Remedur vorgeschlagen hat allerdings schon BRANDENBURGER 121.

[826] VON STEIGER 94; a.M. ISLER 156 FN 6.

[827] CHRISTEN 84; LIVER *Baurechtsdienstbarkeit* 389, der ausdrücklich erwähnt, es könne mit diesem Mittel dasselbe Ziel erreicht werden wie mit einer andern Übertragungsbeschränkung; VON STEIGER 93 ff; STOECKLIN 48 f.

[828] Vgl. EGGEN *Fragen* 208; FRIEDRICH *Neuordnung* 12; LIVER *Baurechtsdienstbarkeit* 389 f.

[829] BOTSCHAFT *1963* 976.

[830] BOTSCHAFT *1963* 980.

[831] Vgl. EGGEN *Baurecht* 278 f; LIVER *Erläuterungen* 12.

gesetzlichen Vorkaufsrechts und des unten anzusprechenden (vorzeitigen) Heimfallsrechts konnte auch auf andere praktizierte dingliche Sicherungsmittel wie beispielsweise ein Kaufsrecht, die häufig auch missbräuchlich eingesetzt worden waren und die es deshalb zu ersetzen galt[832], verzichtet werden[833].

514 Der vorzeitige Heimfall (779*f* - 779*h* ZGB)

Die Baurechtsnovelle hat auch den Heimfall des Baurechts im einzelnen geregelt und damit den Interessen des Baurechtgebers einen weitgehenden Schutz angedeihen lassen. Dies trifft vor allem auf das Recht auf den vorzeitigen Heimfall (779*h* ZGB) zu, das dem Grundeigentümer ein wirksames Instrument zur Durchsetzung auch rein obligatorischer Dienstbarkeitsbestimmungen in die Hand gibt.

Auch diese Vorschrift über den vorzeitigen Heimfall ist aber unter dem Gesichtspunkt der Selbständigkeit des Rechts zu sehen: Es kann die Selbständigkeit des Rechts nicht dadurch illusorisch gemacht werden, dass jede Handlung des Baurechtnehmers, mit welcher er die Selbständigkeit seines Rechtes realisieren will, zur Vertragsverletzung wird, die den vorzeitigen Heimfall auslöst. Dies gilt umso mehr, als das Recht auf den vorzeitigen Heimfall nicht nur bei selbständigen, sondern auch bei unselbständigen Baurechten Geltung beansprucht[834]. Die Bestimmung von 779*h* ZGB kann deshalb nur auf solche - auch obligatorische - Vertragsklauseln Anwendung finden, welche die Ausübung des Baurechtes betreffen und sich an den jeweiligen Baurechtnehmer wenden. Als Beispiele werden etwa die Nichteinhaltung eines Termins für den Baubeginn, die Vernachlässigung des Gebäudeunterhaltes, die erhebliche Überschreitung der vereinbarten Höchstmietpreise oder der Nichtwiederaufbau einer zerstörten Baurechtsbaute genannt[835]. Die Anwendbarkeit des vor-

---

[832] BOTSCHAFT *1963* 980, 988; EGGEN *Heimfall* 198; FREIMÜLLER 81, 84; ISLER 126 mit Hinweisen; LIVER *Baurechtsdienstbarkeit* 390 und *Bericht* 25 f; PIOTET *SPR* V/1 603.
[833] Vgl. VON MAY 72 f.
[834] Oben FN 217.
[835] BOTSCHAFT *1963* 988; ISLER 129; VON MAY 72. Vgl. aber oben bei FN 794.

zeitigen Heimfalls ist jedoch für solche Teile des Dienstbarkeitsverhältnisses ausgeschlossen, welche die Selbständigkeit des Rechts gerade ausmachen. 779h ZGB darf nicht dazu herangezogen werden, die formell als übertragbar ausgestaltete Berechtigung zu einem faktisch unselbständigen Recht werden zu lassen[836]. So vermag die Nichtübertragung obligatorischer Verpflichtungen auf die Baurechtserwerber keinen vorzeitigen Heimfall zu begründen[837]. Es ist daran zu erinnern, dass gerade die Normen über den vorzeitigen Heimfall in das Gesetz aufgenommen worden sind, damit es der Baurechtgeber nicht - mit dem schon genannten Kaufsrecht etwa, dessen Funktion das Heimfallsrecht geradezu übernimmt[838] - in der Hand habe, beim Baurechtnehmer jederzeit die Befolgung irgendwelcher Verpflichtungen durchzusetzen[839]. Dies macht auch der Wortlaut der Norm deutlich: Beim *Recht* auf vorzeitigen Heimfall bei Pflichtverletzung handelt es sich immer auch um die *Pflicht* des Baurechtgebers, die Vorschriften über den Heimfall in allen Fällen der vorzeitigen Rückübertragung des Baurechts zu beachten[840].

515 Ergebnis und Folgerungen für das selbständige und dauernde Baurecht, Hinweise auf Lösungsansätze

515.1 Übertragungsbeschränkungen, insbesondere Genehmigungsvorbehalt und Beschränkung des Erwerberkreises

Beschränkungen der Verfügungsmacht über ein selbständiges (und dauerndes) Baurecht können sich nicht auf 779b ZGB stützen. Der Gesetzgeber hat jedoch mit der Festsetzung der Höchstdauer, des ge-

---

[836] Vgl. dazu etwa ein Gutachten des Eidgenössischen Grundbuchamtes in ZBGR 60/1979 233 ff und die daran anschliessenden Bemerkungen von H. H. (HANS HUBER) auf S. 240 f. Für das deutsche Recht hält es WITT 78 für unzulässig, sich ein obligatorisches Übertragungsverbot durch ein dingliches Heimfallsrecht zu sichern. - Umso weniger erscheint es zulässig, diese an sich beim vorzeitigen Heimfallsrecht anzusiedelnde Problematik auf den Vorbehalt der Übertragungsgenehmigung zu verlagern, wie das ISLER 156 f empfiehlt.
[837] ISLER 129.
[838] LIVER *Bericht* 35 f.
[839] Oben FN 832.
[840] BOTSCHAFT *1963* 988; ISLER 126 f; FRIEDRICH *Neuordnung* 17; LIVER *Erläuterungen* 7; PIOTET *SPR V/1* 603.

setzlichen Vorkaufsrechts und des Rechts auf (vorzeitigen) Heimfall Beschränkungen der Selbständigkeit des Rechts normiert. Diese drei gesetzlichen Vorkehren bieten schon weitreichend Gewähr dafür, dass der Grundeigentümer die letztliche Entscheidungs- und Verfügungsmacht über das belastete Grundstück behält und damit nicht auf die nuda proprietas verwiesen ist; die Letztlichkeit des Entscheides, die das Eigentumsrecht im wesentlichen ausmacht[841], bleibt ihm gewahrt. Daraus, dass jedenfalls für das Baurecht positive Normen bezüglich der zulässigen Beschränkung der Verfügungsmacht über das selbständige Recht bestehen, ist abzuleiten, dass weitergehende Beschränkungen mit dinglicher Wirkung nicht vereinbart werden können[842].

Dies hat insbesondere für den Vorbehalt einer Genehmigung im Falle der Baurechtsveräusserung Gültigkeit[843]. FRIEDRICH[844] spricht zwar davon, es habe sich die Wünschbarkeit ergeben, dass Vereinbarungen über die Mitwirkung des Grundeigentümers bei Verfügungen über das Baurecht mit dinglicher Wirkung ausgestattet würden. Wenn aber 779b ZGB keine materielle Änderung gebracht hat, kann auch für solche Vereinbarungen nichts Neues gelten: Sie sind nicht zur Vormerkung vorgesehen[845] und können deshalb auch nicht mit realobligatorischer Wirkung vereinbart werden. Ein Genehmigungsvorbehalt oder die Einschränkung des zulässigen Erwerberkreises verstärken durch die Bildung zusätzlicher Verfügungsbeschränkungen das gesetzliche Vorkaufsrecht zugunsten des Grundeigentümers, gehen also über die vom Gesetzgeber vorgegebenen Möglichkeiten zur Beschränkung der Verfügungsmacht hinaus. Dies ist nicht

---

[841] BRANDENBURGER 1 mit Hinweis auf EUGEN HUBER; SONTIS 998 f.

[842] Oben S. 54 und 140 f; gl.M. BRANDENBURGER 121, VOLLENWEIDER 20 und wohl auch KLÖTI 37 f. Auch STEINAUER II 20 scheint zu dieser Auffassung zu tendieren: «En principe» sei ein Genehmigungsvorbehalt ausgeschlossen, «toutefois» aber habe das Bundesgericht in BGE 72 I 233 ff eine Beschränkung unter Voraussetzungen für zulässig erklärt; vgl. oben S. 149, 151. Die herrschende Lehre ist, darauf ist hingewiesen worden, unter Berufung auf BGE 72 I 233 ff anderer Meinung. Vgl. etwa ISLER 64, 94 f, 158 mit Hinweisen; PILET 88, 232.

[843] So ausdrücklich CHRISTEN 83 und (auch hinsichtlich der Vererbbarkeit) WITT 89 f. MOOR *Baurecht* 211 bezeichnet die Genehmigungsvorbehalte sowohl für Veräusserungen als auch für Belastungen als bloss obligatorisch wirkende Vertragsbestimmungen, ebenso VON MAY 72.

[844] FRIEDRICH *Neuordnung* 11.

[845] Dazu etwa FRIEDRICH *Neuordnung* 12 ff, FREIMÜLLER 72 ff, LIVER *Bericht* 8, 34 ff.

etwa deshalb unzulässig[846], weil die in das Grundbuch aufgenommene selbständige und dauernde Baurechtsdienstbarkeit Eigentum im Rechtssinne darstellen würde, sondern weil für die Beschränkung der Selbständigkeit des Rechts die gesetzliche Ermächtigung fehlt - mit gutem Grund: Durch solche Verfügungsbeschränkungen wird die kreditverschaffende Funktion der Verselbständigung entscheidend geschwächt[847]. Ein Grundstück lässt sich weniger hoch mit Grundpfändern belasten, wenn der Grundpfandgläubiger mit einem eingeschränkten Erwerberkreis rechnen muss, ja möglicherweise nicht einmal die Möglichkeit hat, sein Grundpfand im äussersten Fall selbst zu ersteigern[848]. Dies trifft insbesondere etwa dann zu, wenn die Übertragbarkeit auf juristische Personen des öffentlichen Rechts oder auf Personen mit bestimmtem Bürgerrecht beschränkt wird[849]. Im Falle des Genehmigungsvorbehaltes kann es für den Ersteigerer auch nicht genügen, wenn er bei Verweigerung auf den möglicherweise erfolgreichen Rechtsweg verwiesen werden kann. Die Beschränkung der Selbständigkeit trifft deshalb das Wesen des Rechts im Kern[850].

Das Heimfallsrecht und das Vorkaufsrecht geben dem Grundeigentümer während der Baurechtsausübung und im Moment der Baurechtsübertragung Schutz. Mit dem Recht auf den vorzeitigen Heimfall kann der Grundeigentümer seine Ansprüche auf vertragskonforme Rechtsausübung durch den jeweiligen Bauberechtigten wahren. Aus dem zulässigen Anwendungsbereich der Heimfallsvorschriften[851] ergibt sich indessen, dass ein Genehmigungsvorbehalt für Veräusserungen auch nicht mit der Androhung des vorzeitigen Heimfalls realisiert werden darf: Die Vorschrift darf nicht dazu missbraucht

---

[846] Unzulässigkeit nimmt auch BRANDENBURGER 113 an.
[847] HITZIG in PROTOKOLL 46, vgl. auch PROTOKOLL 117, FREIMÜLLER 66, LIVER *SPR V/1* 187.
[848] Vgl. den Hinweis von LIVER *Gutachten 1978* 31, 33 und denjenigen auf die Skepsis bei Baurechtsbelehnungen bei ISLER 75 FN 11. ISLER 157 empfiehlt (deshalb?), den Genehmigungsvorbehalt nur hinsichtlich der rechtsgeschäftlichen Übertragung zu vereinbaren.
[849] Vgl. BGE 72 I 237.
[850] Zu Unrecht spricht deshalb FRIEDRICH *Neuordnung* 16 davon, es werde «lediglich» die Selbständigkeit beschränkt, weshalb die Beschränkung zulässig sein müsse.
[851] Oben S. 155 f.

werden, das selbständige Recht seiner Selbständigkeit zu berauben[852].

Das Recht auf vorzeitigen Heimfall steht dem Grundeigentümer auch dann zu Gebote, wenn die Person des Bauberechtigten gewechselt hat: Der Erwerber unterliegt dieser Vorschrift von Gesetzes wegen. Dabei kann sich der Grundeigentümer die Übernahme vertraglicher Pflichten sichern, indem er den Erwerber vor die Alternative stellt, das Baurecht mit den vom ersten Baurechtnehmer eingegangenen Verpflichtungen zu übernehmen oder aber den Vorkauf durch den Grundeigentümer zu gewärtigen.

Steht für den Baurechtgeber von vornherein fest, dass ein Dienstbarkeitsverhältnis mit dem Erwerber nicht erfolgversprechend ist, kann er von seinem Vorkaufsrecht Gebrauch machen. Das Vorkaufsrecht richtet sich gegen unerwünschte Erwerber, nicht aber gegen den veräussernden Baurechtnehmer. Selbst soweit das Vorkaufsrecht dem Grundeigentümer zusteht, wirkt es sich nämlich - insbesondere verglichen mit einem Genehmigungsvorbehalt für den Fall der Baurechtsveräusserung - zugunsten des Bauberechtigten aus: Der Baurechtnehmer, der einen Käufer gefunden hat, hat nämlich Gewähr dafür, das Baurecht veräussern zu können. Das ist insbesondere auch dann der Fall, wenn der Käufer nicht vollumfänglich den Kriterien entspricht, die der Baurechtgeber erfüllt sehen will. Vorstellbar ist das beispielsweise im Fall eines Vorbehaltes gegen Erwerber, die das Baurecht nicht für den Eigenbedarf verwenden wollen[853]. Eine solche Beschränkung kann etwa dann prekär werden, wenn der Erwerber der Pfandgläubiger ist, der zu seiner Schadenminderung bereit ist, das ihm als Pfand haftende Baurecht zu ersteigern, nicht aber deswegen - sofern es sich überhaupt um eine natürliche Person handelt - einen Wohnungs- oder gar Domizilwechsel vornehmen will. Ist der Grundeigentümer allein auf sein gesetzliches Vorkaufsrecht verwiesen, haben sowohl der Baurechtnehmer als auch dessen Gläubiger Gewähr

---

[852] Das gilt auch für das Erbbaurecht (6 II ErbbV), mit dem Unterschied allerdings, dass eine ohne Zustimmung erfolgte Veräusserung oder Belastung unwirksam ist (6 I ErbbV, MÜNCHKOMM N 2 zu 6 ErbbV, STAUDINGER/RING N 12, 15 zu 5-7 ErbbV).
[853] So im Basler Baurechtsvertrag (oben FN 380), der als Beispiel in AEMISEGGER/STÜDELI 41 zitiert wird.

für einen gerechten Preis. Das bestätigt einmal mehr, dass mit dem Vorkaufsrecht auch der Rahmen dessen abgesteckt ist, was mit dinglicher Wirkung zur Beschränkung der Selbständigkeit des Rechts vereinbart werden kann.

Dem Grundeigentümer steht das Vorkaufsrecht allerdings zu dem Preis zu, dass er allenfalls seinen Baurechtnehmer ersatzlos verliert, dann nämlich, wenn er sein Baurecht, das nunmehr eine Eigentümerdienstbarkeit darstellt, nicht mehr veräussern kann. Dies ist allerdings im Interesse der Negotiabilität des Baurechts als eines selbständigen Rechts in Kauf zu nehmen.

Der Genehmigungsvorbehalt ist im übrigen nicht als Umgehungstatbestand im Sinne einer indirekten Sicherung von Vertragsvorschriften, die nur obligatorisch wirken[854], zulässig. Wie schon erwähnt, sind die obligatorischen Rechte gegenüber dem jeweiligen Bauberechtigten durch die Institute des vorzeitigen Heimfalls[855] und, was die Überbindung auf den Erwerber betrifft, indirekt auch durch das Vorkaufsrecht geschützt[856].

Was schliesslich den Vorkaufsfall angeht, ist im Falle von 682 II ZGB von einem weiteren Begriff auszugehen als beim vertraglichen Vorkaufsrecht: Hier dürften nicht nur die eigentlichen Umgehungstatbestände, sondern auch die verkaufsähnlichen Veräusserungshandlungen das Vorkaufsrecht auslösen[857]. Trotzdem ist es de lege ferenda zu wünschen, dass der Vorkaufsfall vom Gesetz in umfassendem Sinn normiert würde: Der Bedeutung des Baurechts entsprechend wäre es angezeigt, jede Änderung in der Person des Bauberechtigten als Vorkaufsfall zu statuieren.

---

[854] KLÖTI 43 beispielsweise verspricht sich vom Genehmigungsvorbehalt (über dessen dingliche oder obligatorische Wirkung er sich nicht äussert) die «indirekte Sicherung» der an sich bloss obligatorisch wirkenden (KLÖTI 37 f) Pflichten; a.M. auch FRIEDRICH Baurecht 286 und ISLER 157, der die Nichtüberbindung obligatorischer Vertragsbestandteile als wichtigen Grund für die Verweigerung einer Genehmigung betrachtet. Vgl. dagegen oben S. 156.

[855] a.M. FRIEDRICH Baurecht 283.

[856] Einen ungenügenden, den Genehmigungsvorbehalt nicht aufwiegenden Schutz durch das Vorkaufsrecht nimmt ISLER 156 FN 6 an.

[857] Dass im Falle von 682 II ZGB der Begriff weit auszulegen sei, vgl. MEIER-HAYOZ N 58 ff zu 682 ZGB, Vorkaufsfall 264 und dort FN 30; offenbar zustimmend FRIEDRICH Baurecht 287 FN 74. Auch die BOTSCHAFT 1963 1079 geht davon aus, dass eine Beurteilung des Einzelfalls vorgenommen werden müsse.

Bemerkungsweise sei zudem auf die Problematik hingewiesen, die für den Grundbuchverwalter entsteht, wenn der Erwerberkreis eingeschränkt wird: Wie soll er beispielsweise prüfen, ob ein Erwerber Steuerdomizil in der Standortgemeinde hat, erst zu nehmen gedenkt oder gar, ob er es auch beibehalten wird - und was gilt, wenn der Bauberechtigte das Steuerdomizil aufgibt? Da hilft dem Grundeigentümer das Recht auf vorzeitigen Heimfall, genau wie ihm bei der Veräusserung an einen Dritten das gesetzliche Vorkaufsrecht zur Seite steht. Das macht gerade deutlich, dass die gesetzlichen Instrumente genügen, im Interesse der Freiheit des Bauberechtigten aber auch genügen müssen.

In Anbetracht der vorstehenden Gründe, die besonders auf die wirtschaftliche Mobilität der selbständigen Rechte abstellen, scheinen einem Ausschluss der Vererblichkeit keine schwerwiegenden Bedenken entgegenzustehen. Indessen zeigt sich im Moment, da der Berechtigte eines unvererblichen Baurechts verstirbt, dass das Recht dann plötzlich zu einem höchstpersönlichen wird - es muss zwangsläufig der Heimfall eintreten, so dass die Selbständigkeit des Rechts eben nicht (mehr) besteht. Rechtlich beurteilt, verträgt sich deshalb auch die Beschränkung der Vererblichkeit nicht mit der Selbständigkeit des Rechts[858]. Auch hier fehlt es im übrigen an einer gesetzlichen Ermächtigungsnorm. De lege ferenda wünschbar ist aber auch unter dem Gesichtspunkt der grundsätzlichen Vererblichkeit des selbständigen Baurechts eine ausweitende Legaldefinition des Vorkaufsfalls nach 682 II ZGB.

515.2 Verpfändbarkeit

Nicht anders steht es um die Beschränkung der Verpfändbarkeit, sei es durch Genehmigungsvorbehalt[859] oder umfassendes Verbot[860],

---
[858] ISLER 157; WITT 83.
[859] Wie ihn beispielsweise KLÖTI 43 empfiehlt.
[860] gl.M. RUEDIN 177, RIEMER 35. Sowohl die Beschränkung als auch den Ausschluss der Verpfändbarkeit halten für zulässig HOMBERGER N 10 zu 943; MEIER-HAYOZ N 20 zu 655 ZGB; ISLER 64, 158, 160 (mit Hinweisen), der jedoch davon abrät; FRIEDRICH Baurecht 286. Nur Beschränkbarkeit, nicht auch Ausschluss hält FREIMÜLLER 64 für möglich.

und zwar nicht nur, weil auch eine solche Beschränkung dem Zweck der Verselbständigung widerspräche, sondern weil die Verpfändbarkeit ganz direkt abhängig ist von der Selbständigkeit: Ein selbständiges Recht ist - in maiore minus - nach Massgabe seiner Selbständigkeit auch verpfändbar[861]. Ist deshalb die Selbständigkeit nicht beschränkbar, so gilt dies auch hinsichtlich der Verpfändbarkeit. Man muss sogar noch weiter gehen: Selbst wenn man eine Übertragungsbeschränkung als mit dem Begriff der Selbständigkeit vereinbar beurteilen dürfte, müsste das Verpfändungsverbot als unzulässig bezeichnet werden, hat doch die Verliegenschaftung der selbständigen und dauernden Rechte deren hypothekarische Belastbarkeit zum Hauptmotiv. Zu recht meint denn auch LIVER, dass sich die Aufnahme eines (i.c. Korporations-) Baurechtes, das nicht verpfändbar ist, «wohl kaum rechtfertigen» lasse[862]. Nicht einzusehen ist deshalb auch, weshalb 812 I ZGB auf die gebuchten Baurechte nicht zur Anwendung kommen sollte[863], zumal die Verpfändung das belastete Grundstück nicht gefährdet[864], weshalb übrigens auch der Bestellung eines selbständigen und dauernden Baurechts auf einem Grundstück, das seinerseits mit einem Verpfändungsverbot belegt ist, nichts entgegensteht[865]. Ebensowenig widerspricht der hier vertretenen Auffassung, dass die Kantone für privatrechtliche Körperschaften Verpfändungsverbote erlassen können: Diese Beschränkung der (bundesprivatrechtlichen) Selbständigkeit ist durch eine Kompetenznorm im Bundesrecht selbst vorgesehen[866].

515.3 Bestellung von Unterbaurechten

Bei konsequenter Beachtung der in der vorliegenden Untersuchung erarbeiteten Ergebnisse muss man auch die Bestellung von Unterbaurechten unbeschränkt zulassen, fehlt es doch auch für deren Be-

---

[861] LÖTSCHER 98. So auch FRIEDRICH Neuordnung 16, der daraus jedoch – weil er die Beschränkung der Übertragung als mit dinglicher Wirkung möglich erachtet – konsequenterweise den gegenteiligen Schluss zieht.
[862] LIVER Gutachten 1978 31.
[863] FREIMÜLLER 65; FRIEDRICH BTJP 1968 149; ISLER 160.
[864] ISLER 160 f.
[865] Vgl. LGVE 1988 III Nr. 5 S. 181, 185.
[866] Oben FN 448.

schränkung an einer gesetzlichen Grundlage beziehungsweise Ermächtigungsnorm, wie sie die privatrechtliche Vereinbarung einer Einschränkung der Verfügungsmacht erfordern würde: Auch die Möglichkeit der Errichtung von Unterbaurechten gehört zur angestrebten Mobilität des Bodenwertes[867]. So würde beispielsweise RIEMER[868] schon einen Genehmigungsvorbehalt für ein Unterbaurecht nur obligatorisch wirken lassen.

Bedenken gegen einen Ausschluss von dinglich wirkenden Beschränkungen erheben sich allerdings wegen der im Vergleich zum einstufigen Baurechtsverhältnis schwächeren Stellung des Grundeigentümers gegenüber dem Unterbaurechtnehmer. Hier greifen nämlich die Sicherungsrechte, welche dem Grundeigentümer im Verhältnis zum Baurechtnehmer vom Gesetz her zustehen, nicht: Der Grundeigentümer tritt nicht in eine rechtliche Beziehung zum Unterbaurechtnehmer[869], und die Bestellung eines Unterbaurechtes gilt auch nicht als Vorkaufsfall[870]. Nicht zuletzt wegen dieses fehlenden direkten Rechtsverhältnisses mit dem Grundeigentümer wird die Bestellung von Unterbaurechten zur Umgehung von Vereinbarungen zwischen Grundeigentümer und Baurechtnehmer verwendet oder missbraucht. Aus diesen Gründen könnte man geneigt sein, Vertragsbestimmungen, welche die Begründung von Unterbaurechten[871] beschränken oder ausschliessen, als zulässig anzuerkennen[872]. Mit der positiven Rechtslage würde dies aber nicht übereinstimmen. De lege ferenda wäre deshalb zu prüfen, die Bestellung eines Unterbaurechtes zum Vorkaufsfall zu erklären.

---

[867] ISLER 159 f; dessen Auffassung, es könne eine Beschränkung in Fällen eines Baurechtes mit persönlicher, sozialer oder kultureller Zielrichtung zugelassen werden, sei aber im übrigen zu vermeiden, überzeugt allerdings nicht.
[868] RIEMER 35.
[869] Vgl. BGE 92 I 539, insb. 549. Zum Verhältnis der verschiedenen Vorkaufsrechte der Parteien LIVER *Fragen* 332 f. Sollte übrigens der Unterbaurechtnehmer von seinem Vorkaufsrecht gegenüber dem Baurechtnehmer Gebrauch machen können, sähe sich der Grundeigentümer einem neuen (unmittelbaren) Baurechtnehmer gegenüber. In diesem Fall stände ihm aber gegenüber dem Baurechtnehmer, der sein Baurecht ja veräussern wollte, das Vorkaufsrecht zu.
[870] RIEMER 34.
[871] Nicht auch von Miteigentumsrechten, denn gegenüber Miteigentümern stehen dem Grundeigentümer dieselben Rechte zu wie andern Nachfolgern des Baurechtnehmers in das ungeteilte Baurecht.
[872] gl.M., aber mit anderer Begründung, FRIEDRICH *BtJP 1968* 170.

515.4 Die Interessen der öffentlichen Hand als Baurechtgeberin

Die Bestellung von Baurechten wurde zwar nicht bereits mit der Schaffung des Zivilgesetzbuches, aber aus heutiger Sicht doch gleichsam seit jeher als Instrument der Wohnbaupolitik und inzwischen auch der Baulandpolitik betrachtet und entsprechend verwendet[873]. Auch die Baurechtsnovelle 1965 wurde besonders unter diesem Aspekt beraten[874]. Die öffentliche Hand ist es auch, die seit den Anfängen des Instituts als Baurechtgeberin auftritt. Dabei war die Frage des Umfangs der Selbständigkeit immer schon von Bedeutung, ist doch der Erfolg der Politik, die durch das Mittel des Baurechts verfolgt wird, entscheidend auch davon abhängig, ob das Recht vor allem seiner politischen, nicht so sehr seiner rechtlichen Bestimmung gemäss ausgeübt wird. Es wird deshalb in diesem Zusammenhang wiederholt hervorgehoben, es bestehe ein gesteigertes Interesse daran, die Person des Baurechtnehmers auch im Falle von Übertragungen des Rechts mitzubestimmen.

Hinsichtlich der besonderen Interessen der öffentlichen Hand im Zusammenhang mit Verfügungsbeschränkungen bei selbständigen und dauernden Baurechten wird man grundsätzlich danach zu unterscheiden haben, ob die Begebung von Finanz- oder von Verwaltungsvermögen in Frage steht.

Handelt das Gemeinwesen zu Lasten des Finanzvermögens, ist es nicht anders gestellt als die Privaten und auch wie diese zu behandeln. Es besteht weder eine gesetzliche Grundlage noch begründeter Anlass für eine Ungleichbehandlung zugunsten des Gemeinwesens[875]: Von der Verteuerung des Bodens etwa und der daraus folgenden Unlust, den Wertsteigerungsgewinn nicht letztlich in der eigenen Hand halten zu wollen[876], sind die privaten wie die öffent-

---

[873] Vgl. die Abhandlungen von AEMISEGGER/STÜDELI und KLÖTI sowie, neben vielen, LEEMANN N 6 zu 779 ZGB, CHRISTEN 12 ff, 22 f.
[874] StenBull NR 1964 367 ff, StenBull SR 1964 325 ff; BOTSCHAFT *1963* 979. Es gab sogar je einen Antrag, Baurechte überhaupt nur an Grundstücken der öffentlichen Hand zuzulassen, StenBull a.a.O. 368 bzw. 325; vgl. zu dieser Regelung im österreichischen Recht LIVER *Baurechtsdienstbarkeit* 391.
[875] Aus Furcht vor unzulässiger Ungleichbehandlung wurde der in der vorstehenden Fussnote erwähnte Antrag auf Beschränkung der mit Baurechten belastbaren Grundstücke bekämpft, vgl. StenBull NR 1964 370 und StenBull SR 1964 328.
[876] Vgl. die diesbezüglich unbefriedigende Begründung in LGVE 1989 II Nr. 7 S. 15.

lichen Grundeigentümer in gleichem Masse betroffen. Das Gemeinwesen ist deshalb unter privatrechtlichem Gesichtswinkel ebensowenig wie Private befähigt, sich mit dinglicher Wirkung entschädigungslose Resolutivklauseln auszubedingen, wie etwa, es müsse der Bauberechtigte für die Erstellung öffentlicher Strassen «und dergleichen» das Baurecht für den entsprechenden Grundstücksteil entschädigungslos löschen lassen[877]. Ein mit derart vagen Beschränkungen belastetes Baurecht wäre kein selbständiges mehr, hätten doch Hypothekargläuber entschädigungslos eine Verringerung des Haftungssubstrats in Kauf zu nehmen. Richtig ist vielmehr, dass das Gemeinwesen solche Interessen gegenüber allen Grundeigentümern zu wahren, sich dabei aber, auch gegenüber seinen Baurechtnehmern, an die massgebenden öffentlichrechtlichen Verfahren zu halten hat.

Insofern das Gemeinwesen aber zu Lasten des Verwaltungsvermögens handelt, erscheint die *Verleihung* eines Baurechts als eine mögliche Form der Begebung. Zwar ist die Gesetzgebung zur Baurechtsdienstbarkeit immer auch unter dem Aspekt der Wohnbaupolitik, insbesondere der Politik des sozialen Wohnungsbaus gesehen worden[878]. Indessen hat man das Baurecht ebenso deutlich als Institut des Privatrechts verteidigt[879]. Angesichts dessen, dass das Baurecht als Institut zwischenzeitlich auch von Privaten immer häufiger, auch für Eigenheime, verwendet wird[880], wäre es jedenfalls nicht zu weit hergeholt, das Institut de lege ferenda neu zu überdenken und möglicherweise zwei getrennte Baurechtsarten zu schaffen. Spätestens da ist es erforderlich, das Baurecht - seinem Wesen durchaus entsprechend - so anzuwenden, dass sich kein «neuer Bodenfeudalismus»[881] breitmachen kann. Für diejenigen Baurechte, bei welchen nicht die Mobilisierung des Bodens im marktwirtschaftlichen Sinn im Vordergrund steht, sondern die Boden- und Wohnbaupolitik, wäre etwa an Konzessionen zu denken. Ein konzediertes Baurecht steht unter anderen Voraussetzungen als eine nach 779 ff ZGB bestellte Baurechtsdienstbarkeit. Die Beschränkung eines öffentlichen Baurechtes richtet sich nach den öffentlichrechtlichen Voraussetzungen, während das

---

[877] Wie es AEMISEGGER/STÜDELI 10, mit Beispiel auf S. 58, vorschlagen.
[878] Oben FN 874.
[879] Etwa durch Bundesrat VON MOOS in StenBull SR 1964 329.
[880] Vgl. schon ISLER 72 ff.
[881] StenBull NR 1964 368; ISLER 82; MÜNCHKOMM N 5 ff zu 7 ErbbV.

private Baurecht auch in der Praxis wieder auf seine privatrechtliche Funktion zurückgeführt werden müsste.

Dabei könnte es jedoch nicht darum gehen, das privatrechtliche Baurecht von der Anwendbarkeit durch die öffentliche Hand auszuschliessen. Die Baurechtsdienstbarkeit vermag in der Weise, wie sie im Gesetz normiert ist, unter Einhaltung der dem Grundeigentümer gesetzten Schranken also, den meisten Ansprüchen auch eines Gemeinwesens vollauf zu genügen[882]. Im Interesse der Baurechtnehmer soll jedoch das Baurecht auch da innerhalb des für eine Baurechtsdienstbarkeit Zulässigen errichtet werden, wo damit politische, insbesondere finanz-, wirtschafts- und raumplanungspolitische Ziele verfolgt werden.

In diesem Licht betrachtet erscheint es deshalb als nicht angängig, ein Baurecht mit dinglich wirkendem Genehmigungsvorbehalt für Übertragungen zu beschränken, in der Absicht, damit steuerschwache Erwerber von einem Zuzug in die Gemeinde oder steuerkräftige vor einer Abwanderung abhalten[883]. Ein solches Vorgehen dürfte nach dem allgemein anerkannten Grundsatz, nach welchem das Gemeinwesen auch da verfassungskonform zu handeln hat, wo es nicht hoheitlich auftritt[884], jedenfalls nicht unproblematisch sein. Der richtige Lösungsansatz liegt hier eher darin, eine Steuerung über den Dienstbarkeitsinhalt - Bau einer Fabrikationshalle, Verbot einer (steuerschwachen) Lagerhalle - anzustreben. Wirksame Anreize können auch über die Gestaltung des Baurechtszinses erfolgen[885], wobei die Zielsetzung über die Zeit des Vertragsabschlusses hinaus durch obligatorische Bestimmungen gesichert werden können, die dann wiederum dem Schutz durch das vorzeitige Heimfallsrecht unterliegen. Reichen die dienstbarkeitsrechtlichen Massnahmen nicht aus, hat das Gemeinwesen auf öffentlichrechtliche Mittel, beispielsweise auf die Instrumente der Raumplanung zu greifen[886]. Analoges gilt (jedenfalls

---

[882] Vgl. dazu STAUDINGER/RING N 26 zu 1 ErbbV.

[883] Beispiel oben S. 68. Der entsprechende Vorschlag findet sich bei AEMISEGGER/STÜDELI 11, die aber gleich auch die nachstehend im Text beschriebene zulässige Lösung des Problems anführen.

[884] Vgl. HANGARTNER 144 f.

[885] AEMISEGGER/STÜDELI 19.

[886] Auch das Postulat FREIMÜLLER aus dem Jahr 1946, das eine Revision der Baurechtsvorschriften unter anderem mit bodenpolitischen Zielen verlangt hatte, hätte bei der Verwirklichung zu öffentlichrechtlicher Normierung führen müssen (dazu StenBull NR 1964 366, 370). Vgl. im übrigen zum geschichtlichen Wandel der Bedeutung des

angesichts des heute geltenden, allerdings noch in den wenigsten Kantonen umgesetzten Raumplanungsgesetzes) im Zusammenhang mit einer aktiven kommunalen Baulandpolitik, soweit diese mit dem Baurecht das Ziel anstrebt, Mehrwerte zugunsten der Öffentlichkeit abzuschöpfen, die durch Planungs- oder Siedlungsentwicklung entstanden sind[887]. Überhaupt sind heute dank dem raumplanerischen Instrumentarium einerseits und den institutionellen Anlegern andererseits einige Motive der früher verfolgten öffentlichen (Wohn-) Baupolitik entfallen[888].

Schliesslich darf der Genehmigungsvorbehalt für Veräusserungen, und zwar wiederum weder von privaten noch von öffentlichen Baurechtgebern, auch nicht dazu herangezogen werden, Spekulation zu verhindern[889], soweit sich dieses Ziel nicht innerhalb der dienstbarkeitsrechtlichen Möglichkeiten verwirklichen lässt. Die Verweigerung der Zustimmung allein aus dem Grund, dass der Baurechtnehmer einen «zu guten» Erlös erzielt, wäre wohl auch unter der auf den einzigen Bundesgerichtsentscheid abgestützten bisherigen Praxis kein wichtiger Grund, selbst wenn in jenem Entscheid lediglich von «berechtigtem Interesse» des Gemeinwesens als Baurechtgeberin die Rede ist[890]: Dieser Begriff ist zu unbestimmt, um praktikabel zu sein. Entscheidend kann höchstens das Verhältnis der Interessen von Baurechtgeber und Baurechtnehmer sein. Die Wahrung der beiderseitigen Interessen hat aber durch die zivilgesetzlichen Mittel zu erfolgen.

Liegen dagegen nicht nur berechtigte, sondern das private Interesse überwiegende öffentliche Interessen vor, sind geeignete und verhältnismässige öffentlichrechtlichen Massnahmen zu treffen[891]. Dabei ist auf einen sich abzeichnenden Wandel im Verständnis des privatrechtlichen Handelns der Gemeinwesen hinzuweisen, wonach das Ausweichen ins Privatrecht nicht mehr ohne weiteres als statt-

---

Servitutsrechts LIVER *Servitut* 298 f.
[887] Vgl. KLÖTI 2 ff und 5 I RPG.
[888] Vgl. anders noch KLÖTI 8.
[889] Auch dies ein Vorschlag von AEMISEGGER/STÜDELI 12, vgl. auch FRIEDRICH *Baurecht* 284 f, der andererseits zweifelt, ob das gesetzliche Vorkaufsrecht nach 682 II ZGB nicht mit dem Motiv der Spekulationsverhinderung zum limitierten Vorkaufsrecht abgeändert werden dürfe (FRIEDRICH a.a.O. 289).
[890] BGE 72 I 237; ISLER 156.
[891] Massgebend für die Wahl der privat- oder öffentlichrechtlichen Form ist, ob eine öffentliche Aufgabe erfüllt werden sollte, RHINOW *Verfügung* 303.

haft gelten kann[892]. Nicht auszuschliessen ist auch, dass dafür eine gesetzliche Grundlage erforderlich ist[893]. Dies könnte insbesondere dann gelten, wenn mit dem Finanzvermögen letztlich öffentliche Interessen verfolgt werden, wie beispielsweise die Ansiedlung von Industrie auf Boden im Finanzvermögen. Bei diesem Beispiel ist ebenso wie bei der Baurechtsvergabe für Wohnungsbau ein gewisses wettbewerbslenkendes Moment nicht zu übersehen[894].

Was die öffentlichrechtlichen Sicherungsmassnahmen betrifft, würde es im Rahmen der vorliegend behandelten Themen zu weit führen, die denkbaren Formen der öffentlichrechtlichen Baurechtsbegebung eingehend zu untersuchen und Lösungen vorzutragen. Zu denken ist etwa an öffentlichrechtliche Eigentumsbeschränkungen[895], wie das im Bereich des Baurechts etwa mit der Lex Friedrich[896] geschieht. Was den Inhalt solcher Eigentumsbeschränkungen angeht, ist daran zu erinnern, dass dieser durchaus demjenigen von Dienstbarkeiten entsprechen kann[897]. Zu nennen sind weiter die bereits erwähnte Konzession und ebenso der verwaltungsrechtliche Vertrag, der insbesondere da Anwendung finden kann, wo der Private sich zu etwas verpflichtet, wozu er mittels Verfügung nicht verpflichtet werden könnte[898]. In diese Verträge können dann sehr wohl auch öffentlichrechtliche Eigentumsbeschränkungen aufgenommen werden[899], die im Zusammenhang mit der Wohneigentumsförderung zu Anmerkungen im Grundbuch führen[900]. Man wird in diesen Fällen von öffentlichrechtlichen Verträgen ausgehen müssen, haben doch solche Baurechte die Erfüllung öffentlicher Aufgaben zum Ziel.

Für die Entscheidung, ob das private Baurecht mit der Vor-

---

[892] RHINOW *Verfügung* 305 f und 321 etwa hält es für prüfenswert, publizistisches Handeln zur Regel und privatrechtliches Handeln begründungspflichtig/-bedürftig zu erklären.
[893] Vgl. EICHENBERGER 78.
[894] Auf die mitunter wettbewerbslenkende Wirkung des staatlichen Wohnungsbaus durch Verwendung des Dienstbarkeitsrechts hat etwa SPIROS SIMITIS in AcP 157/1958 435 hingewiesen.
[895] Vgl. BAER 134, 136; FRIEDRICH *Baurecht* 282; KLÖTI 58 ff, 70, 80.
[896] 4 I a. BewG.
[897] FRIEDRICH *Grundbuch* 207.
[898] HÄFELIN/MÜLLER 189.
[899] Vgl. FRIEDRICH *Baurecht* 281 f.
[900] So im Zürcher Gesetz über die Förderung des Wohnungsbaus und des Wohneigentums vom 24. September 1989 (LS 841), insb. §§ 8 und 10, mit zugehöriger Verordnung vom 14. November 1990 (LS 841.1), insb. §§ 40 f, 45, 50, 59, 61.

schrift von 779b ZGB, das öffentliche Recht oder zumindest eine öffentlichrechtliche Eigentumsbeschränkung das Richtige sei, kann indessen nicht die dingliche Wirkung des Privatrechts entscheidend sein[901], im Gegenteil: Eine öffentlichrechtliche Beschränkung wirkt sogar dann gegen allfällige Erwerber, wenn die Beschränkung aus irgendwelchen Gründen im Grundbuch nicht erkennbar ist.

Jedenfalls dürfen aber überwiegende öffentliche Interessen nicht zum Anlass genommen werden, das Zivilrecht als dem öffentlichen Interesse dienend auszulegen[902]. Genausowenig darf allerdings aus dem Umstand, dass das Gemeinwesen Interesse an der Auswahl seiner Baurechtnehmer hat, zugunsten der privaten Baurechtgeber abgeleitet werden, dass auch ihnen ein entsprechendes Wahlrecht zustehen müsse. Aus diesem Grund kann auch der präjudizielle Bundesgerichtsentscheid nicht unbesehen auf alle Baurechtsdienstbarkeiten angewendet werden, hatte sich dieser doch mit einem durch die öffentliche Hand begebenen Baurecht zu befassen.

Die hier vertretene Auffassung steht, darauf sei ausdrücklich hingewiesen, im Widerspruch zur bisherigen Praxis und auch zu den ursprünglichen, teilweise allerdings relativierten Motiven zur Baurechtsnovelle von 1965[903].

515.5 nicht gebuchte selbständige und dauernde Baurechte

Die Frage der Verfügungsbeschränkungen bei selbständigen Rechten entscheidet sich nach dem Inhalt der Selbständigkeit. Die Grundbuchaufnahme ändert an der Rechtsnatur des selbständigen Rechts nichts. Davon geht auch die herrschende Lehre aus. Folgerichtig muss, wer die Beschränkung des gebuchten selbständigen Rechts zulässt, auch diejenige des nicht gebuchten anerkennen[904], und ebenso folgerichtig wird hier die gegenteilige Auffassung vertreten: Weil das nicht gebuchte Recht jederzeit zur Aufnahme ins Grundbuch angemeldet

---

[901] Zumindest als Entscheidungsmotiv wird dies von FRIEDRICH Baurecht 282 genannt.
[902] Vgl. USTERI 194.
[903] Oben S. 152.
[904] Vgl. SIMONIUS/SUTTER 143 FN 61 mit Hinweisen.

werden kann, unterliegt es denselben Anforderungen wie das gebuchte Recht[905]. Nicht ein rechtliches Problem, sondern ein praktisches ist es deshalb zu entscheiden, ob ein selbständiges Baurecht ins Grundbuch aufgenommen werden solle oder nicht. Eine andere, aber nicht offene Frage schliesslich ist diejenige nach der Form der Übertragung und der Verpfändung des nicht gebuchten Rechts: Sie richten sich nach den Regeln betreffend die Forderungsrechte.

52 bei den Dienstbarkeiten nach 781 ZGB und anderen privaten Rechten

Ist die Selbständigkeit ein objektiv zu verwendender Begriff, müssen die vorstehenden Ausführungen auch für die Dienstbarkeiten nach 781 ZGB gelten. Für diese besteht zwar keine Vorschrift wie 779b ZGB. Diese Bestimmung hat indessen deklaratorische Bedeutung: Für jede Dienstbarkeit gilt, dass deren Inhalt dingliche Kraft hat. Und für jede Dienstbarkeit muss auch gelten, dass deren Inhalt der vertraglichen Vereinbarung so weit zugänglich ist, als die Schranken, die sich aus deren Rechtsnatur ergeben, eingehalten werden[906]. Man muss dabei nicht so weit gehen wie FRIEDRICH[907], der schon unter altem Recht jedenfalls nicht ausgeschlossen hat, dass mit der Baurechtsdienstbarkeit und der Nutzniessung der Massstab für den höchstens zulässigen Umfang des Inhalts aller Dienstbarkeiten vorgegeben sei. Jedenfalls aber macht 779b ZGB auch dann die Baurechtsdienstbarkeit nicht zu einem von den andern Dienstbarkeiten zu unterscheidenden Sonderinstitut, wenn man dieser Bestimmung den Sinn beimisst, dass damit der Dienstbarkeitsinhalt ohne gesonderte Erwähnung auf dem Hauptblatt des Grundbuches an dessen öffentlichem Glauben teilhabe[908]. Denn der Umfang dessen, was vom öffentlichen Glauben des Grundbuches erfasst werde, lässt sich ungeachtet der Bestimmung von 779b ZGB (wie auch für das Bau-

---

[905] Vgl. oben S. 126 und 141 ff. Wäre die Anmeldung durch Vereinbarung ausgeschlossen, hätte man es nicht mit einem selbständigen Recht zu tun.
[906] Oben S. 72 f und 145 f.
[907] FRIEDRICH *Nutzungsdienstbarkeiten* 41.
[908] Oben S. 146.

recht) für jedes andere Dienstbarkeitsrecht durch einen klärenden Zusatz in der Beschreibung des Rechts festlegen[909].

Im Falle der privatrechtlichen Genossenschaften mit Teilrechten ist zumindest nicht auszuschliessen, dass Beschränkungen in grösserem Mass zulässig sind als bei den nach Bundesrecht begründeten selbständigen und dauernden Rechten, denn diese Genossenschaften beruhen nicht auf Bundeszivilrecht, sondern auf kantonalem Recht, dem eine eigene Gesetzgebungskompetenz zusteht[910].

53 bei den öffentlichrechtlichen Nutzungsrechten

Die besondere Problematik bei der Behandlung der in das Grundbuch aufgenommenen öffentlichen Baurechte besteht darin, dass diese Verwaltungsvermögen beschlagen: Sachen des Verwaltungsvermögens sind grundsätzlich unveräusserlich und unterliegen nicht der Zwangsvollstreckung[911]. Nicht unbedeutend ist der Unterschied zum privaten Baurecht, dass der Konzessionär zur Ausübung seines Rechts verpflichtet ist und darauf nicht verzichten kann[912]. Beschränkungen dieses Rechts sind vom öffentlichen Interesse bestimmt. Bezeichnenderweise rechtfertigt denn auch LIVER[913] die Einschränkung des Erwerberkreises im Falle einer (öffentlichrechtlichen) Alpkorporation auf Korporations- und Kantonsbürger mit *staatsrechtlichen* Grundsätzen. Ebenso ist in Rücksicht auf das öffentliche Interesse die Beschränkung öffentlicher Baurechte zulässig, was beispielsweise für das Wasserrecht zutrifft[914].

Diese Beschränkungen sind öffentlichrechtlicher Natur[915]. Das ruft zum einen nach einer gesetzlichen Grundlage, gerade auch dann und dafür, wenn es darum geht, die solchermassen beschränkten Rechte als Grundstücke im Sinne von 655 II 2. ZGB ins Grund-

---

[909] Oben FN 788.
[910] Vgl. oben S. 84 f.
[911] Oben S. 86.
[912] MOOR *III* 130.
[913] LIVER *Gutachten 1978* 12.
[914] LIVER *Gutachten 1978* 13; vgl. oben S. 31.
[915] Oben S. 67.

buch aufzunehmen[916].

Die Möglichkeit der Beschränkung von öffentlichen Nutzungsrechten ist mithin ein Grund, weshalb Berechtigungen an Verwaltungsvermögen in dieser Form begründet werden sollen: Die Konzession erlaubt die Statuierung von Beschränkungen, welche im Falle privatrechtlicher Rechtseinräumung nicht mit gleich kräftiger, nämlich eben nicht mit Wirkung gegenüber dem jeweiligen Berechtigten und gegenüber Dritten festgesetzt werden können. Diese Wirksamkeit verliert das Recht mit der Aufnahme ins Grundbuch, welche seine Rechtsnatur nicht verändert[917], nicht. Das bedeutet, dass das aufzunehmende Grundstück nur nach Massgabe des Verleihungsbeschlusses selbständig ist, also insbesondere nur in diesem Rahmen mit Grundpfändern[918] und anderen beschränkten dinglichen Rechten belastet werden kann. Auch der Vorbehalt der Genehmigung von Rechtsübertragungen und eine allfällige Beschränkung des Erwerberkreises sind unter dieser öffentlichrechtlichen Vorgabe zu sehen[919].

Bei alldem ist aber im Auge zu behalten, was oben[920] zur Verfügung über öffentliche Sachen und zu den Instituten der Konzession und des verwaltungsrechtlichen Vertrages dargelegt worden ist, etwa zur Möglichkeit der Verfügung über öffentliche Sachen nach privatrechtlichen Regeln, aber auch zum Grundsatz, dass sich Begriff und Inhalt auch der Rechte an öffentlichen Sachen nach dem Privatrecht zu richten haben. Das gilt in besonderem Masse hier, wo es darum geht, ein öffentliches Recht der sachenrechtlichen und grundbuchlichen Verfügbarkeit zuzuführen. Das bedeutet konkret folgendes:

Die Begebung von selbständigen Nutzungsrechten an öffentlichen Sachen kann nur da in der Form einer Konzession erfolgen und nur insoweit mit öffentlichrechtlichen Eigentumsbeschränkungen belastet werden, als es das überwiegende öffentliche Interesse erfordert. Wo beispielsweise ein Nutzungsrecht die Erfüllung öffentlicher

---

[916] Vgl. LIVER *Gutachten 1978* 11.
[917] Oben FN 147 f.
[918] Die Hypothekarkreditverschaffung war auch bei den Bergwerken Motiv dafür, deren Aufnahme ins Grundbuch zu ermöglichen, HAGENBÜCHLE 59a.
[919] TOBLER 131 f, der bezeichnenderweise darauf hinweist, dasselbe Resultat könne im *Privatrecht* durch die Bestellung eines unübertragbaren – also eben eines unselbständigen – Baurechts erreicht werden.
[920] Oben S. 64 ff und 85.

Aufgaben und Zwecke in keiner Weise behindert, soll das Gemeinwesen nicht zur Konzession greifen, sondern das zivilrechtliche Institut wählen. Das kann im Falle von Baurechten angesichts dessen, dass die heutige Praxis[921] auch bei konstruktiv mit bestehenden Bauwerken verbundenen Bauten die Errichtung von selbständigen und dauernden Baurechten zulässt, sehr weit gehen. So wäre es jedenfalls nicht ausgeschlossen, etwa die Gewerbebauten unter dem bereits erwähnten Nationalstrassenstück im Walliseller Dreieck trotz der konstruktiven Verbundenheit mit dem Strassenwerk[922] auf ein selbständiges und dauerndes Baurecht abzustützen. Immerhin scheint die enge bauliche Verbindung in diesem Fall aber die Konzession als die angemessene Form nahezulegen. Unpraktikabel erschiene jedenfalls eine dualistische Behandlung eines einzigen Rechtsverhältnisses, in der Weise etwa, dass die Fundamente und Stützen einer Baute über einem Bahngrundstück nach Konzessionsrecht, die Baute selbst aber nach privatem Dienstbarkeitsrecht zu behandeln wären. Im übrigen ist die Form der Konzession da zu wählen, wo die öffentliche Sache weiterhin, wenn auch durch das Konzessionsrecht beschränkt, dem Gemeingebrauch offenstehen soll.

Insoweit aber dieses Konzessionsrecht als übertragbares ausgestaltet wird, hat sich die Konzession diesbezüglich an die Vorgaben der zivilgesetzlichen Baurechtsdienstbarkeit zu halten. Die öffentlichrechtlichen Eigentumsbeschränkungen beeinträchtigen die zivilrechtliche Selbständigkeit nur in dem Masse nicht, als sie sich auf ein überwiegendes öffentliches Interesse stützen können. Was oben zu den Interessen der öffentlichen Hand im Zusammenhang mit der Baurechtsdienstbarkeit gesagt worden ist, gilt in entsprechendem Umfang für die öffentlichrechtlichen Beschränkungen der Selbständigkeit des aufzunehmenden öffentlichen Baurechtes.

In besonderem Masse ist dies im Falle einer in das Grundbuch aufzunehmenden Konzession zu berücksichtigen, die ihrerseits die Bestellung von privatrechtlichen Baurechten an der Konzession

---

[921] Oben FN 546.
[922] Oben S. 41. Vgl. die Formulierung in RRB Nr. 5387/1974, Ziffer 3 des Dispositivs: «Im Bereich des Konzessionsgebietes verläuft die Nationalstrasse auf einer Brückenkonstruktion über den Einbauten der Konzessionärin, mit denen sie teilweise konstruktiv verbunden ist. (...) Diejenigen tragenden Elemente der eigentlichen Einbauten, welche Nationalstrassenelemente stützen, hat die Konzessionärin (...) unter Aufsicht des Kantons zu erstellen, (...)».

zulässt[923]. Sie erklärt damit zweifellos die für das privatrechtliche Baurecht geltende Ordnung auch zum Inhalt der Konzession, soweit das (Unter-) Baurecht davon betroffen ist. Weil das privatrechtliche Baurecht vermutungsweise selbständig ist, hätte die Konzession deshalb ausdrücklich dessen Übertragbarkeit auszuschliessen. Damit wäre die Baurechtsdienstbarkeit ein unselbständiges Recht, womit sie unter anderem nicht in das Grundbuch aufgenommen und nicht hypotheziert werden könnte. Unstatthaft erscheint es weiter, ein auf einer Konzession beruhendes selbständiges und dauerndes (Unter-) Baurecht mit Beschränkungen zu belasten, die nicht mit der vertragskonformen Ausübung in Zusammenhang zu bringen sind und sich allein auf den Umstand der öffentlichrechtlichen Grundlage der Konzession abstützen. Der Konzedent ist auch in diesen Fällen verpflichtet, sich an die vom Gesetzgeber vorgegebenen Massnahmen der Baurechtsdienstbarkeit zu halten. Selbst wo aber das öffentliche Interesse Beschränkungen des selbständigen und dauernden Rechtes erfordert, sind diese unter Berücksichtigung der durch das zivilrechtliche Institut vorgezeichneten Massstäbe festzulegen. So ist etwa eine Hypothezierung des Rechtes nur da praktisch möglich, wo ein minimaler Erwerberkreis offensteht. Für den Fall einer entsprechenden Beschränkung muss deshalb auch für öffentlichrechtliche Nutzungsrechte gelten, was die Praxis unter altem Recht für die Baurechtsdienstbarkeit als Voraussetzung herausgearbeitet hat.

Im übrigen ist darauf hinzuweisen, dass auch im öffentlichen Interesse begründete Beschränkungen eines verliehenen Rechtes nicht das öffentliche Interesse an einem Grundbuch, das seiner Funktion gerecht werden kann, neutralisieren können und dürfen.

---

[923] Vgl. wiederum das Beispiel des Nationalstrassengrundstückes in Wallisellen.

6 SCHLUSS

Die privatrechtlichen selbständigen und dauernden Nutzungsrechte, unter ihnen auch die Baurechtsdienstbarkeit, sind - obwohl dies dogmatisch nicht schlechthin undenkbar wäre und trotz der systematischen Stellung der massgeblichen Vorschrift von 655 II 2. ZGB - keine Eigentumsrechte. Mit der herrschenden Lehre ist davon auszugehen, dass die Vorschriften über das Grundeigentum auf die selbständigen und dauernden Rechte analog anzuwenden sind. Was die freie Übertragbarkeit der Rechte angeht, bestimmt sich die Tragweite der analogen Rechtsanwendung grundsätzlich dadurch, dass die Rechte selbständige Rechte sind.

Die Selbständigkeit ist ein privatrechtlicher Begriff, der in 655 II 2. ZGB (und in Verbindung damit für die Baurechtsdienstbarkeit in 779 II ZGB) anzusiedeln ist. Die Selbständigkeit kann, weil sie eine Funktion der Verfügungsmacht darstellt, mit dinglicher Wirkung nur durch Gesetz beschränkt werden, und durch Vereinbarung so weit, als diese auf gesetzlicher Grundlage beruht.

Die Vorschriften über das Baurecht enthalten keine entsprechende gesetzliche Grundlage. Eine solche ist insbesondere auch nicht in der Vorschrift von 779*b* ZGB über den Inhalt der Baurechtsdienstbarkeit zu erkennen. Somit kann die freie Verfügung über eine selbständige und dauernde Baurechtsdienstbarkeit nicht mit dinglicher Wirkung beschränkt werden. Das gilt für Genehmigungsvorbehalte hinsichtlich von Baurechtsübertragungen und Baurechtsbelastungen, insbesondere aber auch für Verpfändungsverbote und schliesslich, bei dogmatisch konsequenter Handhabung, für das Verbot oder die Beschränkung einer Bestellung von Unterbaurechten. Eine Abwägung der Interessen, die im Falle von Unterbaurechten durch den Gesetzgeber nicht in gleichem Masse erfasst worden sind wie bei den (Ober-) Baurechten, führt allenfalls zum Schluss, es seien Verfügungsbeschränkungen bezüglich der Errichtung von Unterbaurechten zulässig.

Die im Gesetz vorgebenen Beschränkungen der freien Verfügbarkeit - zeitliche Begrenzung, gesetzliches Vorkaufsrecht und Recht auf (vorzeitigen) Heimfall - reichen für den Schutz des Grundeigentümers aus und wahren gleichzeitig die Interessen des Baurechtnehmers. De lege ferenda zu prüfen ist eine ausweitende Legaldefinition des Vorkaufsfalls bei Baurechtsübertragungen.

Wenn die Selbständigkeit das massgebliche Kriterium für die freie Verfügbarkeit über ein selbständiges und dauerndes Recht ist, hat das zur Baurechtsdienstbarkeit Erkannte auch für die übrigen privatrechtlichen selbständigen und dauernden Rechte Gültigkeit, die inhaltlich das dienende Grundstück nie in gleich umfassender Weise belasten.

Die besonderen Interessen der öffentlichen Hand sind nicht mit dem Mittel der Verfügungsbeschränkung, sondern mit angemessenen öffentlichrechtlichen Anordnungen zu wahren, sei es durch eine öffentlichrechtliche Begebung von Baurechten durch Konzession, allenfalls öffentlichrechtlichen Vertrag, sei es durch den Erlass spezieller öffentlichrechtlicher Bestimmungen, die als gesetzliche Eigentumsbeschränkungen auf die privaten Baurechte Anwendung finden.

Insoweit die Gemeinwesen mit dem Baurechtsinstitut wesensfremde, insbesondere raumplanerische Ziele verfolgen, sind sie auf die vom öffentlichen Recht vorgegebenen Instrumente zu verweisen, sofern sie sich der Baurechtsdienstbarkeit nicht im vom Privatrecht gesetzten Rahmen bedienen wollen.

Öffentlichrechtliche Beschränkungen heben die (privatrechtliche) Rechtsnatur des selbständigen Rechts nicht auf, wie alle privaten Rechte durch öffentlichrechtliche Beschränkung ihre Rechtsnatur nicht ändern. Gleichwohl hat die öffentliche Hand auch bei der Verleihung von öffentlichen Nutzungsrechten, welche als Grundstücke in das Grundbuch aufgenommen werden sollen, die vom Zivilgesetzbuch vorgezeichneten Grenzen der Beschränkbarkeit von selbständigen und dauernden Rechten zu beachten, das heisst insoweit einzuhalten, als nicht ein überwiegendes öffentliches Interesse entgegensteht.